云南省中国特色社会主义理论体系研究中心
云南大学马克思主义学院
云南省21世纪马克思主义创新团队
推 出

马克思人类学哲学探索丛书·主编 张瑞才

哲学理性与时代精神

李兵 著

中国社会科学出版社

图书在版编目(CIP)数据

哲学理性与时代精神 / 李兵著. —北京：中国社会科学出版社，2017.4（2018.4 重印）

ISBN 978-7-5161-8106-5

Ⅰ.①哲… Ⅱ.①李… Ⅲ.①马克思主义哲学—研究 Ⅳ.①B0-0

中国版本图书馆 CIP 数据核字（2016）第 105452 号

出 版 人	赵剑英
责任编辑	冯春风
责任校对	张爱华
责任印制	王 超
出 版	中国社会科学出版社
社 址	北京鼓楼西大街甲 158 号
邮 编	100720
网 址	http://www.csspw.cn
发 行 部	010-84083685
门 市 部	010-84029450
经 销	新华书店及其他书店
印刷装订	北京明恒达印务有限公司
版 次	2017 年 4 月第 1 版
印 次	2018 年 4 月第 2 次印刷
开 本	710×1000 1/16
印 张	18
插 页	2
字 数	283 千字
定 价	66.00 元

凡购买中国社会科学出版社图书，如有质量问题请与本社营销中心联系调换
电话：010-84083683
版权所有　侵权必究

《马克思人类学哲学探索》丛书
编委会

主　任　张瑞才

副主任　李　兵　苗启明

编　委　谭启彬　杨志玲　张兆民　白利鹏

编委会成员介绍

张瑞才：云南省社会科学界联合会党组书记、主席、研究员；云南省中国特色社会主义理论体系研究中心主任，"21世纪马克思主义创新团队"总顾问

李　兵：云南大学马克思主义学院院长、哲学博士、教授；"21世纪马克思主义创新团队"负责人、创新团队双首席专家之一

苗启明：云南省社会科学院哲学所研究员、创新团队双首席专家之一

谭启彬：云南省中国特色社会主义理论体系研究中心办公室专职副主任

杨志玲：云南大学马克思主义学院党委书记、教授、历史学博士

张兆民：云南省社会科学院哲学所副研究员、哲学博士

白利鹏：昆明理工大学社会科学学院教授、哲学博士

总　　序

今年是马克思诞辰200周年，《共产党宣言》发表170周年，为纪念马克思主义创始人马克思、纪念马克思主义产生的标志《共产党宣言》的发表，我们"21世纪马克思主义创新团队"组织撰写了《马克思人类学哲学探索》丛书。这套丛书，通过深入系统的学理研究，力图提出和回答马克思开创的人类学哲学以及人类学马克思主义有什么根据，特征何在，对于今天的中国发展和世界历史发展有什么意义等问题。

马克思在继承前人的基础上，从人类学立场出发特别是从"社会人"和"社会化的人类"的视角来理解和把握人和人类世界，找到了正确打开人和人类世界的钥匙，形成了人类学世界观，创立了人类学哲学。这一哲学为21世纪马克思主义发展开辟了新境界。

人类学哲学是马克思的超越时代的理论构建，它特别适应于今天这个人类学发展的新时代，适用于中国特色社会主义进入新时代的实践要求。2014年，中国第十四届"马克思哲学论坛"开创性地提出，要从国际视野、世界历史视野理解马克思哲学，从广义的人类学即全人类的价值立场和价值要求理解马克思哲学。本丛书就是研究马克思在这一方向上的开创和构建的产物，是新时代的一种理论回应。

要理解人类学哲学的马克思主义，就要深刻理解马克思的问题意识：马克思是从他所把握到的"一个时代的迫切问题"开始他的理论探索的。"一个时代的迫切问题"一般包括"历史基本问题"与"现实迫切问题"两方面。马克思从当时的历史语境出发，首先关注的"历史基本问题"是：世界历史发生了政治革命即政治解放之后而进一步提出的人类解放问题，这一问题在本质上是人类学问题。当时的"现实迫切问题"是："劳动与资本的对立"所造成的无产阶级的生存解放问题。马克思发现，要追求"全人类解放"，首先就要解决无产阶级的生存解放问题。这就成了马克思自觉担负起来的双重一体的世界历史使命，他终生都在为这两大历史使命而奋斗。针对现实迫切的无产阶级的生存解放问题，马克思主要诉诸经济学；针对全人类解放问题，马克思主要诉诸人类学，形成了以人类学为理论根基的人类学马克思主义。今天看来，东西方之所以会出现对马克思的两种严重误解，在于不理解马克思的双重历史使命、双重问题域和双重理论构建；在于不理解马克思早期哲学思想的人类学价值特性及其重要性；在于忽视了马克思本来就是为了全人类解放才首先需要解决作为现实迫切问题的无产阶级的解放问题的。

马克思的人类学哲学思想，从他早年的博士论文到晚年的《人类学笔记》都有所体现。他早年就旗帜鲜明地提出：任何解放都是"使人的世界和人的关系回归于人自身"，后来又提出"每个人的自由发展是一切人的自由发展的条件"等论断，这些都体现了他所追求的人类学价值原则。马克思开创的人类学哲学方向，超越了他的时代，适应于21世纪的人类学发展。

人类学哲学和以其为基础的人类学马克思主义，有丰富的内容。人类学哲学不仅包括对人和人类世界的人类学特性的研究，也包括从人类学立场出发对人的生存发展的人类学价值的追求。建立在人类学哲学基础上的生存人类学，作为人类学马克思主义的理论主体，在今天就是具体追求人的生存合理性的价值哲学。只有进行这些学科的理论构建，才能针对当代和未来世界的人类学发展所遇到的根本问题提出马克思主义的解决方略。21世纪的马克思主义，可以通过弘扬人类学哲学，而再次走在21世纪的世界历史发展前沿，通过对世界历史发展提出马克思主义的人类学价值主张，而引领新的世界历史发展。而这一切，都有待于人们对马克思超越其时代需要而构建的人类学哲学的发现、理解、研究、完善和弘扬。

马克思之后，西方自囿于对马克思的人道主义、人本主义的理解，故不可能上升到人类学高度理解马克思。东方则囿于断裂论、不成熟论和转变论，并企图以此维护对马克思主义哲学传统理解的权威，不仅没有而且排斥人类学意识，所以也不能上升到人类学高度来理解马克思。这是东西方长期不能发现人类学马克思的哲学立场的认识论原因。20世纪初的马尔库塞，虽已指出马克思哲学的人类学特质，但没有深入研究。1996年在俄国召开的第十九届"世界哲学大会"，肯定了"世界哲学发生了人类学转折"，对人的研究成了当代世界的哲学主题，这是当代世界的人类学发展的理论表现。

时代是思想之母、实践是理论之源。改革开放之后，尤其是到了世纪之交，国内哲学界开始了对马克思哲学的人类学方向的探索，其中云南学者迈出了新步伐。如苗启明先生从2003年起一直潜心于这一方向，提出了马克思哲学是"实践的人类学哲学"这一新理解，现在已在这一方向发表论文30多篇和出版6本学术专著。本丛书就是这一研究的又一新成果。通过这一研究，能把马克思的各种思想统一起来，进行系统的人类学马克思主义理论构建。这一研究，一是为国内呼声很高的全面而完整地理解马克思打开了局面；二是为人类学哲学、人类学马克思主义的提出，开辟了前所未有的马克思主义研究新方向；三是让我们的改革发展有一种理论自觉，从而形成新的马克思主义信念；四是让马克思主义哲学与当代的时代精神结合起来，让马克思成为解决人类21世纪的人类学发展问题的马克思，从而继续成为21世纪的世界历史发展的灯塔；五是开辟了一种由马克思奠定的马克思主义新哲学，即从人类学立场出发研究人和人类世界的人类学特性和人类学发展的新哲学，这是一种全新的学术任务。

当今世界正处在大发展大变革大调整时期，随着全球化、互联网、全球生态保护、全球和平、全球治理出现，表明世界历史已开始向人类学时代发展。在这个新的世界历史发展时代，最需要的哲学就是马克思开创而又一直被遮蔽、被曲解的人类学哲学。因而，在当代发现、疏理、弘扬马克思的人类学哲学思想，并进而构建人类学哲学和以此为基础的人类学马克思主义，是当代马克思主义者的世纪性任务。

中国经过40年改革开放的发展，在21世纪全球化进程中，大踏步赶上世界潮流，成为全球化的主要推动者，成为互联网发展、全球生态保护、全球和平的领头羊。中国的"一带一路"倡议，正在助推全球化的发展；中国率先提出"构建人类命运共同体"思想，已得到联合国的支持，这些无不表明中国是当代世界历史走向人类学时代的伟大推进力量。"任何真正的哲学都是自己时代的精神上的精华"[①]，今天能够体现和弘扬这种时代精神的哲学，

[①] 《马克思恩格斯全集》第1卷，人民出版社1995年版，第220页。

就是新时代的马克思主义人类学哲学。所以，发现、构建、弘扬马克思站在世界历史高度上所构建的人类学哲学，是时代的需要，是世界历史发展即全人类生存发展的需要，也是中国发展和走向世界、引领世界的人类学发展的精神理念需要，更是当代的时代精神对马克思人类学哲学精神的再呼唤。所以，推出马克思的人类学哲学，是中国改革发展和世界历史的人类学发展的哲学要求。目前的问题是：由于这一思想太新，理解的人还不多；或者还担心与传统意识形态不协调，因而还在观望。只有站在马克思的新的人类学哲学立场上，才能使中国不仅在行动上而且在精神理念上成为世界历史的人类学发展的开拓者。解决了马克思主义在当代"失语、失声、失踪"的问题，中国将成为 21 世纪世界历史的人类学发展的旗手。

我们必须深刻认识到，马克思人类学哲学所倡导的人类学的自由、真理、正义、平等精神，有利于全人类的合理生存、健康发展与走向自由解放的价值追求。顺应和平、发展、合作、共赢的时代潮流，习近平新时代中国特色社会主义思想贡献了"铸剑为犁、构建人类命运共同体"[①] 等世纪性的中国智慧，提出"五大发展"理念和"以人民为中心的发展思想"，提出"建设持久和平、普遍安全、共同繁荣、开放包容、清洁美丽的世界"的方案，在国际层面倡导"和平、发展、公平、正义、民主、自由"的共同价值；在国内层面倡导"富强、民主、文明、和谐"的国家理念；"自由、平等、公正、法治"的社会理念等新的价值理想，都已超越了传统马克思主义的价值范畴，不仅有利于中国的人类学方向的发展，作为新的马克思主义价值理念也有利于当代世界的人类学发展。当然，这一切都还有待于人类学哲学的正确构建和理论支持。本丛书就是从不同方面分别研究构建马克思的这一新哲学的初步尝试。目前在国内、国外尚未见到这方面的专著。

本丛书是一种开创性的理论构建，其目的就是为了让马克思的人类学哲学能够有利于中国和世界在 21 世纪的发展。我们再次强调：所谓人类学哲学，不外是从人类学立场出发研究人和人类世界的人类学特性和规范其人类学价值发展的新哲学，并指向全人类的自由解放。马克思早在人类解放初露

---

① 习近平：《携手构建合作共赢新伙伴 同心打造人类命运共同体——在第七十届联合国大会一般性辩论时的讲话》，2015 年 9 月 28 日，人民网（http://politics.people.com.cn）。

端倪时，就开创了研究和推进这一发展的人类学哲学，它特别适应于 21 世纪的人类学发展的新时代，因而是当代世界的历史发展所特别需要的新哲学。所以，21 世纪的真正的马克思主义者，应当为构建 21 世纪的马克思主义人类学哲学而抢占理论制高点，掌握话语权。计划中这些书是一个体系，是从直接表现深入到理论核心再到扩展应用的关系：《哲学理性与时代精神》是探索哲学的真实使命，让哲学亲近人们的现实生活；《马克思关于人和人类世界的哲学构建》是从现象和事实引入；《马克思开创的新哲学——人类学哲学及其当代意义》是初步揭示；《〈巴黎手稿〉开创的人类学哲学及其后续发展》是对马克思的相关文献的系统疏理，初步提出人类学哲学的一些范畴和原理；《马克思人类学哲学思想的体系构建》是根据马克思的思想理论探索对人类学哲学理论的客观体系的系统构建；《人类学哲学：以实践改变世界的哲学》是强调这一哲学作为改变世界的哲学的实践特征；《马克思人类学哲学：开辟人类学时代的新哲学》是强调它对开拓 21 世纪的人类学时代的重要性；《马克思的双重历史使命与广义马克思主义》是从哲学深入到对整个马克思主义的分析，从双重理论构建提出广义的人类学马克思主义及其相关内容和任务；《马克思生态哲学思想与社会主义生态文明建设》是从人类学哲学高度来看的马克思的生态哲学思想及其当代应用和对人类生态文明的开辟；《东西方文明的发展与走向自由解放》是运用人类学哲学原理对于东西方文明发展和人类解放问题的初步分析；《开创与理解：21 世纪的马克思哲学》（论文集），是对人类学哲学的各种重要特征的补充研究等，将分两辑推出。

《马克思人类学哲学探索》丛书是云南省哲学社会科学界在新时代，按照习近平总书记提出的"把坚持马克思主义和发展马克思主义统一起来，结合新的实践不断做出新的理论创造"的要求，进行有益探索，是坚持以人民为中心的研究导向，坚持问题导向，发扬哲学社会科学批判精神，进行深入研究而推出的系列性研究著作。

张瑞才

云南省社科联党组书记、主席，研究员，博士生导师

2018 年 3 月 30 日

目 录

上篇 哲学的真实使命

一 人的解放是哲学的真实使命 …………………………（ 3 ）
二 哲学的追问如何可能 ……………………………………（ 14 ）
三 哲学作为本质意义的人学 ………………………………（ 22 ）
四 讲坛哲学与论坛哲学 ……………………………………（ 32 ）
五 科学理性精神探源 ………………………………………（ 38 ）
六 人类解放的逻辑 …………………………………………（ 46 ）
七 人类解放的政治哲学基础 ………………………………（ 60 ）
八 哲学变革与哲学基本问题 ………………………………（ 70 ）
九 从解释世界到改变世界 …………………………………（ 79 ）
十 作为世界观的历史观 ……………………………………（ 90 ）
十一 确立解放论范式的辩证法 ……………………………（101）
十二 作为哲学的历史科学 …………………………………（108）
十三 历史唯物主义概念再阐释 ……………………………（118）
十四 消灭哲学与实现哲学 …………………………………（124）
十五 用哲学的方式谈论哲学 ………………………………（134）

下篇 让哲学亲近生活

十六 人的历史生成与全面发展 ……………………………（143）
十七 《哲学通论》与当代中国马克思主义哲学 …………（154）
十八 敞开马克思主义哲学的和谐思想 ……………………（160）

十九　亲近生活的《大众哲学》……………………………（168）
二十　艾思奇与马克思主义哲学的时代化………………（179）
二十一　艾思奇哲学研究方法的当代意义………………（189）
二十二　张力中的马克思主义哲学大众化………………（200）
二十三　敞开少数民族文化的哲学意蕴…………………（209）
二十四　民族文化的哲学基础……………………………（218）
二十五　道德的人学基础…………………………………（225）
二十六　少数民族哲学的意义及可能……………………（236）
二十七　少数民族哲学的研究价值………………………（243）
二十八　少数民族道德生活研究的前提思考……………（251）
二十九　传统道德在现实中为何难以践履………………（263）

参考文献………………………………………………………（273）

上 篇
哲学的真实使命

一 人的解放是哲学的真实使命

哲学的命运就是人的命运。

人通过自我否定的方式来实现对自身现存状态的超越,哲学则是以自我批判或自我毁灭的形式来表征人的这种自我超越;

人把寻求自身的解放作为不懈追求的目标,哲学则通过对现实的无情批判和人的生存状况的深刻反省来促进和引导人不断逼近自己的目标。

"终结哲学"不过是"实现哲学"的隐喻。

整个20世纪,"终结"哲学、"消解"哲学、"医治"哲学的呼声不绝于耳,迫使人们对哲学重新进行审视。存在了两千多年,曾经在人类历史发展进程中产生过重大而深远影响,并长期以知识王国的女王自居的哲学真的到了寿终正寝的时候了吗?为什么曾经仰仗着哲学发展起来的科学要如此坚决地排斥哲学?为什么长期在哲学中寻求生存根据、行动原则和评价标准的人类会这样绝情地抛弃哲学?哲学到底怎么啦?是它的思想内容已变得和现代人的生活格格不入?还是它的表现形式、价值取向或运思方式已变得不合时宜?人真的可以过一种没有哲学的生活?如果说对于其他的学科我们可以在它之外去寻找产生类似问题的原因的话,那么哲学则只能反省和反思自己。哲学无法从自身之外找到凭依,唯一能够为哲学作出辩护的就是哲学。

事实上,对哲学危机有真切感受的依然是哲学家,提出要终结、消解、医治哲学的同样是哲学家,而且往往是划时代的哲学家。这里,我们只要提一下马克思和海德格尔的例子就能说明问题。马克思恐怕是比较早的提出要"终结哲学"的当代哲学家之一。在《〈黑格尔法哲学批判〉导言》中，马克思在多处使用了"消灭哲学"、"否定作为哲学"的哲学等字眼，尽管在这里马克思所说的"哲学"是特指的，但确实包含了"终结哲学"的意蕴。在与恩格斯合著的《德意志意识形态》中，他们明确提出："思辨终止的地方，即在现实生活面前，正是描述人们的实践活动和实际发展过程的真正实证的科学开始的地方。对现实的描述会使独立的哲学失去生存环境，能够取而代之的充其量不过是从对历史发展的观察中抽象出来的最一般的结果的综合。这些抽象本身离开了现实的历史就没有任何价值。"① 但马克思并没有一般地否定哲学、"终结哲学"，而只是在克服传统思辨哲学的弊端和根本缺陷的基础上，为哲学开辟了全新的发展方向和道路，把哲学由"解释世界"的"理论哲学"改造为了"改变世界"的"实践哲学"。海德格尔在批判尼采的时候，认为尼采哲学是颠倒了的柏拉图主义，并将其说成是最后一个形而上学家，他还指出，随着马克思完成了对形而上学的颠倒，哲学达到了最极端的可能性，哲学进入了终结阶段。然而有趣的是，这顶"最后的形而上学家"的帽子又被德里达回赠给了海德格尔。可见，"哲学"在海氏这里也没有终结，只是获得了另一种形态。其实，哲学不会终结，哲学的危机，反映着人类的生存危机。哲学作为人类关于自身存在的自我意识，其之所以自我批判和自我否定，正是以"凤凰涅槃"的壮举来终结已经变得越来越不堪忍受的人的生存方式。在这个意义上，哲学不仅是人类的生存逻辑，更是人类的解放逻辑。

"人体解剖对于猴体解剖是一把钥匙。反过来说，低等动物身上表露的高等动物的征兆，只有在高等动物本身已被认识以后才能理解。"② 马克思这段关于如何认识社会经济形态的经典论述，同样可以用来帮助我们理解和把握哲学这一理论形态的性质和功能。

关于哲学的性质和功能，亦即哲学是什么和哲学有何用的讨论，可以说从哲学产生之日起就一直纠缠着哲学本身，而且还将继续纠缠下去。哲学在历史上扮演过各种各样的角色，从古代的"知识总汇"，到中世纪的神学的"奴仆"；从近代早期的人类"知识大树的树根"，到近代后期作

---

① 《马克思恩格斯全集》第3卷，人民出版社1960年版，第30—31页。
② 《马克思恩格斯全集》第12卷，人民出版社1960年版，第33—763页。

为全部"科学的科学";从现代科学主义主张的语言的逻辑分析到人本主义指证的人的存在意义的澄明,乃至后现代主义把哲学"降格"为一种"文化样式"或"细小叙事"。其实,这些对哲学的理解都没有能够触及哲学的真谛。哲学的奥秘在于人。"'哲学是什么'与'人是什么'具有同义性"。"哲学为什么在自己的历史生成中必然要去充当各种不同的角色……原来这就是人所必需的发展道路和特有的性质。哲学本属于人的自我意识理论,它只有以自身的理论形式走过同样的道路,帮助相关的知识部门成长起来,然后才能依靠它们把握到人之为人的存在本性,形成并确立自身的哲学理论。"[①] 在哲学史上完成了革命性变革的马克思哲学,从一开始就把哲学的智慧之光聚焦于"现实的人及其历史发展",把哲学的使命定位在实现以"每个人的自由发展"为条件的"一切人的自由发展",即"人的解放"问题上,从而真正揭示了哲学的奥秘,把哲学作为人类追求自身解放的逻辑的性质和功能第一次鲜明地表现了出来。

马克思认为,哲学的性质和功能不在于"解释世界"而在于"改变世界",而"改变世界"根本目的就是要解放人,即"把人的世界和人的关系还给人自己"。[②] "哲学家们只是用不同的方式解释世界,而问题在于改变世界。"这句被镌刻在马克思墓碑上的名言,无疑最集中地反映了马克思全部思想和学说的精神实质,把它作为马克思关于哲学性质和功能的经典性表述,应当是无可厚非的。"改变世界"是为了把"人的世界和人的关系还给人自己",即实现"人的解放",哲学作为人类关于自身存在的自我意识或人类历史性存在方式的理论表征,在相当长的历史时期中,并没有自觉到自己作为人类实现自身解放的逻辑的性质和功能,这是与人类本身的发展状况相适应的,确切地说,是与人的存在方式(生产方式和生活方式)相适应的。当人还处于"人的依赖关系"形态的时候,"人虽已脱离动物家族却并未摆脱对自然关系的依赖,他们只能结成共同体以发挥人的主体性,所以属于群体本位的大写的'人'"。[③] 因而,这个时期的哲学,只能是关于大写的"人",即人的抽象或抽象的人的哲学,甚至

---

① 高清海:《高清海哲学文存》第2卷,吉林人民出版社1997年版,第62页。
② 《马克思恩格斯全集》第1卷,人民出版社1956年版,第443页。
③ 高清海:《高清海哲学文存》第2卷,吉林人民出版社1997年版,第67页。

是关于上帝的哲学。正像现实的人只能依附某种自然的群体才能获得生存的条件和力量一样，哲学也只能以"形而上学"的形式来确证人的全部生活的意义和价值，来引导人的生活理想和目标。人的解放的前提是现实的个人的存在。只有在人类进入到"以物的依赖性为基础的人的独立性"得以确立的第二大形态的时候，并且狭隘地域的个人为世界历史性的、真正普遍的个人所代替①之后，"在这种形态下，才形成了普遍的社会物质交换，全面的关系，多方面的需求以及全面的能力体系"，人的全面发展成为一种现实要求，"人的解放"也才成为人的自觉追求，于是，哲学也才把"实现建立在个人全面发展和他们的共同的社会生产能力成为他们的社会财富这一基础上的自由个性"，②即人类发展的第三个阶段作为自己的理论本性和基本取向。马克思哲学就是哲学关于"人的解放"的哲学的自觉形态。

马克思哲学不仅以"人的解放"为基本理论旨归，而且还为人类锻造了一种可以转化为"物质力量"的、实现人类解放的、新的世界观理论。诚如恩格斯所指出的那样，"哲学"在马克思这里已不再是"哲学"，而是一种"世界观"。这种世界观不是以"解释世界"为指归的"观"世界的认识论理论，更不是以向人们提供某种超验的终极存在、终极真理和终极价值的形而上学，而是指导人们正确处理人与世界关系，从而实现"改变世界"目的的理论原则。马克思认为，"理论一经掌握群众，也会变成物质力量。理论要说服人，就能掌握群众，而理论只要彻底，就能说服人。所谓彻底，就是抓住事物的根本。但人的根本就是人本身。"③那么，"人本身"又是什么呢？马克思在《1844 年经济学—哲学手稿》中，通过对"人的自由自觉的活动"及其"异化"的双重阐释，把人理解为"类存在物"，把人的本性归结为"类特性"。"动物和自己的生命活动是直接同一的。动物不把自己同自己的生命活动区别开来。它就是自己的生命活动。人则使自己的生命活动本身变成自己意志的和意识的对象。他具有有意识的生命活动。这不是人与之直接融为一体的那种规定性。有意识

---

① 《马克思恩格斯全集》第 3 卷，人民出版社 1960 年版，第 39 页。
② 《马克思恩格斯全集》第 46 卷上册，人民出版社 1979 年版，第 104 页。
③ 《马克思恩格斯全集》第 1 卷，人民出版社 1956 年版，第 460 页。

的生命活动把人同动物的生命活动直接区别开来。正是由于这一点，人才是类的存在物。或者说，正因为人是类存在物，他才是有意识的存在物，就是说，他自己的生活对他来说是对象。仅仅由于这一点，他的活动才是自由的活动。"① 接着，马克思把作为人的"类的特性"的"自由自觉的活动"与现实中的"异化劳动"联系起来，指出："异化劳动把这种关系颠倒过来，以致人正因为是有意识的存在物，才把自己的生命活动，自己的本质变成仅仅维持自己生存的手段。"② 在被恩格斯誉为包含了新世界观萌芽的第一个天才文件的《关于费尔巴哈的提纲》中，马克思实现了理论上的革命跃迁，把人的"类特性"即"自由自觉的活动"明确为人的"实践"，从而以实践为根据去理解人的存在，并把这种"实践转向"的新哲学定位为"改变世界"的哲学。在与恩格斯合著的《德意志意识形态》中，他们明确指出："我们的出发点是从事实际活动的人，而且从他们的现实生活过程中还可以描绘出这一生活过程在意识形态上的反射和反响的发展。"③ 认为，"不是意识决定生活，而是生活决定意识，不是从观念出发来解释实践，而是从物质实践出发来解释观念的形成。"④ 以上述理论探索，特别是以在《德意志意识形态》中创立的唯物史观为基础，马克思恩格斯在被称为共产主义出生证的《共产党宣言》中，将他们新哲学的宗旨明确地表述为，要建立这样一个社会，"在那里，每个人的自由发展是一切人的自由发展的条件。"⑤ 哲学作为人类实现自身解放的逻辑，在马克思及其战友这里不仅表现为一种理论学说，而且成为了"从事实际活动的人"实现自身解放的行动纲领。

马克思哲学不满足于确立人的解放的价值理想和从理论上对"人的解放"进行逻辑论证，而是在这种"普照之光"的指引下，从"现实的人及其历史发展"出发，深入到人的现实生活世界，从人的活动、社会关系以及物质生活条件中，探索实现"人的解放"的现实途径。马克思在《莱茵报》工作期间接触到了要对物质利益发表意见这种令他为难的

---

① 马克思：《1844 年经济学—哲学手稿》，人民出版社 2000 年版，第 57 页。
② 同上。
③ 《马克思恩格斯全集》第 3 卷，人民出版社 1960 年版，第 30 页。
④ 同上。
⑤ 《马克思恩格斯全集》第 1 卷，人民出版社 1956 年版，第 294 页。

事情，促使他把注意力转向市民社会，而对市民社会的解析只能到经济学中去寻找答案，于是，马克思将一生中的大部分时间和精力用于对市民社会，亦即人的现实生活世界（生存活动和条件）——资本主义的批判性研究，写出了划时代的巨著《资本论》。作为《资本论》副标题的"政治经济学批判"决不仅仅是个"副标题"，而是提示了这部巨著所承担的历史使命，马克思就是要从"批判旧世界中发现新世界"，为人的解放揭示现实的道路和进程。无论是把《资本论》当作马克思的"哲学话语"来解读，还是把它看作一部单纯的经济学著作，都必须承认它决不同于在承认和肯定资本主义这个既定前提下，"本质上是一门研究致富的科学的资产阶级政治经济学，而是一部最终目的是揭示现代社会的经济运动规律"，[①] 论证资本主义的共产主义演变趋势的关于"人的解放"的著作。马克思的政治经济学批判、空想社会主义批判是其哲学批判的继续和深化，是"改变世界"的哲学的内在环节和要素，或者说，就是马克思的哲学本身。在马克思那里没有哲学、政治经济学和科学社会主义的学科区分，更不存在"批判"不可僭越的固定领域，在某种意义上讲，它们是一个理论有机体所表现出来的不同侧面，正是如此，我们才可以理解恩格斯关于"德国工人运动是德国古典哲学的继承者"[②] 的论断。马克思晚年将主要精力用于"实践"和检验自己的理论，写下了大量关于无产阶级革命的条件、时机和策略的论著，虽然较少专业性的哲学术语，但同样不能把它们看成是与哲学无关的东西，相反，是哲学"不仅从内部即就其内容来说，而且从外部即就其表现来说，都要和自己的时代的现实世界接触并相互作用"[③] 的具体表现，是马克思"世界哲学化"理论和实践历程的合规律和合目的的延续。

不仅马克思哲学，现代哲学普遍都发生了"生活世界"转向，都表现出了对"形而上学"的拒斥，对"抽象"的"厌烦"和对"内容"的"渴望"。作为哲学生活世界转向的具体表现，是哲学的政治学转向、伦理学转向、文化学转向等。转向的实质是为了真正走进人的现实生活，去

---

① 《马克思恩格斯全集》第23卷，人民出版社1972年版，第11页。
② 《马克思恩格斯选集》第4卷，人民出版社1960年版，第258页。
③ 《马克思恩格斯全集》第1卷，人民出版社1956年版，第121页。

完成现代哲学解放人的历史使命。那么,现代哲学的使命到底是什么呢?马克思在《〈黑格尔法哲学批判〉导言》中作了深刻的提示,他写道:"真理的彼岸世界消逝以后,历史的任务就是确立此岸世界的真理。人的自我异化的神圣形象被揭穿以后,揭露具有非神圣形象的自我异化,就成为了为历史服务的哲学的迫切任务。于是,对天国的批判变成对尘世的批判,对宗教的批判变成对法的批判,对神学的批判变成对政治的批判。"①

联系整个哲学史来看,古代哲学可以看成是一个人通过塑造"神圣形象",为自己的存在寻找"神圣"根据的过程,但是,人在获得"根据"的同时却把自己完全异化给了上帝。自文艺复兴以来的近代哲学,可以看成是一个经过"上帝的自然化、上帝的物质化、上帝的精神化、上帝的人本化"等一系列环节,实现"上帝人化"的过程。在这个过程中,一方面,人通过哲学揭穿了"人的自我异化的神圣形象";另一方面,又使人本身异化在了以黑格尔哲学为代表的"非神圣形象"(即"理性"、意识哲学或主体形而上学)之中。因而,包括马克思哲学在内的整个现代哲学的任务,就是"揭露具有非神圣形象的自我异化"。于是,马克思选择了"尘世"批判的道路,把批判的矛头直接指向了作为人的现实的"人的世界"——国家和社会,进而又把批判推进到了人的物质生活条件,即经济领域。而现代西方哲学则通过语言转向,把批判的矛头指向了传统形而上学和作为其本质和核心的理性主义及其对人的压抑和遮蔽。

科学主义作为现代西方哲学的重要思潮之一,是在现代科学技术迅猛发展的背景下产生出来的。其基本的意图就是要对哲学进行科学的改造,把人从传统的思辨形而上学(包括实体形而上学和主体形而上学)中解放出来,把人的命运和根基安置在科学的基础上。以孔德为代表的早期实证主义虽然还没有达到放弃形而上学的理论自觉,还没有抛弃构建体系哲学的幻想,但其注重实证的思维方式,对沿着这个路径发展的以后的哲学产生了深远的影响,以至于"拒斥形而上学"成为20世纪哲学的标志性命题。罗素的逻辑原子主义,早期维特根斯坦的"图像论",都具有明显的实证主义倾向,他们力图通过把语言还原为基本命题来与基本事实加以

---

① 《马克思恩格斯全集》第1卷,人民出版社1956年版,第2页。

对照，一方面为科学命题的确定性进行辩护；另一方面从语言上消解传统形而上学。维也纳学派进一步把哲学还原为科学，视哲学为科学的附庸和"奴仆"，将哲学限定在对科学命题的逻辑分析和意义澄清的范围内。维也纳学派的创始人石里克说："我们现在认识到哲学不是一种知识体系，而是一种活动体系，这一点积极表现了当代的伟大转变的特征；哲学就是那种确定或发现命题意义的活动。哲学使命题得到澄清，科学使命题得到证实。科学研究的是命题的真理性，哲学研究的是命题的真正意义。"[①] 该学派最激进的哲学家卡尔纳普通过对语言的逻辑分析，直接宣告了形而上学全部陈述的无意义，"有意义的形而上学陈述是不可能的"。认为应当把人们从"没有音乐才能的音乐家"（意指哲学家）的迷惑中解放出来。后期维特根斯坦放弃了前期"图像论"关于语言和世界同构的观点，否定了早期语焉不详的"神秘之域"和可说与不可说界限，走向更加彻底的反本质主义，主张把人们从无用的精神追求和哲学的假问题中解放出来，"哲学是一场以语言为手段对我们的理智的困惑所进行的战斗。"[②] 从上述科学主义哲学家的观点中，不难看出，他们在自然科学的启发下，直觉到了思辨形而上学的虚妄和荒谬，试图借助数理逻辑从语言上消解形而上学，本质上就是消解人在"非神圣形象"中的自我异化。然而，这种消解的路径却造成了双重的困难：一方面，它混淆了形而上学追求与形而上学追求方式之间的界限，以为揭露了传统形而上学内容上的空疏，就可以根除人的"形而上学本性"，但具有超越本性的人不可能完全放弃对超验本质的寻求，不可能不为自己的生存和言说找到某种终极的依托。逻辑的前提恰恰是非逻辑的。试图用"逻辑"来为人提供安身立命之本，无异于将人置于空中楼阁。因此，后期的分析哲学不得不逐步淡化科学的科学性，向"本体论的承诺"大步"退却"。另一方面，拒斥了形而上学，人便被抛入到一个"祛魅"的世界，科学世界的增值带来了人的世界的贬值，人在精神上成了无家可归的孤儿。解放人的哲学再次异化为奴役人、遮蔽人的精神枷锁。

如果说科学主义是以"终结哲学"来消解人在"非神圣形象"中的

[①] 黄颂杰等：《西方哲学多维透视》，上海人民出版社2002年版，第73页。
[②] 同上书，第71页。

自我异化，那么人本主义则是以重建关于人的哲学来为人的存在提供"基础本体论"；如果说前者力图把哲学变成科学或科学的附属物，那么后者则是要把哲学变成一门完全的"人学"，在反对传统形而上学和反对科学主义两条战线上展开对人的生存意义的当代辩护；如果说科学主义基本延续了西方两千多年来理性主义、逻辑主义的传统，同时又对理性进行了必要的限制，那么人本主义则把理性主义、逻辑主义作为传统形而上学的象征，对其展开了猛烈的攻击和批判，甚至本质上是理性主义的科学技术也没逃脱被批判和归罪的厄运，尽管不同的哲学家在对待理性主义的态度和反对的程度上存在较大的差异。

尼采堪称第一个公开而鲜明地向传统哲学发难的哲学家。他认为研究哲学不应该用笔，而应该用"铁锤"，在"重估一切价值"的旗号下，他把传统理性主义的根源追溯到了苏格拉底"知识即美德"的命题，认为正是苏格拉底（柏拉图）开了理性主义的先河，从而导致了对人的感性生命、欲望、冲动——创造世界意义的"权力意志"——的压抑，他坚决反对传统道德及其作为最后支撑的上帝，对基督教的道德观进行了尖锐的批判，喊出了"上帝被人杀死了"这样惊世骇俗、振聋发聩的口号；他大肆宣扬"超人"思想，主张用"超人"来取替上帝，但这个超人不是神而是人，尽管现实的人还处在"超人和猿猴之间"，但"超人"作为人进化的顶点、象征，是具有自我超越本性的、有肉体生命的人必然追求的最高目标。尽管尼采在思维方式上并没有跳出传统形而上学的范式，其权力意志说、永恒轮回说、超人说等都具有浓厚的形而上学痕迹，但他对"权力意志"等人的非理性因素的张扬，无疑对理性主义构成了沉重的打击，具有强烈的解放人、重新发现人的思想意向。

如果说尼采主要是在思想内容上对传统形而上学进行了揭露和批判，那么，海德格尔则是试图从根基上摧毁传统形而上学。海德格尔认为，西方自柏拉图以来的两千多年的思想史，就是一个"遗忘存在"的历史，"自其开端以来，西方思想所思考的始终是存在者之为存在者，而没有思及存在及其本己的真理。"[①] 海德格尔继承了胡塞尔开创的克服主体客体二元论的现象学方法，同时改变了现象学的致思取向，不再探究作为

---

① 海德格尔：《海德格尔选集》下卷，上海三联书店1996年版，第811页。

"事情本身"的本质，而专注于对存在意义的追问，于是，把"此在"——"人"的生存问题凸现了出来，以此来展开对传统形而上学（包括实体形而上学和主体形而上学）的批判。"作为形而上学的哲学之事情乃是存在者之存在，乃是以实体性和主体性为形态的存在者之在场性。"① 而这种永恒在场的形而上学最终必然导致一神论，因为"形而上学是存在——神——逻辑学"，"形而上学必须从上帝出发来思考，因为思考的事情乃是存在，而存在以多种方式现身为根据：作为逻各斯，作为基础，作为实体，作为主体。"② 海德格尔认为，只有通过"此在"来追问存在，而"此在"不是传统哲学意义上的"理性动物"，不是作为认识主体的人，而是在现象学意义上显现出来的，尚无主客、物我、思有之分的存在论意义上的人，只有通过对此在生存论结构的分析，才能使"存在"真正敞开，也就是使人和人的世界的"本己"的真理彰显出来。为此，海德格尔明确宣告了"哲学进入了其终结阶段"，代之而起的是"面向思的事情"。海德格尔所谓"存在的遗忘"，实质上就是"人的遗忘"。人们更多关注的是他在哲学思维方式上完成的重大变革，即他对以主客二分为标志的知识论哲学观的颠覆，然而，却忽略了其思想中潜含的把人从传统哲学（亦即人的传统的生存方式和状态）中解放出来的价值诉求。实际上，海德格尔之所以博得当代人如此之多的青睐，无疑与他在个体的层面上真切地揭示了现代人的生存状态，并努力探索发现人的生存意义的新路径是分不开的。当然，正像马克思所指出的，即使人们不再被"重力的思想"所迷住，也不能摆脱"溺死"的危险一样，即使在观念上完成了对传统形而上学的彻底决裂，也不会真实地改变人的现实的生存命运，更何况这种假设本身就是不合理的，因为"迄今为止的哲学本身就属于这个世界，而且是这个世界的补充，虽然只是观念的补充。"③ 只有马克思把"消灭哲学"和"消灭无产阶级"（因为它"表明人的完全丧失，并因而只有通过人的完全回复才能回复自己本身"④）结合起来，才为人的解放开辟了现实的道路。

---

① 海德格尔：《海德格尔选集》下卷，上海三联书店1996年版，第1249页。
② 同上书，第832—833页。
③ 《马克思恩格斯全集》第1卷，人民出版社1956年版，第8页。
④ 同上书，第15页。

哲学的命运就是人的命运，或者说人的命运就是哲学的命运。人是通过自我否定的方式来实现对自身现存状态的超越，哲学则是以自我批判或自我毁灭的形式来表征人的这种自我超越；人把寻求自身的解放作为不懈追求的目标，哲学则通过对现实的无情批判和人的生存状况的深刻反省来促进和引导人不断逼近自己的目标。

因此，"终结哲学"不过是"实现哲学"的隐喻。

二　哲学的追问如何可能

"解释世界归根到底是为了解释人生。"实践本质上是人与世界互为中介相互生成的过程。

人类总是要在现实之上去悬设理想，在经验之上去寻求超验，在有限之中去获取无限，在相对之中去发现绝对，在现象之外去捕捉本质，这就是人的"形而上学本性"。

人的生存性矛盾不会完结，哲学的内在矛盾也不会终结。人自身存在方式的矛盾性、悖论性导致了人类对世界、人生的"追问"，这种"追问"的理论表征就是哲学。

哲学的出路应当定位在为人类的现实生活提供具有时代特征的"本体论承诺"。人的存在方式不同，哲学的追问方式也不同。但只要它还是哲学，就逃避不了与"本体"的纠缠。

周国平先生的《哲学是永远的追问》，是一篇语言清新、思想深邃的好文章。文章追溯哲学产生的渊源，把哲学理解为对世界和人生的根本性追问，强调哲学的价值在于使我们永远保持对世界和人生的惊疑和思考；主张不要把世界观和人生观狭隘地理解为一套现成的意识形态，应划清哲学和政治的界限；认为哲学是一门介于宗教和科学之间的学问，西方两千多年来试图将哲学建构为一门科学的努力的失败，并不意味着"哲学的终结"，相反哲学将带着它固有的矛盾继续向前发展。这些观点本人不仅认同，而且还深为周先生机智的论证所折服。但也有言不尽意或不敢苟同的地方。

哲学追问始源于人实践的存在方式。周先生认为，哲学起源于"惊疑"，无疑是有充分的文本和哲学史根据的。但当我们确认了哲学开始于对世界和人生的"惊疑"之后,依然还要面临这样一些问题:人类为什么会以"哲学"的方式表现出对世界和人生的"惊疑"?哲学作为"追问"为什么是"永远"的?哲学追问是否与"现实的人"或"人的现实"截然无关,换言之,哲学真的可以超越"意识形态"吗?

将哲学理解为开始于"惊疑",隐含了从柏拉图和亚里士多德所开创的西方持续两千多年的哲学知识论立场,它以世界的二分为前提,把"求知"的问题置于一切问题的首要地位。无论是探究世界万物的最高本原或本质,还是追寻人生的终极价值和根据,都诉诸于对某种"知识"的获得。随着人们关于世界知识的增长和获取知识方式的增多,哲学在亚里士多德那里演变为"寻取最高原因的基本原理"的学问,即所谓"第一哲学"或"形而上学",到全部传统哲学的集大成者黑格尔那里,哲学成为了"全部科学的基础"和"一切科学的逻辑"。然而,当科学逐步走向成熟,并反过来把哲学驱逐出"科学王国",哲学不得不为自己的存在进行辩护时,似乎才猛然醒悟到哲学原来一直是在"耕别人的田",却"荒了自己的地",哲学孕育了科学,乃至人类的其他文化样式,但它自己却什么都不是!正如周先生文中所说,"哲学的追问是宗教性"的,但"它寻求解决的方法却是科学性的。哲学家有一个宗教的灵魂,却长着一颗科学的头脑。灵魂是一个疯子,它问的问题漫无边际,神秘莫测;头脑是一个呆子,偏要一丝不苟、有根有据地来解答。疯子提问,呆子回答,其结果可想而知。"① 这种目标和实现方式的矛盾,注定了哲学只能是没有"结果"的"永远的追问"。那么,这种奇怪的"追问"方式何以会存在并延续下去呢?

其实,全部的奥秘都在于人的独特的存在方式。人对世界和人生的"惊疑"始源于人的"存在"。在人们对世界和人生产生"惊疑"之前,人已经"在世界中",并已开始与世界打交道,也就是说,人在作为认识论的主体之前已经先行作为存在论的生存活动存在了。海德格尔将其表达为"烦(操心,Sorge)",伽达默尔认为,任何理解都存在一个"前理解",而马克思则将其看作为人的存在方式和社会生活本质的"实践"。马克思说:"凡是把理论导致神秘主义方面去的神秘东西,都能在人的实

---

① 周国平:《哲学是永远的追问》,《云南大学学报》2003年第3期。

践中以及对这个实践的理解中得到合理的解决。"① 按照马克思的观点，哲学根源于人的实践的存在方式。实践是人的有目的的对象性活动。实践导致了人与世界的否定性统一关系，人是自然的产物，因而具有自然的本性，然而人之为人恰恰又在于他的超自然性，"动物是和它的生命活动直接同一的。它没有自己和自己生命活动之间的区别。它就是这种生命活动。人则把自己的生命活动本身变成自己意志和意识的对象。"② 人因为把自己的生命活动当成自己意志和意识的对象，就使得人的生存活动变成了有"意义"的生活活动。"可以根据意识、宗教或随便别的什么来区别人和动物。一当人们自己开始生产他们所必须的生活资料的时候（这一步是由他们的肉体组织所决定的），他们就开始把自己和动物区别开来。"③ 而人的生产更是与动物的生存活动具有本质的区别，"动物只是按照它所属的那个物种的尺度和需要来进行塑造，而人则懂得按照任何物种的尺度来进行生产，并且随时随地都能用内在固有的尺度来衡量对象；所以，人也按照美的规律来塑造。"④ 人类活动的全部意义就在于把世界变为对人来说是真、善、美统一的世界。为此，人类总是要在现实之上去悬设理想，在经验之上去寻求超验，在有限之中去获取无限，在相对之中去发现绝对，在现象之外去捕捉本质，这就是人的"形而上学本性"，正是人自身存在方式的矛盾性、悖论性导致了人类对世界、人生的"追问"，这种"追问"的理论表征就是哲学。

那么，哲学的"追问"何以又是永远的呢？这同样只能从人的实践的存在方式中去寻找根据。实践不仅具有内在的矛盾性，还具有历史的展开性，矛盾性是展开性的根据，展开性是矛盾性的表现形式，作为矛盾性和展开性的统一，就是一个永无止境的人与自然、人与社会、人与人本身否定性统一关系的发展过程。

实践本质上是人与世界互为中介相互生成的过程。人只有通过自己本质力量的对象化、物化，才能确证自己的存在，亦即人以物的方式活动来换取物以人的方式存在。同样，世界也不是从来如此、一成不变的"存

---

① 《马克思恩格斯选集》第1卷，人民出版社1972年版，第18页。
② 马克思：《1844年经济学—哲学手稿》，人民出版社1979年版，第50页。
③ 《马克思恩格斯选集》第1卷，人民出版社1972年版，第24—25页。
④ 马克思：《1844年经济学—哲学手稿》，人民出版社1979年版，第50—51页。

在"，它也处在对人的生成之中，只有"当物按人的方式同人发生关系时，我才能在实践上按照人的方式同物发生关系"。① 这种相互生成的过程，决定了人的实践活动具有一种无限的指向性，它促使人永不满足于已经达到的现实，而以"本体"的方式为人标示某种理想，它促使人总是对已有的生活持一种否定和批判的态度，而将旨趣引向"可能的生活"，它促使人超越对经验对象的把握，而专注于揭示现象背后的本质，变化之中的不变，属性凭依的实体。这大概就是西方哲学两千多年来主要以世界观、本体论、形而上学为"主体部分"的原因。然而，正如周先生指出的那样，"解释世界归根到底是为了解释人生"。深入思考就会发现，在任何一种宇宙论、存在论、本体论或形而上学的背后，都隐藏着一个"人的形象"，"世界的起源问题和人的起源问题难分难解地交织在一起"，② 世界是怎样的，可以从人的历史性存在中发现"原型"，在这个意义上，可以说哲学就是人的隐喻。既然人的存在方式——实践——具有无限的指向性和历史的展开性，那么，作为人关于自身存在自我意识的哲学，也就注定是一种"永远的追问"。

哲学是对宗教和科学的超越。周先生深刻地洞见到哲学的一个内在矛盾，即宗教的提问方式和科学的解答方式之间的紧张关系，但他却自觉不自觉地将问题局限在了"认识论"的范围之中，而没有对这一问题作出"生存论"的剖析。所引证的康德和维特根斯坦，虽然都看到了理智（知性）的局限性，认为应当把对"物自体"的追寻交给信仰，或者应对世界的"神秘性"保持"沉默"，但也没有超出认识论的范围来讨论哲学与宗教、科学的关系。只有将问题"追问"到"存在"的根基上去，亦即诉诸于哲学的"生存论"理解，才能更加深刻地揭示哲学的内在矛盾，以及哲学对宗教和科学的超越。

哲学的矛盾源于人自身存在的矛盾。人不是单一本性的存在，而是双重本性的存在。一方面人是肉体的存在，作为肉体存在的人归属于自然，人具有自然的特性；另一方面人又是灵魂的存在，作为灵魂存在的人归属于精神，人又具有了超自然的特性。具有自然特性的人，必须服从自然的

---

① 卡西尔：《人论》，上海译文出版社第1985版，第86页。
② 同上书，第5页。

规律，遵循"物的尺度"，科学本质上就是人对外在自然和内在自然的探索，通过揭示"实然世界"的规律，从而为人的生存和发展找到客观的根据。具有超自然特性的人，则总是力图超越自然对人的束缚和限制，按照"人的尺度"去塑造自我和对象，为人创造一个理想的"应然世界"，宗教是人的这种"本性"的极端表达。实践本质上是实然应然化、主观客观化的活动。这种活动的内化就是人的本性。当人沉醉于"应然世界"的时候，作为实践目的性要求的一面往往就被无限夸大，于是就出现了具有绝对自由人格和生活的神学世界；当人专注于"实然世界"的时候，作为实践的客观性活动的一面也就容易"遮蔽"其他的方面，于是就产生了受因果必然性支配的科学世界。虽然神学世界和科学世界都是属人的世界，对人都具有一定的真实性，然而，它们对人来说却是片面的、抽象的世界，而不是人的现实生活世界。神学使人的现实存在虚无化，科学使人的现实存在物化，这是神学和科学不能完全满足人的具体表现。哲学力图将二者统一起来，从而为人构建一个完整的世界。

然而，哲学作为对于人自身存在的自我意识，自然不能超越人自身的存在，因而也摆脱不了人基于自身存在方式所固有的矛盾。哲学较之宗教和科学"高明"的地方在于，它不是采取回避矛盾的方式解决问题，而是在担当起人的生存性矛盾的前提下，努力去寻求矛盾的统一。在西方，古代哲学作为人们实现这种统一的早期尝试，将神学和科学熔铸在一起，使这个时期的哲学既有科学的理性精神，又有神学的超越向度，并保持了相对的平衡。之后的哲学，则不满足于这种二元对峙的局面，试图达到一元的统一。中世纪哲学，是用神学去统一科学，神学世界成为人们最真实的世界。近代以来的哲学，则是用科学去统一神学，科学世界在人这里取代了神学世界的地位。哲学的科学梦想虽说在古代已经萌发，但却是到了近代以后才被强化并最终确立起来的。黑格尔哲学作为近代哲学的集大成者和全部传统哲学的完成者，其以概念的自我发展、自我运动为核心的包罗万象的哲学体系，就是用科学去统一神学，力图给人们提供一个完整的宇宙图景和存在根据的"宏大叙事"。由于他把人的理性推到了极致，既表征了当时人的存在方式，表达了那个时代的时代精神，又把人变成了"无人身的理性"，从而为反省理性和反叛理性为特征的现代西方哲学埋下了伏笔。

哲学的命运就是人的命运。人的生存性矛盾不会完结，哲学的内在矛盾也不会终结。哲学不是宗教，但它必须承担起宗教的超越功能；哲学不是科学，但它又必须肩负起科学的现实使命。哲学就是哲学，它是人对自身自然性和超自然性、物性和神性、现实性和理想性等矛盾本性的最切近、最本真的理论表达。因而，哲学追问实际上是对人的"存在"的追问，这种追问必将伴随人类始终。

哲学的出路在于时代的"本体论承诺"。哲学科学梦想的破灭使传统哲学陷入了深刻的危机，于是，现代哲学开始从"科学主义"和"人本主义"两个方面对传统哲学展开围剿。有趣的是，他们最终都把目光聚焦于连结人与世界关系的中介——语言。

诚如周先生指出的那样，现代西方哲学都把传统哲学的失足归罪于语言的误导或误用。以分析哲学为代表的"科学主义"哲学家，在"拒斥形而上学"的旗帜下，彻底颠倒了哲学与科学的关系，将哲学视为科学的附属物，放弃哲学对世界、人生的根本性追问，而专注于对科学命题进行逻辑分析和意义澄清。维也纳学派的哲学家卡尔纳普，从语言逻辑功能的角度对"拒斥形而上学"作了很有逻辑冲击力的分析。他指出，"科学"的"语言职能"在于"表述"经验事实，"艺术"的"语言职能"在于"表达"情感，而"形而上学"的语言，既不能充当"表述"职能，又没有发挥"表达"的职能，因而，只能受到"拒斥"。作为维也纳学派理论先驱的维特根斯坦，认为"哲学是针对借助我们的语言来蛊惑我们智性所做的斗争。"[1] 以存在哲学为代表的"人本主义"哲学家，认为是传统哲学"语言"的逻辑结构误导人们去追求一种根本不存在的实体本体，并也将传统哲学视为"形而上学"加以拒斥。但与分析哲学不同的是，他们并不认为传统哲学的概念，如"存在"等，是毫无意义的，相反，他们认为，恰恰是由于"形而上学"在出发点和思维方式上的错误，导致了对最具根本性意义的"存在"的"遗忘"。海德格尔写道："自其开端以来，西方思想所思考的始终是存在者之为存在者，而没有思及存在及其本己的真理。"[2] 为此，他要建构一个"基础本体论"，在终结

---

[1] 维特根斯坦：《哲学研究》，上海世纪出版集团、上海人民出版社2001年版，第72页。
[2] 海德格尔：《海德格尔选集》下卷，上海三联书店1996年版，第811页。

形而上学的同时，使"存在"获得新生。在对"存在"进行"面向思的事情"的心路历程中，海德格尔同样走在了"通往语言的途中"，得出了"语言是存在的寓所"的结论。

其实，无论是分析哲学或存在哲学所指证的哲学出路，都是值得怀疑的，这不仅因为他们都或多或少带有一定的神秘色彩，使一般人难以从中抓住要领，而且还在于他们都实际上放弃了对"本体"的理性思考。

我认为，在经过了近百年现代思潮的洗礼之后，哲学的出路应当定位在为人类的现实生活提供具有时代特征的"本体论承诺"上。"本体论承诺"是当代逻辑实用主义哲学家蒯因，针对逻辑经验主义对传统哲学的矫枉过正所提出的一个具有反叛性的命题。但我认为，他却有意无意地道出了现代哲学"本体论"追求的真谛。传统哲学在"本体论"问题上的失误，不在于它们对"本体"的追求本身，而在于它总是力图确立某种"绝对存在"、"终极真理"和"永恒价值"，以及它建立在主客、心物、思存等二元对立基础上的追求方式。这种"本体论"诉求，是与人在"神圣形象"和"非神圣形象"中的自我异化的存在方式联系在一起的。无论是古代哲学还是近代哲学，都是对人"非本真存在"状态的理论表达，它们把人的生存意义确定在了高于人（理念、纯形式、上帝）或先于人（我思、统觉、绝对精神）的"实体"之上，本质上是将人作为"面向过去"的存在。然而，现代人的生活已经在科学技术及其所创造的巨大生产力的导引和作用下，失去了一切稳定的根基，"现代性的酸"使一切凝固的东西都被溶解，人们的生活意向不再是指向过去，而是"面向未来"的"筹划"，尽管这种"在无底棋盘上的游戏"给人带来了挥之不去的焦虑与迷惘，但也让人站立在了真实的大地上。现代人的生存困境，就是现代哲学的困境。马克思早在一百多年前的一段论述，或许能帮助我们找到走出困境的出路。他写道："彼岸世界的真理消逝以后，历史的任务就是确立此岸世界的真理。人的自我异化的神圣形象被戳穿以后，揭露非神圣形象中的自我异化，就成为了为历史服务的哲学的迫切任务。"[①] 马克思不仅深刻地洞见到了"为历史服务的哲学"的任务，而且还从"现实的人及其历史发展"出发，努力在"批判旧世界中发现新世

[①]《马克思恩格斯选集》第 1 卷，人民出版社 1972 年版，第 2 页。

界",在现实生活世界的基础上为人类作出了"解放何以可能"的"本体论承诺"。

哲学的追问,就是要为人类寻求生存的根据。"解释世界归根到底是为了解释人生。"人的存在方式不同,哲学的追问方式也不同。但只要它还是哲学,就逃避不了与"本体"的纠缠。如果说以往哲学所承诺的"本体"是某种"永恒在场"的实体,那么,现代哲学承诺的则是某种"未在"(布洛赫语)的"本体",这种"本体"也许它是"虚幻"的,然而,只要它熔铸了时代的精神,就能为人类的现实生活发挥超越科学与宗教的巨大功能。

三　哲学作为本质意义的人学

如果说人是哲学的奥秘，那么哲学就是人的隐喻。

人亟须找到一个实现自我理解和自我认同的"理智中心"，使人不再表现为各种知识的碎片、各种理论的概念，而是作为人真正能够以人的方式存在和被理解。

正是因为人把自己的生命活动变成自己的意志的对象，因此，人总是要追求基于生命活动而又高于生命活动的意义和价值。

正是因为人把自己的生命活动变成自己的意识的对象，因此，人总是要探究"在世之在"的人生奥秘和周遭世界的本质及其运动规律。

当今时代，我们有了诸多发达的科学理论和技术手段，我们对人的认识甚至已经达到了基因的层面；我们还有那么多与人直接相关的社会科学，它们也从不同的侧面揭示了人的存在本质和属性，因此，有人认为今天的人们已经不再需要哲学了。哲学与人生的疏离，既有人们对哲学缺乏了解的原因，也有哲学自我放逐的缘由，其后果是导致了哲学与人生的双重伤害，哲学形象的暗淡和人的形象的模糊成为一个问题的两个方面：一方面，是哲学自身定位的迷失，成为在现实中东游西荡无家可归的"弃儿"；另一方面，则是人自我理解的困惑，人被各种关于人的概念所"肢解"和"分割"，变成了支离破碎的片段，在貌似深刻的知识话语中完全丧失了作为人的存在。现代哲学人类学奠基者马克斯·舍勒不无忧虑地指出："在人类知识的任何时代中，人从未像我们现在这样对人自身越来越充满疑问。我们有一个科学的人类学、一个哲学的人类学和一个神学的人类学，它们彼此之间互不通气。因此我们不再有任何清晰而连贯的关于人的观念。从事研究人的各种特殊科学的不断增长的复杂性,与其说是阐明我们关于人的概念,不如说是使这种概念更加混乱不堪。"①,人亟须找到一个实现自我理解和自我认同的"理智中心",使人不再表现为各种知识的碎片、各种理论的概念,而是作为人真正能够以人的方式存在和被理解。能够充当这个"理智中心"的不可能是别的任何学科,只能是对人生进行系统反思的哲学。

哲学是最关切人生的学问。西方哲学是从那位只知仰望星空而不知脚下泥坑的泰勒斯那里肇始的,但是直到苏格拉底才获得了一种自觉的形态。而这一转折的标志,用古罗马思想家西塞罗的话说:是由于"苏格拉底把哲学从天上带回到了人间"。在柏拉图的《裴德若篇》中,记载了这样一个故事:有一天苏格拉底和他的学生裴德若一边散步,一边交谈,不觉来到了雅典城门外的一个地方。苏格拉底突然赞赏起这个地方的美丽来,其神情活像今天的导游。裴德若感到很诧异,就打断老师问道:"你从未出过城门吗?"于是,苏格拉底做了这样一个意味深长的回答:"的确如此,我亲爱的朋友。我希望你知道其中的缘由后会谅解我。因为我是一个好学的人,而田园草木不能让我学得什么,能让我学得一些东西的是居住在这个城市里的人民。"②

苏格拉底这里所说的田园草木其实是泛指自然。在苏格拉底之前的哲学家大多是自然哲学家,他们的哲学关注的焦点是宇宙和自然,而苏格拉底一反前人的做法,将哲学思考的重心由自然转向了人本身和人的社会。从而开启了西方哲学深远而持久的致思方向。不仅如此,他还为人类初步锻造了探究人自身奥秘的最为适宜的方法——辩证法(论辩和对话),即通过反复的诘问,暴露人们思想中的矛盾,从而逐步地去接近和发现真理。

可见西方哲学是从认识自我开始的。海德格尔有句名言:"怎样开始,就怎样持存。"由苏格拉底开启的这一思想定向,不仅决定了西方哲学的开端,也预示了这种思想传统的未来。文化哲学家卡西尔在其名著《人论》中,开宗明义地说了这样一段话:"认识自我乃是哲学探究的最

---

① 转引自恩斯特·卡西尔:《人论》,上海译文出版社 1985 年版,第 129 页。
② 同上书,第 7 页。

高目标——这看来是众所公认的。在各种不同哲学流派之间的一切争论中，这个目标始终未被改变和动摇过：已被证明是阿基米德点，是一切思潮的牢固而不动摇的中心。"①

如果说西方哲学是关切人生的学问，那么中国哲学说则本身就是人生哲学。正因为这一特点，中国哲学还受到了站在近代知识论立场上的一些西方哲学家的诟病，成为他们否定中国有"哲学"的重要证据。这不仅是对中国哲学和一般哲学的误读，也是对他们自己老祖宗所开启的哲学路径的遗忘和偏离。冯友兰先生在他的《中国哲学简史》中曾专门引用了金岳霖先生的一段话："中国哲学家，在不同程度上都是苏格拉底，因为他把伦理、哲学、反思和知识都融合在一起了。"② 冯先生自己也认为："中国的儒家，并不注重为知识而求知识，主要在于求理想的生活。求理想的生活，是中国哲学的主流，也是儒家哲学的精神所在。"③ 他进一步说道："按照中国的传统，学习哲学不是一个专业的行业。人人都应当读经书，正如在西方传统看来，人人都应该进教堂。读哲学是为了使人得以成为人，而不是要成某种特殊的人。"④ 现代新儒学的开创者梁启超先生在他的《儒家哲学是什么》一文中也作过这样的论述："中国哲学以研究人类为出发点，最主要的是人之为人之道：怎样才算一个人？人与人相互有什么关系？"他认为，"儒家哲学范围广博，概括起来说，其用功所在，可以《论语》'修己安人'一语括之。其学问的最高目的可以《庄子》的'内圣外王'一语括之。做修己的功夫，做到极致，就是内圣；做安人的功夫，做到极致，就是外王。"⑤

不难看出，中国传统哲学更是把人生问题自始至终置于全部思想的核心地位。

我们再看以人类的自由解放为最高旨趣的马克思哲学。

马克思哲学的最终目标就是要实现共产主义。而所谓共产主义，在马克思和恩格斯那里，绝不是凌驾于个人之上的某种外在的社会建构，而是

---

① 恩斯特·卡西尔：《人论》，上海译文出版社1985年版，第3页。
② 冯友兰：《中国哲学简史》，新世界出版社2004年版，第9页。
③ 冯友兰：《儒家哲学之精神》第5卷，《中央周刊》，第41页。
④ 冯友兰：《中国哲学简史》，新世界出版社2004年版，第9页。
⑤ 梁启超：《儒家哲学是什么》，北京大学出版社1984年版，第488页。

这样一个自由人的"联合体","在那里,每个人的自由发展是一切人自由发展的条件。"① 马克思首先是一个哲学家,应该是没有任何争议的。但是,读过马克思原著的人会发现,在他的文字中几乎看不到与人无关的"纯自然"或者"物质"的影子,虽然他承认外部"自然界的优先地位",但在他看来,"先于人类历史而存在的那个自然界",对人来说,"是不存在的自然界"。② 因此,他不主张撇开人的现实实践活动去抽象谈论宇宙的本质和世界的规律。

马克思有一个非常了不起的地方,就是他能够在任何物以及物和物的关系背后,看到人以及人和人的关系。为此,他曾这样批判过他的前人:"如果说有一个英国人把人变成了帽子,那么,有一个德国人就把帽子变成了观念。这个英国人就是李嘉图,一位银行巨子,杰出的经济学家;这个德国人就是黑格尔,柏林大学的一位专任哲学教授。"③ 马克思的这段话是耐人寻味的,他用生动的话语深刻地揭示了李嘉图的政治经济学和黑格尔的哲学的共同缺陷,那就是"见'物'不见人"!他们一个把人变成了可以用来买卖的商品,一个把人变成了"无人身的理性",即抽象的自我意识。然而,在马克思那里,无论商品、货币、资本,抑或人们的观念,本质上都是人和人之间的社会关系。只不过这种关系在商品货币关系的海洋中,被遮蔽、被掩盖了,以至于创造交换价值的人,以及使这种价值得以成立的人与人的关系变成了某种自然物的属性和物与物的关系,造成了各种"拜物教"的盛行。马克思还深刻指出,在私有制条件下,这种关系还会导致人的异化,使得"物的世界的增值和人的世界的贬值成正比"。④ "动物的东西成为人的东西,而人的东西成为动物的东西。"⑤ 马克思哲学的伟大与高明,就在于他要"使人的世界和人的关系回归于人自身"。⑥

说到这里,我们不得不提一下那个大家耳熟能详的关于哲学的定义:

---

① 《马克思恩格斯选集》第1卷,人民出版社1955年版,第294页。
② 同上书,第294页。
③ 同上书,第136页。
④ 马克思:《1844年经济学—哲学手稿》,人民出版社2000年版,第51页。
⑤ 同上书,第55页。
⑥ 《马克思恩格斯全集》第3卷,人民出版社2002年版,第189页。

哲学是理论化系统化的世界观。说哲学是理论化的世界观或世界观的理论形态，这本身没有问题，但是，什么是世界观呢？按照我们过去的理解，世界观就是人们关于世界的总的根本的看法。问题就出在这种对世界观的理解上，这种"世界观"其实是"观世界"，也就是我们置身于世界之外去观察和把握一个与人无关的、完全被作为客体的世界。这可能吗？细想起来，这是很荒谬的。它既是导致哲学与人疏远的根本原因之一，更是导致把哲学科学化的渊薮。为了回归哲学的本质，为了显现哲学与人生的内在关系，必须重新理解世界观，亦即重新理解哲学。何谓世界观？"世界观的'世'是'在世之在'的'世'；世界观的'界'，是'人在途中'的'界'，世界观的'观'，是'人'的目光，而非'神'的目光。"①。只有这样理解的世界观，才能表达人和世界的真实关系，也才能绽露哲学的真实本质——作为世界观的哲学就是本质意义的人学。

哲学是本质意义上的人学，这包含两个方面的意思：其一，它并不否认哲学同样具有本体论、认识论、价值论等功能，只是无论是对终极存在的寻求，还是对终极知识的追问，抑或是对终极价值的探究，本质上都是在为人自身的存在寻找"安身立命之本"或"最高的支撑点"；其二，它并不排斥其他学科，诸如文学、史学、宗教、艺术、科学等对人的研究，相反自觉地将其他学科对人的研究作为自己反思的对象，并努力在各种文化样式之间促成对话和相互理解，以获得对人自身的更加全面深刻地把握。

既然哲学是最关切人生的学问，那么，哲学就应当是一种"人学"。但是，由于种种原因，哲学曾一度变成了某种"敌视人"的学说。这当然是指那种极其庸俗的唯物主义，但千万不要低估了这种曾经大行其道的学说所产生的负面影响。直到今天，在不少人看来，哲学就是关于世界一般本质和普遍规律的科学，它与其他科学的区别仅在于抽象程度的不同，或者说，它不过是一门更具普遍性和普适性的科学，人即使不是完全被排除在哲学的视野之外，至多也就是思维要去把握和操纵的客观对象；对人的理解基本采取类似科学的还原论思维，以至于人在这种哲学里被看成是一堆蛋白质的聚合物。如果依然固守这样的哲学，那么，就是对哲学，包

---

① 孙正聿：《〈哲学通论〉与世界观的前提批判》，《吉林大学学报》2009年第1期。

括马克思哲学的最大误解。

哲学作为人类最古老的知识形态，在其他科学尚不能"自立门户"之前，曾经不得不以"知识总汇"的面貌出现。正像人们能在人的身上看到世界几乎所有的东西——机械的、物理的、化学的、生物的、社会的——一样，哲学作为从总体上把握人的学说，也几乎扮演过所有人类知识的角色，自然理论、逻辑理论、伦理理论、社会理论，等等。这是哲学作为人学必须走过的历程，也是人实现自我理解必须经过的环节。人只有不断将自己的本质对象化到世界中，才能在对象化的世界中发现和理解自己的本质。从这个意义上讲，各种科学理论不过是表现了人和世界关系的一个方面，是人以物的方式存在，来换取物以人的方式存在。哲学的旨趣最终是要回到人本身，成为关于人的存在的自我意识。这就不难理解为什么哲学好像并不直接谈论人，我们却要说它是本质意义上的人学。总之，人是一种本质外投或者对象性的存在物。人只有通过认识世界来认识自己，同时，人又要通过不断反观自身来认识世界。

在西方，哲学的原初含义是"爱智慧"（Philosophia）。希腊文中，这个词包括两个部分，即"爱或追求"（Philein）和"智慧"（Sophia）。据说这个词起源于毕达哥拉斯，也有人说是苏格拉底。但的确是苏格拉底使这个词获得了其本质的内涵，因为，与"爱智慧"密切相关的是苏格拉底的另一个著名的命题："我只知道我一无所知（自知其无知）。"正是因为自知其无知，才有了一种对智慧（真理、至善）热忱而执着的爱，他不满足于任何自以为是的"知识"，也不像同时代的智者那样，以"有智者"自期自许，而是把全部的心智和热情倾注在对人生问题的思考上，认为，"未经审视的人生是不值得一过的人生。"苏格拉底的人生就是他的哲学，反之，他的哲学也就是他的人生。这一点很像中国的孔子。在他那里，"哲学"始终是一个动词，而不是一个名词，哲学与人生是浑然一体的。

我们这里所说的哲学，当然是广义的哲学。作为广义的哲学，就是冯友兰先生所说的对人生的有系统的反思。他在另一个地方说道：哲学并不是一件稀罕的东西，它是世界上，人人都有的，人在世上有许多不能不干的事情，不能不吃饭，不能不睡觉，总而言之，就是不能不跟着这个流行的大化跑着，人身子跑着，心里想着，这个跑就是人生，这个想就是哲学。冯先生以通俗生动的语言，表达了一个深刻的思想：哲学是人们关于自身存在的自我意识，或者说，就是意识到了的人的存在。

对西方哲学的历史演进在一定意义上可以做这样的概括：古代以本体论为特征的哲学是在追问万物何以可能，实际是在为包括人在内的万物寻找存在的根据。中世纪以基督教神学为特征的经院哲学追问的是上帝何以可能，实际上是为人寻找神圣的发源地。近代以认识论为特征的主体性哲学是在追问真理何以可能，也就是为人的理性进行合法性辩护，从而完成上帝人化的过程。以先验唯心主义和绝对唯心主义为特征的德国古典哲学是在追问人的自由何以可能，马克思正是在这个意义上，把德国古典哲学看成是法国革命的德国理论。而以实践为特征的马克思哲学则是在追问人的解放何以可能。由此看来，不管哲学以什么形态、什么面貌出现，本质上都是在追问人自身的存在，亦即都是在为人的存在探索支点和根据，为人的行为确立原则和规范，为人的精神找寻皈依和家园。难怪大哲学家康德将其哲学思考概括为三个问题：我们能够认识什么？我们要做什么？我们能够希望（相信）什么？最后，他又把这三个问题归结为一个问题：人是什么？

在关注人的问题上，马克思哲学可谓更加直接、更加彻底。在《〈黑格尔法哲学批判〉导言》中，他在总结了宗教批判的成果之后，说了这样一段话："真理的彼岸世界消逝以后，历史的任务就是确立此岸世界的真理。人的自我异化的神圣形象被揭穿以后，揭露具有非神圣形象的自我异化，就成了为历史服务的哲学的迫切任务。于是，对天国的批判变成对尘世的批判，对宗教的批判变成对法的批判，对神学的批判变成对政治的批判。"① "为历史服务的哲学"，就是为人服务的哲学。因为，所谓历史，在他看来，"不过是追求着自己目的的人的活动而已"。② 深入理解马克思的论述，不难发现，哲学在马克思这里已经发生了根本性的变革，它不再是满足于"解释世界"的理论哲学，而是"改变世界"的实践哲学。"对宗教的批判最后归结为人是人的最高本质这样一个学说，从而也就归结为这样的绝对命令：必须推翻那些使人成为被侮辱、被奴役、被遗弃和被蔑

---

① 《马克思恩格斯选集》第 1 卷，人民出版社 1995 年版，第 2 页。
② 《马克思恩格斯全集》第 2 卷，人民出版社 1957 年版，第 113 页。

视的东西的一切关系。"①

可见，任何真正的哲学一定是本质意义上的人学。

哲学作为本质意义的人学，并不是对人的特性做出某种客观的描述，而是对人生做出系统的反思和对人生意义的探究。那么，反思什么？怎样反思？用一句话来说，就是以人类创造的各种文化样式，包括神话、宗教、语言、艺术、伦理、科学，以及以往的和同时代的哲学为中介，借助哲学特有的思维方式——反思，在人的历史性的存在方式中，探究人生的意义，敞开人生面向未来的可能性。

当代中国哲学家方东美先生有一句名言："哲学不能烘面包，但是能使面包增加甜味。"什么意思？就是说，哲学或许不能给人带来什么实际的功用，但是，它能让人的生命活动获得某种意义。冯友兰先生说，人的生活是"有觉解底生活"。觉解什么？就是觉解人生的意义，从而不断提升人生的境界。

那么，为什么人要去追问或觉解人生的意义呢？因为，人是有"意义"的存在物。人和动物的区别何在？法国大文豪雨果说：动物生存，而人生活。生活与生存有什么不同？很简单，生活是有意义的生命活动；而生存则是无意义的生命活动。

在理解人和动物的区别时，最值得深长思之的莫过于马克思的这一段话："动物和自己的生命活动是直接同一的。""人则使自己的生命活动本身变成自己意志的和意识的对象。他是有意识的生命活动。""有意识的生命活动把人同动物的生命活动直接区别开来。"② 马克思的这段话是意味深长的。正是因为人把自己的生命活动变成自己的意志的对象，因此，人总是要追求基于生命活动而又高于生命活动的意义和价值；正是因为人把自己的生命活动变成自己的意识的对象，因此，人总是要探究"在世之在"的人生奥秘和周遭世界的本质及其运动规律。

十七世纪法国思想家帕斯卡尔在其名著《思想录》中，有一段关于人的脍炙人口的议论："人只不过是一根苇草，是自然界最脆弱的东西；但他是一根能思想的苇草。用不着整个宇宙都拿起武器来才能毁灭他；一

---

① 《马克思恩格斯选集》第 1 卷，人民出版社 1995 年版，第 10 页。
② 马克思：《1844 年经济学—哲学手稿》，人民出版社 2000 年版，第 57 页。

口气、一滴水就足以致他死命了。然而，纵使宇宙毁灭了他，人却仍然要比致他于死命的东西更高贵得多；因为他知道自己要死亡，以及宇宙对他所具有的优势，而宇宙对此却是一无所知。"① 可见，人之为人，就在于人有意识，有思想，就在于人的生命活动是自觉到了的生命活动，因而是有意义的生命活动。

哲学的使命就是要去探究人生的意义。

卡西尔认为，"作为整体的人类文化，可以被看作人不断解放自身的过程。言、艺术、宗教、科学，是这一历程的不同阶段。"而哲学则"必须努力获得一种更大的凝聚力和向心力。在神话想象、宗教信条、语言形式、艺术作品的无限复杂化和多样化现象之中，哲学思维揭示出所有这些创造物据以联系在一起的一种普遍功能的统一性。神话、宗教、艺术、语言，甚至科学，现在都被看成是同一主旋律的众多变奏，而哲学的任务正是使这种主旋律成为听得出的和听得懂的。"② 卡西尔的论述，深刻地揭示了哲学在文化中的独特意义和价值，作为探索人类文化多重变奏"主旋律"的哲学，不仅促成了人类各种文化样式的相互理解，找到了它们统一的基础，而且，更重要的是借助各种文化样式（符号）实现了人的自我理解，他就是在意义上把人视为从事"符号活动"的存在物。

卡西尔所指证的"普遍功能的统一性"，其实并不神秘，在他看来，"我们寻求的不是结果的统一性而是活动的统一性；不是产品的统一性而是创造过程的统一性。"作为"活动"或"创造过程"的统一性，就是"人的劳作（work）"。③ 如果我们用马克思哲学的观点来分析，所谓"普遍功能的统一性"就是作为人的存在方式和社会生活本质的实践活动，首先是物质资料的生产和再生产活动，包括生产活动和交往活动。全部历史的谜底、文化的密码、人生的奥妙，都隐含在人的实践活动之中。因为"全部社会生活在本质上是实践的。凡是把理论导致神秘主义的神秘东

---

① 帕斯卡尔：《帕斯卡尔思想录》，陕西师范大学出版社2002年版，第166页。
② 马克斯·舍勒：《人在宇宙中的地位》，转引自恩斯特·卡西尔：《人论》，甘阳译，上海译文出版社1985年版，第91页。
③ 同上书，第87—90页。

西,都能在人的实践中以及对这个实践的理解中得到合理的解决。"① 哲学的任务就是要把这些人的活动的秘密显现出来,一方面,获得对自己各种物质或精神创造物的深度理解;另一方面,也因此深化对自身本质及其存在意义的理解。

　　对哲学与人生的关系的讨论,使我们认识到哲学的重要价值之一,就是引导人们不断地深化对人生的"觉解",领悟人的生命活动的广度、深度和高度,为人的存在寻找历史性的安身立命的"支点"和"修己安人"的原则、尺度和规范。因此,哲学是"使人作为人能够成为人"的学问。

---

① 《马克思恩格斯选集》第 1 卷,人民出版社 1995 年版,第 56 页。

四　讲坛哲学与论坛哲学

　　"讲坛哲学"正在演变成一种"应试哲学",受教育者与其说在接受一种最"科学"的哲学训练,不如说在做一种ABCD的选择"游戏",而且还是一种乏味的"游戏"。

　　在现代科学向各个领域全面渗透的情况下,固守"知识论"立场的哲学,几乎处于一种"四面楚歌"的境地,造成本来可以"四海为家"的哲学,却陷入"无家可归"的尴尬境地。

　　逐步消解我国马克思主义哲学"论坛哲学"与"讲坛哲学"的二元结构,在"论坛哲学"与"讲坛哲学"之间既保持一种"必要的张力",又努力寻求一种"微妙的平衡",应当是我国马克思主义哲学进一步发展的必然要求。

聚焦我国马克思主义哲学发展现状,就不能不关注一个令许多马克思主义哲学工作者困惑难解的问题,即在"论坛哲学"和"讲坛哲学"之间形成的巨大反差:一方面是"论坛哲学"理论领域的不断扩展和论题的日益更新,一方面是"讲坛哲学"从内容到形式的依然故我;一方面是"论坛哲学"从提问方式到话语系统的日新月异,一方面是"讲坛哲学"问题的自我缠绕和表述方式的老化陈旧;一方面是"论坛哲学"理论旨趣向"生活世界"的回归和思维方式向"现代主义",甚至"后现代主义"的逼近;一方面是"讲坛哲学"始终走不出心物、主客、思存等二元对立的"本体论"怪圈和两极对立的思维方式的束缚。以至于在"同一种"哲学内部,很难展开交流与对话,更谈不上理论上的交融与贯通,在现实中形成了两种不同"解读"的马克思主义哲学。

认识到我国马克思主义哲学存在"讲坛哲学"和"论坛哲学"二元

结构的局面并不是最近的事。早在20世纪90年代初或更早的时间,就有学者提出过这个问题,并对之作过"界定":"'讲坛哲学'是指专门用来教育、宣传的哲学,通行于课堂、会议,即用以'讲说'的哲学。……'论坛哲学'指那种供学者研究、议论的哲学,主要表现于学术报刊文章著述之中。"[①] 于这种现象的生成和长期存在,我们首先要看到它的积极方面和进步意义。

应当看到"论坛哲学"从"讲坛哲学"中分化出来,并形成自己相对独立的发展理路,有其积极的意义和深刻的原因。

"论坛哲学"从"讲坛哲学"中的分化,是摆脱马克思主义哲学传统教科书僵化模式的必经之路。众所周知,以苏联三四十年代哲学教科书为蓝本的我国传统哲学教科书体系,有着很大的时代和理论的局限性,尽管它在特定历史时期,对于马克思主义哲学在中国的普及和传播,发挥过不可低估的历史作用。但是这个体系自身固有的缺陷是显而易见的,主要表现是:在不少关键理论问题上并不能体现马克思主义哲学应当达到的理论层次和时代高度。

"论坛哲学"从"讲坛哲学"中的分化,是实现我国马克思主义哲学理论创新和形态构建的重要途径。延续了半个多世纪的传统教科书哲学体系,由于学术和学术以外的原因,很大程度上已经成为了中国马克思主义哲学的"标准模式",它在中国哲学理论界和教育界产生的深刻影响,是任何一个跟"哲学"有点儿干系的人都会有所感受和体会的。"人们用它去学习马克思主义哲学,用它去了解马克思主义哲学",[②]"教科书的水平在很大程度上表征着我国哲学研究的水平并极大地影响制约着我国的哲学教育和教学水平。"[③] 我国的几代哲学工作者,都是用这个教科书体系培养出来的。"教科书"对于中国思想界的作用如此之大,以至于对这个模式任何方面的触动都决不仅仅是一个纯学术的问题。而且,长期以来为了维护"教科书"的特殊地位和"准经典"的权威性,不少学者为此付出了艰辛的劳动,特别是在应对各种挑战的过程中,不断地对该体系进行充

---

① 高清海:《高清海哲学文存》第1卷,吉林人民出版社1997年版,第322页。
② 同上书,第313页。
③ 欧阳康:《马克思主义哲学的本质规定及其形态建构》,《哲学动态》2001年第3期。

实、完善，以惊人的速度将各种最新的科技名词和哲学名词吸纳进体系或作为新的例证，纳入体系可以兼容的解释框架，使得该体系在其原有的哲学观念和思维方式的范围内，保持着高度的逻辑一贯性和很强的理论建构力，造成任何在不触动其哲学观念和思维方式条件下，试图对该体系的"创新"和"修补"都变得不是无效，就是画蛇添足。在这种情况下，要实现马克思主义哲学的理论创新、视域拓展，问题深化，观念更新，只能选择"另辟蹊径"的出路。实践证明，在"讲坛哲学"之外开辟"论坛哲学"的学术探索空间，有力地推动了我国马克思主义哲学的研究，促进了马克思主义哲学与时代和当代各种理论思潮的对话，在"论坛哲学"这个"新生"基本实现了由传统哲学观念向现代哲学观念的转变，由"本体论"或"知识论"的两极对立思维方式向实践观点的思维方式的跃迁。

"论坛哲学"从"讲坛哲学"中的分化，为最终消解"讲坛哲学"和"论坛哲学"的二元结构作了理论和人才上的准备。改革教科书体系是一项极为艰巨的工程。一些有远见卓识的哲学家为此已进行了20多年的探索，也曾编写出了一些在体系和内容上有不同程度创新和突破的教科书。但毋庸讳言，包括参与编写这些新教科书的学者在内，恐怕也不敢过高估计"改革"的成效。我以为，从学术方面讲原因主要有两点：一是理论准备不足。传统教科书体系有其自己的理解框架和逻辑一贯性，如果不在哲学观念和思维方式上实现超越，仅在原有体系中增加或减少一些内容，或者在内容编排，名词和例证方面出新，是注定不能成功的。二十余年的教科书体系改革给人最深刻启迪是，必须首先进行艰苦的理论研究和探索，从"回到马克思"入手，弄懂马克思在哲学上实现的变革，并合理地把马克思主义哲学看作是对传统哲学（包括唯心主义哲学和旧唯物主义哲学）的超越，在现代哲学的"语境"下，结合时代精神的特点，重新解读马克思，从而才谈得上构建马克思主义哲学的当代形态。可喜的是，我国哲学理论界为此付出了不懈的努力，对诸多基本理论问题进行了长期的探讨和争鸣，并在一些关系马克思主义哲学理论定位的重大问题上，如"实践唯物主义"等，达成了可贵的共识。正是由于有了这些理论积累，使得改革传统教科书的条件才逐步趋于成熟。二是人才匮乏。不少哲学工作者，特别是哲学教育工作者，由于接受教育，所处环境以及自身哲学素养等原因,很难走出原有体系的樊篱,跳出传统思维方式的框架。他们不是主观上拒斥改革、反对创新,而是客观上不可能超越已经"定型"的哲学观和理论模式。因而,借助"论坛哲学"这块天地,扩展人们的理论视野,撞击人们的理论思维、培养人们的理论兴趣、提升人们的理论境界,锻炼人们的理论能力,就成为我国马克思主义哲学自我发展,自我超越,在主体生成方面的必要环节和准备。

但是,我们在充分估计"二元结构"在一定时期内存在的进步性和必要性的同时,也不能忽视这种分化的局面对我国马克思主义哲学发展所产生的消极影响和带来的潜在危机。

"讲坛哲学"长期在低水平上徘徊已经严重地损害了马克思主义哲学的威信和吸引力。马克思哲学的魅力,是包括西方一些不带偏见或少带偏见的理论家和学者都难以抗拒的。"不能没有马克思,没有马克思,没有对马克思的记忆,没有马克思的遗产,也就没有将来"(德里达语)。这样的"话语"不能不令我们一些天天跟"马克思主义哲学"打交道的人为之汗颜。因为要一些人真诚地说上这样一句话,似乎已少了几分底气。这不是马克思主义哲学本身的问题,而是我国传统教科书体系的马克思主义哲学离当今时代和现代哲学有了不小的距离。人们从中既感受不到"时代精神的精华",也难以体认"文明的活的灵魂",特别是在现代科学向各个领域全面渗透的情况下,固守"知识论"立场的哲学,几乎处于一种"四面楚歌"的境地,造成本来可以"四海为家"的哲学,却陷入"无家可归"的尴尬境地。再加上不少人仅仅停留在对现代西方哲学中"拒斥形而上学"、"消解哲学"、"哲学终结"等字面读解,使得一些人对哲学采取了一种"敬鬼神而远之"的态度。值得特别注意是,"讲坛哲学"正在演变成一种"应试哲学",受教育者与其说在接受一种最"科学"的哲学训练,不如说在做一种ABCD的选择"游戏",而且还是一种乏味的"游戏"。这不能不让真正信仰马克思主义哲学,懂得一点儿马克思哲学的人为之痛心和忧虑。

"二元结构"也制约了我国马克思主义哲学整体理论水平的提高,进而影响了其他理论和实践的创新。创新是一个民族不竭的动力,离开了理论的创新,特别其中深层次的"世界图景"、"思维方式"、"价值尺度"、"审美意识"——哲学的创新,很难设想在运用、操作层面上的创新能够走多远。马克思主义哲学历来被视为关于科学的世界观和方法论的学问。如此带有根本性的理论,却在很大程度上长期停留在前现代哲学的水平。尽管我国哲学界在"论坛哲学"领域已经完成了一系列重大突破,有些研究实现了与时代和国际的"接轨",完全可以在一个平台上就马克思主义哲学与现当代西方哲学展开对话,运用当代哲学话语系统为马克思主义哲学辩护。但这些成果却较少在"讲坛哲学"上得到系统的反映,一方面,导致了我国马克思主义哲学的整个理论水平提高缓慢;另一方面,从深层来看,由于人们所接受的世界观和方法论理论的局限性,导致人们在其他理论领域,包括科学技术理论以及实践方面的创新受到很大的制约和束缚。

"论坛哲学"与"讲坛哲学"之间的"张力"长期处于紧张状态,使得我国马克思主义哲学潜含着分化的危机。作为一种纯学术的哲学研究,出现根本观点的分歧,甚至不同学派的对峙,也许不必大惊小怪,但作为承诺着重大意识形态功能和期许的马克思主义哲学,则是不能分化瓦解和分庭抗礼的。我国的马克思主义哲学理论家所作的各种研究和探索,从其理论旨趣或价值取向来讲,都是为了还马克思主义哲学应有的理论水准和时代形象,按照马克思主义哲学理论的本性实现其自我超越和自我发展。应当说,"论坛哲学"的主流是在不断地接近马克思主义哲学的思想理路,并正在逐步构建马克思主义哲学的当代形态。现在的问题不是"论坛哲学"走得太远,而是它与"讲坛哲学"拉开的差距太大。这种状况既不利于作为一个"整体"的马克思主义哲学理论地位的巩固,也不利于其理论功能的发挥,最终导致"圈内"人士不能对话,"圈外"人士无所适从的局面。

逐步消解我国马克思主义哲学"论坛哲学"与"讲坛哲学"的二元结构,在"论坛哲学"与"讲坛哲学"之间既保持一种"必要的张力",又努力寻求一种"微妙的平衡",应当是我国马克思主义哲学进一步发展的必然要求。"任何一门学科的存在与发展都离不开'讲坛'与'论坛'这两种方式。'讲坛'的内容,从根本上讲,只能是源于'论坛'的成果;'论坛'的成果也需要转化为'讲坛'的内容,才能得到广泛传播和逐步完善。"①

---

① 孙正聿:《关于哲学教育改革的几个问题》,《哲学研究》2000年第6期。

所谓在"论坛哲学"与"讲坛哲学"之间保持"必要的张力",就是一方面要承认和正视二者之间客观存在的差距,允许和鼓励人们在"论坛"上进行大胆的探索和创新,使我国的马克思主义哲学永远敞开自我发展和自我超越的空间,并不断拉动和提升我国马克思主义哲学的整体理论水平。另一方面又要克服"讲坛哲学"中存在的一种倾向,即"不负责任地把'讲坛'变成'论坛',以致使'讲坛'失去了应有的严肃性,规范性和权威性"。①

所谓在"论坛哲学"与"讲坛哲学"之间寻求"必要的平衡",就是要防止二者之间的差距无限扩大,使"讲坛哲学"在"鹤立鸡群"的发展态势中失去"可持续发展"的基础和土壤,甚至在难以廓清理论"地平"的情况下,偏离正确的发展方向。同时,在"讲坛哲学"方面,也要消除一种误区,就是"把'讲坛'与'论坛'割裂开来,并因此把'讲坛'变成现成的结论、枯燥的条文和空洞的说教。"②

应当看到,我国马克思主义哲学理论界经过20多年的艰苦探索与开拓,在哲学观念、思维方式、理论视域,问题话语等方面都实现了历史性的突破,为我国马克思主义哲学的形态更新、理论"升级",奠定了坚实的理论基石,积淀了深厚的理论素材,并造就了一批既有良好的马克思主义哲学理论修养,又具有全球视野和现代观念的理论工作者。这也为我们缩小"论坛哲学"与"讲坛哲学"之间的差距,打破后者停滞僵化的局面,在"张力"中求得"平衡",创造了难得的机遇。只要我国的哲学理论工作者和教育工作者携起手来,克服彼此之间人为的屏障和偏见,将致力于我国马克思主义哲学的创新与发展作为共同的使命,我国的马克思主义哲学完全有望在新的世纪取得长足的进步和发展,在捍卫马克思主义哲学基本理论同时,开创具有时代特点、全球语境、人类话题、民族风格、个性话语的马克思主义哲学新局面。

---

① 孙正聿:《关于哲学教育改革的几个问题》,《哲学研究》2000年第6期。
② 同上。

五　科学理性精神探源

　　科学的精髓在于蕴含于知识体系内在结构中的理性精神，这种精神发源于纪元前古希腊哲学家的思想中，成为西方文化传统中最有价值的部分之一，因而，也是最值得东方文化借鉴的积极因素。

　　他们构建了人类最早的理性宇宙模式，把最具神秘色彩的浩瀚天体变成了人们凭借思维能力可以理解的存在，使"神"失去了最后的栖身之地。他们确立了宇宙万物遵循着不以人或神的意志为转移的客观规律的信念，并努力探索这些规律和获得真理的方法。

　　古希腊哲学家常常表现出一种特有的理性固执，他们宁愿相信事物应当遵循的道理，而不愿轻易向"眼见为实"的感官现象屈服，而这正是科学研究必须具备的理性精神。

　　人类跨入21世纪，建立在对知识和信息的生产、分配和使用基础上的知识经济正在逐步成为占主导地位的经济形态，我们的时代无愧为真正意义上的科学时代。不仅人们的物质生活一刻也离不开科学理性所创造的文明成果，而且，生产方式、生活方式、社会形态等也在科学技术的作用下发生着深刻的变化。然而，颇令人不解的是，一些人虽然从不排斥科学技术所带来的物质成果，但精神世界却常常游离于科学理性之外。在不少深受实用理性思维传统影响的国人那里，科学很大程度上依然仅仅是满足某种实际需要的工具或手段，并未变为思想内核和思维方式。科学的精髓在于蕴含于知识体系内在结构中的理性精神，这种精神发源于纪元前古希腊哲学家的思想中，成为西方文化传统中最有价值的部分之一，因而，也是最值得东方文化借鉴的积极因素。探讨科学理性精神的起源，深究那些伟大哲人不无朴素幼稚的表述背后隐藏的深层思索，体认理性固执的魅力与价值,对于今天的人们来说意义非同小可。

面对着一个被认为是神创造的世界,景仰着多如繁星,主宰着人类生活命运方方面面的众多神灵,古希腊先哲们在产生于原始农业耕作基础上的东方智慧启发下,开始了对宇宙自然奥秘的理性思考。他们所做的第一项工作就是透过众神神力的表现形式,去探究其背后的自然原因,寻求不依赖任何神秘力量对世界统一性的理解和把握。最早的一些哲学家,如米利都派的"三哲",毕达哥拉斯等,虽然他们的确切生卒年代已无法考证,但以残篇形式流传下来的思想却深深影响了人类文明发展的进程。

他们从自然本身去寻求对世界的理解,摆脱了原始宗教神话对人们思想的束缚。

"水是万物的始基";构成万物的始基是一种能够向任何方位扩展的"无限者";万物的本原是"气",这是最早的米利都派三哲的泰勒斯、阿那克西曼德、阿那克西美尼提出的关于世界本原的观点。这些在今天看来既不科学且很幼稚的观点,却是西方思想脱离原始宗教神话走向理性思考的开端。他们用某一种或几种物质性的事物取代原始宗教神话拟人世界观的超自然的最高主宰,构建了哲学关于世界本原的概念,这是人类认识的一次飞跃。罗素指出:"当有人提出一个普遍性问题时,哲学就产生了,科学也是如此"、"'万物归一'的观点是一种相当可敬的科学假说。"[①]

还应当看到,在这几位先哲的思想中,已经表现出了后人对前人思想的批判和超越,这是理性区别于盲目信仰或迷信的固有的本性。泰勒斯的"水"既是他经验观察的结果,也受到了具有泛文化意义的原始宗教神话的启发。在古希腊神话中,海神被视为创世之神,被看成决定人类命运的神奇之物。他的"水"既是现实的水,也是抽象的"水",他"把自然现象的无限多样性的统一看作不言而喻的",但是,他又是"在某种具有固定形体的东西中,在某种特殊的东西中去寻找这个统一。"[②] 表明他还不是自觉地进行抽象思维,而是把特殊的个别事物直接等同于一般。阿那克西曼德将本原规定为"无限者",黑格尔认为这个"无限者"就是"未规定的物质"。显然他不同意泰勒斯将无限多样的世界归结为"水"这种具

[①] 罗素:《西方的智慧》,文化美术出版社1997年版,第6、20页。
[②] 《马克思恩格斯全集》第20卷,人民出版社1974年版,第525页。

体的物质形态，而主张把本原理解为不具任何具体规定性的物质。阿那克西曼德初步把思维的对象和感官的对象区别开来，这是认识和概念上的进步。阿那克西美尼认为世界本原是"气"，这看起来是向泰勒斯的回复，其实不然，"气"是一种最无固定形体的物质，用"气"作为世界的本原，意在通过"气"的聚散来说明万物的生成，其思想中已隐约地包含着将万物在质上的差异还原为"气"在量上的区别。这无疑对毕达哥拉斯从事物量的属性中去把握世界具有启发意义。

从毕达哥拉斯之后，古希腊哲学分化为两条发展道路：以赫拉克利特的"火"，德谟克利特的"原子论"为代表的朴素唯物主义思想，沿着寻求万物"始基"的方向，经过了一个由宏观到微观、由具体到抽象的发展过程，在德谟克利特的"原子论"中达到了古代唯物主义思想的最高水平；以毕达哥拉斯为始祖，注重揭示事物的原则，经巴门尼德的"存在"，苏格拉底的"定义"，再到柏拉图的"理念"，直到亚里士多德的"实体"，实现了古代哲学思想的系统化，在原始唯心主义体系中，把人类思维带到了真正哲学思维的高度，达到了极高的抽象思维水平。在这些关于世界本原或本质的观点中，尽管存在唯物主义和唯心主义的区别，但在思维方式上它们都是不同于原始宗教神话的理性思维，都是力图从自然或世界本身去找到构成世界万物的基本要素或原则。

他们构建了人类最早的理性宇宙模式，把最具神秘色彩的浩瀚天体变成了人们凭借思维能力可以理解的存在，使"神"失去了最后的栖身之地。

阿那克西曼德提出过地球是一个自由漂浮的圆柱体的假说；德谟克利特用原子在虚空中运动的理论，提出过关于世界的生成和宇宙演变的假说。西方最早的比较系统的宇宙图景是由毕达哥拉斯构建的。他认为整个宇宙就是一个球体，它由一系列半径越来越小的同心圆所组成，每个球体都是一个行星的运行轨道。位于宇宙中心的是"中心火"，所有的天体都绕着"中心火"转动。由于他把10看成是最完美的数字，因此，他认为天体也只能是10个，而当时人们发现的天体只有9个，即地球、月亮、太阳、金星、水星、火星、木星、土星和恒星。于是，毕达哥拉斯在这里最早表现出了理性的固执。既然10是最完美的，天体必然有10个，那个看不见的天体一定是隐藏在相对于地球的"中心火"的另一面，他把这个假想的天体称为"对地"。毕达哥拉斯从事物"数"的和谐性和秩序性，推测宇宙的和谐性和秩序性，认为整个的天是一个和谐、一个数目，把宇宙看成一个有秩序的数的和谐系统，这为自然科学的发展提供了一个极为重要的思想前提。贝尔纳在《历史上的科学》一书中指出："毕达哥拉斯从数目里看出认识宇宙的关键"，"毕达哥拉斯派的工作是数学和各门物理科学的真正基础。"[①] 甚至毕达哥拉斯关于"数即万物"这个看似荒谬的观点，深究起来其实是他对万物都遵循着数学的规律这一伟大发现的原始表述。由此我们还联想到爱因斯坦的一段话："要是不相信我们的理论能够掌握实在，要是不相信我们的世界的内在和谐，那就不可能有科学。这种信念是、并且永远是一切科学创造的根本动力。在我们的一切努力中，在每一次新旧观点之间的戏剧性的冲突中，我们都认识到求理解的永恒的欲望，以及对于我们世界的和谐的坚定信念，都随着求理解的障碍的增长而不断地加强。"当然，也要看到，不能把抽象与具体、思维的存在与感官的存在区别开来，这是古代人思维的共同局限。

科学的目的就是要透过现象抓本质，就是要在那些看似无序的对象中去找到其固有的法则，就是要揭示事物内在的必然性或普遍原因。古希腊哲学家在这方面为后世树立了光辉的典范。

他们确立了宇宙万物遵循着不以人或神的意志为转移的客观规律的信念，并努力探索这些规律和获得真理的方法。

毕达哥拉斯从"数"的角度探索了事物固有的内在联系，并认为宇宙间的一切都遵循着"数"的和谐性和秩序性，这是对必然性的间接揭示。正是因为相信万物即"数"才有了继后的自然科学，以至于一千多年后，牛顿写出的科学史上最伟大的著作，其书名也称为《自然哲学的数学原理》。事实上，近代以来的自然科学就是在追寻自然界的数学规律中不断取得突破和发展的。如果说毕达哥拉斯的"数"只是揭示了事物一个方面的本质属性，更带有自然科学的色彩的话，那么，赫拉克利特的"逻各斯"则是对宇宙万物总是遵循着某种必然性而产生和灭亡的哲学反思。赫拉克利特认为，"世界的转化有一个一定的次序和一个确定的周

[①] 贝尔纳：《历史上的科学》，科学出版社1981年版，第98—99页。

期,适应着不可避免的必然性。"① 他把这种必然称之为"逻各斯",他断言,"万物都根据这个'逻各斯'而产生","一切都遵照命运而来","命运的本质就是那贯穿宇宙实体的'逻各斯'"。② 同时,他还强调,"逻各斯"是自然的普遍规律,而"自然喜欢躲藏起来",它不是感官的对象,人们不能凭借感觉去认识它,但"人人都禀赋着认识自己的能力和思想的能力","思想是最大的优点",③ 人们只能通过思想去把握支配宇宙万物的"逻各斯"。这些基于一定的经验观察,如"太阳每天都是新的","人不能两次踏入同一条河流",运用古希腊哲学家特有的思辨能力所作出的理性判断,不仅开辟了人类探索宇宙万物内在逻辑的认识道路,而且把人类固有的理性思维能力显著地凸现出来,启示人们可以通过逐步把握必然王国的"逻各斯",就能在自然界和人类社会中获得解放与自由,而无须把人的命运系在某种超自然、超自我的神秘力量之上。

古希腊哲学家常常表现出一种特有的理性固执,他们宁愿相信事物应当遵循的道理,而不愿轻易向"眼见为实"的感官现象屈服,而这正是科学研究必须具备的理性精神。

毕达哥拉斯以对"数"的和谐性、完美性的信念,推导出一个天体"对地",尽管它被后来的天文观察所否定,但正像许多科学假说最后都被科学实验所证伪一样,并不能因此否认它们在科学认识发展中的历史价值,"以太"、"燃素"、"地心说"等皆是如此。我们再来看看颇令今人不解的柏拉图学园的"拯救现象"方法。他们曾为解决"漫游者"的"堕落"的问题而煞费苦心。古希腊人将行星称为"漫游者"(在希腊文中,行星就是漫游者的意思)。柏拉图深受毕达哥拉斯的影响,坚信天体是神圣而高贵的,因此,天体的运动应该是最完美、最高贵的匀速圆周运动,但天体观察发现,有的星星是恒定不变地作周日运动,而有的星星却不是这样,它们时而向东,时而向西,时而快,时而慢。这如何解释?柏拉图对这种感官的观察不以为然,对这些行星也应当遵循某种规律,即作完美的圆周运动深信不疑,于是,他给他的学生提出了一个任务:研究这

---

① 北京大学哲学系:《古希腊罗马哲学》,商务印书馆1961年版,第17—18页。
② 同上书,第30页。
③ 同上书,第29页。

些行星现在这个样子到底是由哪些均匀圆周运动叠加而成的,从而找出这些行星"堕落"的原因,以洗刷高贵的天体因此蒙受的耻辱。这就是著名的"拯救现象"方法。我们从柏拉图的这些思想中,的确还能发现一些拟人宇宙观的痕迹,但它更是一种理性固执的产物。"拯救现象"方法是基于天体运动遵循某种规律的信念而提出的,它是一种科学研究的纲领。科学就是要把自然界或社会中各种看似杂乱无章、纷繁无序的现象纳入到某一固定的思维框架中加以把握,这种把握方式往往表现为科学假说,但正如恩格斯所说:"只要自然科学运用思维,它的发展形式就是假说。"[①] 当代科学哲学家卡尔·波普尔认为,科学进化的模式就是:科学问题—提出猜测性假说—排除错误—新的问题,科学就是面对问题,不断提出假说的过程。由此看来,"拯救现象"方法一定程度上是开了科学假说之先河,它张扬了一种对事物或现象不仅要感知它,更要理解它的科学理性精神。

他们不满足于对事物现象的把握,竭力寻求事物构成和发展变化的原因,将经验观察和理性思考结合起来,构建了相当完备的关于世界的知识体系。

被恩格斯称为古希腊"最博学的人物"的亚里士多德,在系统地总结前人思想的基础上,用自己创造的概念体系深入探讨了事物发展变化的原因。他说:"人们如果还没有把握住一件事物的'为什么'(就是把握它的基本原因),是不会以为自己已经认识了这一事物的。"循着这样的思想,他在《物理学》中分析了构成事物的基本原因,提出了著名的"四因"学说,即任何事物必须具备了质料因、形式因、动力因、目的因方能产生。他还是一个非常注重经验观察的思想家,不仅创立了颇有实证色彩的生物学、政治学等学科,而且为科学研究的观察实验方法奠定了基础。亚里士多德最杰出的贡献是创造性地总结了古希腊科学、哲学的思想成果,并对当时的各种知识进行了分类整理,建立了一系列学科,形成了人类第一个全面把握世界的理性知识体系,为人类认识世界和改造世界提供了重要的思想武器。

将世界万事万物在质上的差别还原为构成事物的某种基本元素在量上

[①] 《马克思恩格斯选集》第4卷,人民出版社1995年版,第336页。

的差异,是科学揭示事物本质的基本方式,例如"化学可以称为研究物体由于量的构成变化而发生的质变的科学。"① 正是因为古希腊哲学家从一开始就注意到事物背后的数学规律,并坚持用数学的规律和方法去描述和说明万物的生成及其变化,从而将理性精神确立为科学认识可靠而坚固的基础,它不仅使数学方法成为自然科学基本的研究方法,而且成为衡量人类自然知识科学化程度的重要标准。

他们将万物在质上的界限还原为量上的差异,不仅说明了世界的统一性,而且开创了自然科学的数学方法。

前面我们较多地提到的毕达哥拉斯学派用"数"去理解和说明宇宙万物的观点,其主要的缺陷在于只看到了"量"而忽视了"质",以至于得出了"数即万物"的结论。原子论哲学家留基伯、德谟克利特不仅用物质性的原子作为世界的本原,成为近代物理学在实验基础上构造世界的原子结构的重要思想来源,而且,他们关于原子的逻辑思辨对后世也产生了深远的影响。"原子"在希腊文中是不可再分割的意思。一个物体可以一分为二,分出来的部分还可以再一分为二,如此不断分下去。最终总有一个极限,这个极限就是原子。原子在虚空中作不同方向的运动,相互撞击形成水、火、土、气等元素,元素再像字母组成单词一样,组合成宇宙万物。这样,事物的本原被归结在物质性的原子之上,事物的差别则通过构成事物的原子在形状、大小和数量上的不同而得到合理的说明。

他们努力从数学上、理性上去理解事物的运动,不满足于对运动现象上的认识和目的论的解释。

事物的运动变化是人们最容易直观到的现象,承认运动在常识的意义上并不困难,但是,从理性上说明运动的道理,从而在逻辑上确立人们关于运动的概念,则是一件十分困难的事情。某种程度上,这个问题直到今天都没有得到很圆满的解决。然而,最早发现并提出这个问题的是古希腊著名哲学家芝诺。接触过西方哲学史的人都可能饶有兴味地推敲过芝诺的四个"运动悖论":即"二分法"悖论、"阿喀琉斯"悖论、"飞矢不动"悖论和"运动场"悖论。从表面上看,芝诺提出的这些悖论是为了否认运动,因而一般哲学原理书上,往往将他作为古代形而上学和诡辩论的代

---

① 《马克思恩格斯选集》第3卷,人民出版社1995年版,第487页。

表人物，其实这是一种基于经验主义思维方式的简单化理解。列宁在《哲学笔记》中曾提到芝诺的运动悖论，他同意黑格尔的看法，即芝诺从没有想到要否认作为"感觉的确实性"的运动，而问题仅仅是在于"运动的真实性"。也就是说，芝诺并不否认在经验层面上的运动，但他却无法在理性的层面上（即以概念的方式）去描述和理解运动。正如列宁所指出的那样，"问题不在于有没有运动，而在于如何在概念的逻辑中表达它。"[①] 芝诺对运动问题的诘难，体现了一种执着的理性精神，他深刻地揭示了事物运动在时间、空间上间断性和非间断性的矛盾，这些直到今天仍令科学家、哲学家困惑的逻辑悖论，不仅深化了人们对运动的认识，而且直接启发了辩证思维。

恩格斯曾针对轻视理论，轻视理论思维而走向神秘主义的少数自然科学家指出，从自然科学走向神秘主义的最可靠的道路，是"蔑视一切理论，怀疑一切思维的最肤浅的经验论"。[②] 可见在思维中克服狭隘经验论的重要性。

---

① 《列宁全集》第38卷，人民出版社1963年版，第281页。
② 《马克思恩格斯选集》第4卷，人民出版社1995年版，第300页。

六 人类解放的逻辑

  人类解放的价值理想在马克思哲学中处于核心的地位，是马克思学说中的"本体论承诺"。

  人类解放的逻辑就是马克思哲学的内在逻辑。哲学在马克思那里不仅是"批判的武器"，还是"武器的批判"。

  马克思不仅从根基上颠覆了包括黑格尔哲学在内的全部传统哲学，而且也实现了传统哲学全部的可能性。

  人类解放的逻辑就是马克思哲学的内在逻辑。要说清这个问题必须对以下问题作出回应：其一，马克思有没有自己的哲学？其二，如果有，这种哲学跟它以前的哲学是什么关系？其三，马克思"哲学"和马克思"科学"的关系如何？本文试图通过回答上述问题，来证明马克思哲学就是关于人类解放的逻辑。

  关于马克思有没有自己的哲学的问题，大致可从历史和现实中梳理出这样几种观点：一是认为马克思有自己的哲学；二是认为马克思没有自己的哲学；三是认为马克思早期有哲学，而后期则将哲学作为意识形态抛弃了。

  对于第一种观点，又可区分为两种：一是将马克思哲学直接等同于传统意义上的哲学（形而上学），它们之间的区别仅仅在于思想内容的不同，而作为一门为人们提供具有最大普遍性和普适性知识的学问性质，则没有发生任何改变，而且只有马克思（主义）哲学才真正具有了科学的形态并发挥着为人类提供自然、社会和思维最一般规律的功能。传统马克思主义哲学教科书，基本上是在这个意义上"承诺"了马克思有哲学。二是认为马克思有哲学，但是他在哲学上发动了一场根本性的变革，而且是在"本体论"（存在论）的根基处进行的革命，他终结了以往的全部形而上学，开创了建立在生存论存在论基础上的实践唯物主义，这种新哲学与以往的哲学是那样的不同，以致马克思本人在许多场合为了与传统哲学区别开来，经常回避"哲学"、"哲学家"这样的称谓。这是目前哲学界一种强势的观点。

对于第二种观点，即认为马克思没有自己的哲学，同样可以区分为两种情况：一是第二国际的理论家在科学主义的强大声势下，在无产阶级革命形势处于相对低潮的时候，为了维护马克思主义作为一种学说的"合法性"，竭力淡化马克思主义的哲学性，仅仅将其看成是一种政治、经济学说。二是一些反马克思主义者，为了达到诋毁和瓦解马克思主义的目的，对马克思哲学进行有意歪曲，认为马克思根本没有自己的哲学，其思想中的哲学内容不过是先前和同时代的哲学家思想的拼凑。这种偏见在西方的影响是很深远的，以至于他们编写的哲学史著作中，很少将马克思当作一个重要的哲学家来看待，至多在谈到政治哲学或道德哲学时简单地提及一下。正如柯尔施在其《马克思主义和哲学》一书指出的："在那个时期，无论马克思主义理论和资产阶级理论在所有其他方面有着多大的矛盾，这两个极端在这一点上却有着明显的一致之处。资产阶级的哲学教授们一再相互担保，马克思主义没有任何它自己的哲学内容，并认为他们说的是很重要的不利于马克思主义的东西。正统的马克思主义者们也一再互相担保，他们的马克思主义从其本性上来讲与哲学没有任何关系，并认为他们说的是很重要的有利于马克思主义的东西。但还有从同样的基本观点出发的第三种倾向。它由各种'研究哲学的社会主义者'所组成，他们声称他们的任务是用来自文化哲学的观念或者用康德、狄慈根、马赫的哲学概念或别的哲学来'补充'马克思主义。然而，正是因为他们认为马克思主义体系需要哲学的补充，他们也就使人们明白了，在他们的眼里，马克思主义本身是缺乏哲学内容的。"①

第三种观点，这也是当前一种比较有影响的观点。之所以如此，这不仅因为有像阿尔都塞这样的"学术权威"的观点作为论证的依据，而且在哲学受到普遍的质疑、"终结哲学"成为一种时代性口号的今天，强调

---

① 柯尔施：《马克思主义和哲学》，重庆出版社1989年版，第4页。

马克思的思想曾经发生过某些"断裂",从早期作为哲学家的马克思转变为后期作为科学家的马克思,也许不失为在当代为马克思进行辩护的一种策略。

其实,对于马克思有没有自己的哲学的问题,作任何先验判断都是没有意义的,因为任何一种判断的标准,本身还需要别的标准来判断。回答这个问题最好的办法,是看哲学对马克思所追求的人生理想的意义,换句话说,马克思无论是要"实现哲学",还是要"消灭(终结)哲学"(这其实是一个问题的两个方面),以及作为前两者的统一,马克思创立了自己的实践哲学,目的都是为了用来促进人类的解放,哲学在马克思那里不仅是"批判的武器",还是"武器的批判"。马克思早在中学时代就萌发了为人类福利而劳动的志向。经过大学几年的思想磨砺,马克思带着用哲学改变世界的抱负走向现实社会。然而,《莱茵报》时期直面社会现实的经历,使马克思对过去所信奉的哲学产生了怀疑,因而只有通过对过去哲学的批判性分析来克服自己的困惑,进而去探索人类"往何处去"的出路。在这个过程中,马克思逐步将自己的价值理想定位在共产主义上,为了给共产主义即人类解放提供具有现实性的理论证明,马克思展开了对哲学、政治经济学和当时的各种共产主义思潮的批判。正是由于立足于人类解放这个终极指向,马克思不仅从根基上颠覆了包括黑格尔哲学在内的全部传统哲学,而且也实现了传统哲学全部的可能性(在这个意义上,海德格尔的观点不无一定道理),并且正是在这个既实现又终结传统哲学的辩证过程中,马克思历史地建构起了关于人类解放的哲学。

如果我们"承诺"了马克思有自己的哲学,无疑就要追问,这种哲学与以往哲学是什么关系,或者说有什么本质的区别。在讨论马克思哲学当代价值的过程中,不少学者深刻地洞见到了马克思所发动的哲学革命,认为马克思不仅特殊地终结了以黑格尔为代表的德国古典哲学,而且由于"黑格尔哲学不是形而上学之一种,而是形而上学之一切"(吴晓明语),因此,马克思也一般地终结了西方自柏拉图、亚里士多德以来的形而上学;有的学者认为马克思彻底地变革了实体本体论的思维方式,开创了实践观点的思维方式;还有的学者认为,马克思消解了传统哲学追求本体,即终极存在、终极知识、终极价值的方式,把人的"形而上学本性"安置在了生存论存在论的根基之上,而且还因此可以实现对包括辩证法在内的马克思全部思想的全新理解,如此等等。毫无疑问,这些都是马克思哲学研究中取得的重大进展,给人们敞开了马克思哲学的全新视界。但是,正像有的学者敏锐指出的那样,在"回到马克思"语境中对马克思哲学的重新解读,在研究方法上普遍存在"重逻辑而轻历史"的倾向。事实上,在讨论马克思的哲学革命时,的确存在某些片面化的问题,至少有两个极为重要的问题还没有得到应有的理论追问,那就是:第一,马克思为什么要发动哲学革命?第二,发动哲学革命为什么是可能的?我以为,说清这两个问题,更能够展现出马克思哲学与以往的哲学以及同时代的其他哲学的本质区别。

关于第一个问题。马克思为什么要发动哲学革命?是出于纯粹理论的兴趣,还是为了解决思想中所面临的现实问题?是因为马克思的哲学天才,还是由于马克思立志于人类解放的"理论期望"?我认为,两个回答都只能是后者。

马克思起初的专业并不是哲学,是思想发展产生了矛盾,才使他转向了哲学。众所周知,马克思在大学时所学的专业是法律,估计其父老马克思很希望他能毕业后做律师承袭父业。在大学期间,马克思也像所有风华正茂的青年人一样,有过很多幻想,曾对文学创作产生过浓厚的兴趣,写过大量的诗歌献给他的恋人燕妮和他的父亲,还写过剧本、小说和散文。起初也曾想在自己的专业中有所造诣,曾写过长达300印张的法学论著。但正是在研究法学的过程中,马克思感觉到哲学的重要,于是抛开未写完的法学论著,一头扎进了黑格尔哲学的"大海"中,从此与哲学结下不解之缘。此时他说道:"这又一次使我明白了,没有哲学我就不能前进。这样我就必须怀着我的良知重新投入她的怀抱,并写了一个新的形而上学原则的体系。"① 此时,马克思对思想中面临的问题及他所找到的出路,作过这样的表白:

"这里首先出现的严重障碍正是现实的东西和应有的东西之间的对立,这种对立是唯心主义所固有的;它又成了拙劣的、错误的划分的根源。开头我搞的是我慨然称为的法的形而上学的东西,也就是脱离了任何实际的法和法的任何实际形式的原则、思维、定义,这一切是按照费希特

---

① 《马克思恩格斯全集》第40卷,人民出版社1982年版,第13页。

的那一套，只不过我的东西比他更现代化，内容更空洞而已。在这种情况下，数学独断论的不科学的形式从一开始就成了认识真理的障碍，在这种形式下，主体围绕着事物转，这样那样议论，可是事物本身并没有形成一种多方面展开的生动的东西。三角形使数学家有可能作图和论证……对同一对象采取的不同位置，就给三角形创造了各种不同的关系和真理。在生动的思想世界的具体表现方面，例如，在法、国家、自然界、全部哲学方面，情况就完全不同：在这里，我们必须从对象的发展上细心研究对象本身，决不应任意分割它们；对象本身的理性在这里应当作为一种自身矛盾的东西展开，并且在自身求得自己的统一。"[①]

此后，马克思成为了黑格尔哲学的信徒，但也初步流露出了对黑格尔哲学的不满。他写道："先前我读过黑格尔哲学的一些片段，我不喜欢它那种离奇古怪的调子。（我理解是指黑格尔哲学充满神秘色彩的思辨形式）我想再钻到大海里一次，不过有个明确的目的，这就是要证实精神本性也和肉体本性一样是必要的、具体的，并且具有同样的严格形式。"[②] 马克思是为了解决自己思想发展中遇到的问题而走向哲学，走向黑格尔的。这个问题集中表现为"现实的东西和应有东西之间的对立"，马克思此时抱着用哲学改变世界的强烈愿望，力图去证明"精神本性"的必要性和具有的严格形式。随后写作的博士论文更清楚地表明了马克思研究哲学的动机。而研究哲学是进行哲学革命或创新的前提。显然，马克思不是出于纯粹理论兴趣而发动哲学革命的。

马克思后来之所以要颠覆黑格尔哲学以及作为黑格尔哲学分支的费尔巴哈和青年黑格尔派的哲学，同样是由于这些哲学不能解决马克思在面向社会现实后思想中产生的新的问题，不能为马克思已经确立的人类解放的理想提供有效的理论证明，而且深刻意识到了旧哲学的弊端和根本缺陷。马克思在《莱茵报》期间面临了更加尖锐的"现实的东西和应有的东西之间的对立"，深切感受到了现实的法律、国家以及作为它们必要的观念补充的法哲学、国家哲学的虚伪性和反动性。他一方面意识到了进行政治经济学研究的必要，以便去解开市民社会的奥秘；另一方面更直接地感到

[①] 《马克思恩格斯全集》第40卷，人民出版社1982年版，第10—11页。

[②] 同上书，第15页。

有必要对黑格尔的法哲学进行批判,于是,"为了解决使我苦恼的疑问,我写的第一部著作是对黑格尔法哲学的批判性分析",通过这一研究,马克思得出了这样的结论:"法的关系正像国家的形式一样,既不能从它们本身来理解,也不能从所谓人类精神的一般发展来理解,相反,它们根源于物质的生活关系,这种物质的生活关系的总和,黑格尔按照18世纪的英国人和法国人的先例,概括为'市民社会',而对市民的社会的解剖应该到政治经济学中去寻求。"① 马克思由此开始了他对旧哲学、政治经济学以及各种共产主义学说的批判历程。马克思首先借助费尔巴哈同时又超越费尔巴哈对黑格尔哲学进行了批判,尤其是在《1844年经济学—哲学手稿》中,马克思深刻地揭露了黑格尔辩证法和整个哲学"虚假的实证主义或他那只是虚有其表的批判主义"②。在马克思看来,黑格尔哲学在本质上是保守的,其思辨的法哲学不过是"现代国家的抽象的、脱离生活的思维",是"这些国家理论上的良心"③,这样的哲学由于本身就站在市民社会利己主义个人的立场上,因而,既然不能成为变革现实的"精神武器",当然就应当成为现实的"物质武器"变革的对象。

同样,对费尔巴哈的批判也是由于看到了其哲学的固有缺陷,它不可能真正解决人类"往何处去"的问题。由于费尔巴哈的人本主义唯物主义得出了"人是人的最高本质"的正确结论,揭示了宗教是人的本质的异化,马克思在许多地方对费尔巴哈有很高的评价,曾在一封致费尔巴哈的信中这样说道:"在这些著作中,您(我不知道是否有意地)给社会主义提供了哲学基础,而共产主义者也就立即这样理解了您的著作。"④ 他甚至还把自己在理论上的一些重大突破都归功于费尔巴哈,例如他说:"唯灵论和唯物主义过去在各方面的对立已经在斗争中消除,并为费尔巴哈永远克服。"⑤ 实际上这是马克思把实践概念引入哲学以后,才真正克服的。早期马克思对费尔巴哈唯一的不满,主要是认为"他过多地强调

---

① 马克思:《资本论》节选本,人民出版社1998年版,第32页。
② 马克思:《1844年经济学—哲学手稿》,人民出版社2000年版,第109页。
③ 《马克思恩格斯选集》第1卷,人民出版社1972年版,第8页。
④ 《马克思恩格斯全集》第27卷,人民出版社1972年版,第450页。
⑤ 《马克思恩格斯全集》第2卷,人民出版社1957年版,第120页。

自然而过少地强调政治。"① 但随着马克思思想的发展,特别是要为自己的人类解放的价值理想作出系统的理论论证的时候,他发现费尔巴哈的哲学不仅不能担负起这个使命,相反还是实现这一目标的障碍。其主要缺点是,从理论内容上讲,他不能把"对事物、现实、感性""当作人的感性活动,当作实践去理解,不是从主观的方面去理解",因而"当费尔巴哈是一个唯物主义者的时候,历史在他的视野之外;当他去探讨历史的时候,他决不是一个唯物主义者"②。从理论的立足点讲,费尔巴哈所代表的"旧唯物主义的立脚点是'市民'社会"③。从理论的社会功能上讲,费尔巴哈的哲学至多是解决了人类从"从何处来"的问题(事实上,这个问题他也没有真正解决),但绝对回答不了"往何处去"的问题,因为"费尔巴哈在关于人与人之间的关系问题上的全部推论无非是要证明:人们是相互需要的,并且过去一直是相互需要的。他希望加强对这一事实的正确理解,也就是说,和其他理论家一样,只是希望达到对现存事实的正确理解,然而一个真正的共产主义者的任务却在于推翻这种现存的东西。""实际上和对于实践的唯物主义者,即共产主义者说来,全部的问题都在于使现存世界革命化,实际地反对和改变事物的现状。"④

关于第二个问题。马克思发动哲学革命为什么是可能的?实际上问的是这样两个问题:马克思为什么能够发动哲学革命?马克思发动哲学革命的可能性条件是什么?

对于这两个问题,同样必须纳入马克思关于人类解放的价值理想的视域中才能得到合理的理解。马克思无疑是一位天才的哲学家,但这只是他发动哲学革命的必要条件,而不是充分条件。否则,我们很难解释为什么与他同时代的其他哲学家以及以后时代的许多哲学家都未能完成这个任务。马克思不是为了进行哲学革命而进行哲学革命,而是由于他认识到哲学是内在于人的历史性存在之中的实现自身解放的力量。"因为任何真正的哲学都是自己时代精神的精华,所以必然会出现这样的时代:那时哲学不仅从内部即就其内容来说,而且从外部即就其表现来说,都要和自己时

---

① 《马克思恩格斯全集》第 27 卷,人民出版社 1972 年版,第 443 页。
② 《马克思恩格斯选集》第 1 卷,人民出版社 1972 年版,第 50 页。
③ 同上书,第 18 页。
④ 同上书,第 47—48 页。

代的现实世界接触并相互作用"。马克思认为他所处的时代已经是这样的时代,"各种外部表现证明哲学已经获得了这样的意义:它是文明的活的灵魂,哲学已成为世界的哲学,而世界也成为哲学的世界";而且,他还深刻看到,"这样的外部表现在所有的时代里都是相同的"①。因此,马克思是在准确地把握了时代精神的基础上进行他的哲学变革的。

马克思发动哲学革命是时代的要求。黑格尔曾指出:"就个人来说,每个人都是他那时代的产儿。哲学也是这样,它是被把握在思想中的它的时代。妄想一种哲学可以超出它那个时代,这与妄想个人可以跳出他的时代,跳出罗陀斯岛,是同样愚蠢的。"② 马克思说:"哲学家的成长并不像雨后的春笋,他们是自己的时代,自己的人民的产物,人民最精致、最珍贵和看不见的精髓都集中在哲学思想里。"③ 马克思由于很早就确定了为人类的幸福和福利而奋斗的崇高志向,因而他能敏锐地捕捉到时代的问题,人民的心声。从一定意义上讲,马克思之所以能够发动一场深刻的哲学革命,就在于他的哲学不过是时代精神和人民心声在其理论上获得的系统表达,是把握在他思想中的时代。对于其哲学革命所具有的深刻的学理意义,我们固然可以而且应当进行深入地挖掘,但如果忽视了其哲学革命之于马克思本人的真实意义和价值指向,也许永远也不可能对其哲学革命的全部价值作出合理的解答。

马克思发动哲学革命也是为了发现和解答时代所提出的问题,而这个问题本质上就是"人的解放何以可能"。马克思认为:"一个时代的迫切问题,有着和任何时代在内容上有根据的因而也是合理的问题共同的命运:主要的困难不是答案,而是问题"。"问题"的重要意义在于,"问题"是"公开的、无所顾忌的、支配一切个人的时代之声。问题是时代的格言,是表达时代自己内心状态的最实际的呼声"④,而"当人们把哲学同幻想混为一谈的时候,哲学必须严肃地提出抗议"⑤。马克思一方面捕捉到了作为时代格言的问题,那就是"对宗教的批判实际上已经结

---

① 《马克思恩格斯选集》第 1 卷,人民出版社 1972 年版,第 121 页。
② 黑格尔:《法哲学原理》,商务印书馆 1961 年版,第 12 页。
③ 《马克思恩格斯选集》第 1 卷,人民出版社 1972 年版,第 120 页。
④ 同上书,第 203 页。
⑤ 同上书,第 204 页。

束",而"对宗教的批判最终归结为人是人的最高本质这样一个学说,从而也归结为这样一条绝对命令:必须推翻那些使人成为受屈辱、被奴役、被遗弃和被蔑视的一切关系"①。然而当时的"哲学,尤其是德国哲学",要么"爱好宁静孤寂,追求体系的完满,喜欢冷静地自我审视……就像一个巫师,煞有介事地念着咒语,谁也不懂得他在念叨什么"②,要么"满口讲的都是'震撼世界'的词句,而实际上是最大的保守分子"。他们"仅仅是为反对'词句'而斗争","既然他们仅仅反对现存世界的词句,那末他们就绝不反对现实的、现存的世界"③。另一方面马克思努力探索哲学批判新的进路,恢复哲学应有的促进人类解放的功能。在准确地把握时代问题的基础上,马克思意识到了哲学的时代使命。他写道:"彼岸世界的真理消逝以后,历史的任务就是确立此岸世界的真理。人的自我异化的神圣形象被揭穿以后,揭露非神圣形象中的自我异化,就成为了为历史服务的哲学的迫切任务。于是对天国的批判就变成对尘世的批判,对宗教的批判就变成对法的批判,对神学的批判就变成对政治的批判。"④可见,马克思的哲学革命是为了发现和解决时代的问题而酝酿出来的。这里,如果愿意也可以透视出现代哲学所发生的一系列转向,尤其是"生活世界转向"的萌芽和征兆。

马克思发动哲学革命还是哲学——普罗米修斯的内在要求和必然结果。马克思在其《博士论文》的序言中,借伊壁鸠鲁的话满怀"激情的理性"表达了自己的普罗米修斯情结:"哲学,只要它还有一滴血在它那个要征服世界的、绝对自由的心脏里跳动着,它就将永远用伊壁鸠鲁的话向他的反对者宣称:'渎神的并不是那抛弃众人所崇拜的众神的人,而是那同意众人关于众神的意见的人。'哲学并不隐瞒这一点。普罗米修斯承认道:老实说,我痛恨所有的神……普罗米修斯是哲学日历中最高尚的圣者和殉道者。"⑤

马克思从事哲学研究和理论创造的全部目的,就是要"像普罗米修

---

① 《马克思恩格斯选集》第1卷,人民出版社1972年版,第9页。
② 同上书,第219页。
③ 同上书,第23页。
④ 同上书,第2页。
⑤ 《马克思恩格斯全集》第40卷,人民出版社1982年版,第189—190页。

斯从天上盗来天火之后开始在地上盖房子安家那样,哲学把握了整个世界以后就起来反对现象世界"①。在马克思这里,凡是导致人在神圣形象或非神圣形象中自我异化的东西,凡是"使人成为受屈辱、被奴役、被遗弃和被蔑视的一切关系",无论它以理论的形态或现实的形态表现出来,无论它具有多高的权威性,都将在马克思所设立的"人类解放"这个价值法庭上接受审判并对自己的合理性作出辩护。马克思哲学之所以具有以至于受到像德里达那样的当代激进解构主义哲学家的认同和青睐的批判精神,缘于马克思抓住了"人本身"这个人的根本,抓住了在资本主义生产方式中已经展现但依然受到束缚和压抑的人的自由全面发展的本性,而人的根本就是要在时代的条件下争取最大限度的解放,不断为自己敞开面向未来的空间。这种基于人的实践的存在方式之中的普罗米修斯精神必然实现为马克思对现实的一切进行无情批判的哲学旨趣,必然成就马克思在适当的时候发动一场适当的但却具有划时代意义的哲学革命。

我们再来讨论马克思发动哲学革命的可能性条件。按照当代哲学解释学的观点,任何理解都是一种"视域融合"。伽达默尔指出:"几乎不可能存在一种自在的当前视域,正如不可能有我们必须获得的历史视域一样。毋宁说,理解活动总是这些被设定为在自身中存在的视域的融合过程……在对传统的研究中,这种融合不断地出现。因此,新的视域和旧的视域不断地在活生生的价值中汇合在一起,这两者中任何一个都不可能被明确地除掉。"② 马克思是革命的理论家或者理论的革命家。对他的理解仅仅限于某种现实因素的分析是不够的,必须既从现实因素中,又从其理论的内在逻辑中去寻找他发动变革的根据。我们不妨借用伽达默尔关于"视域融合"的观点,来对马克思发动哲学革命的可能性条件作一分析。

如果说上述分析主要揭示了马克思实现对哲学全新理解的"个人视域"或者"当前视域"的话,那么,作为马克思哲学直接理论来源和重要理论资源的黑格尔哲学,在"终结"了"全部以往所理解的哲学"以后所造成的哲学"局面",则构成了马克思哲学革命的"历史视域"。孙正聿教授在《解放何以可能——马克思的本体论革命》一文中,对黑格

---

① 《马克思恩格斯全集》第40卷,人民出版社1982年版,第136页。
② 伽达默尔:《哲学解释学》,上海译文出版社1994年版,第9—10页。

尔哲学的"本体论遗产"之于马克思"本体论革命"的意义作了透彻的剖析。他认为，黑格尔以"绝对理念"自我运动自我认识所构建起来的思辨哲学，目的是要为"人的理性何以可能"、"人的自由何以可能"以及"人的崇高何以可能"提供逻辑的依据，归结起来是要回答人自身"何以可能"的问题。他认为，在马克思看来，黑格尔的思辨哲学并不是某种超然于世界之外的遐想，而是形而上学改装了的现实的存在。马克思指出：黑格尔的思辨哲学体系有三个因素：第一个因素是形而上学地改装了的、脱离了人的自然；第二个因素是形而上学地改装了的、脱离了自然的精神；第三个因素是形而上学地改装了的以上两个因素的统一，即现实的人和显示的人类。[①] 因此，黑格尔的"绝对理念"表面看来十分神秘，实际上如马克思所说，他是以"最抽象的形式"表达了"最现实的人类状况"，即"个人现在受抽象统治，而他们以前是相互依赖的。但是，抽象或观念，无非是那些统治个人的物质关系的理论表现"[②]。既然人的现实的状况已经被黑格尔以抽象的形式揭示了出来，那么，马克思的任务就是要通过哲学—政治经济学批判，戳穿"把人变成帽子"的李嘉图和"把帽子变成观念"的黑格尔的实质，把被他们用物和物的关系与观念和观念之间的关系遮蔽起来的"人和人的关系"敞开出来，从而把"人的存在何以可能"的问题深化为"人的解放何以可能"的问题[③]。由此可见，追求人类解放的价值理想和"个人受抽象统治"的现实状况所形成的巨大反差构成了马克思发动哲学革命的"当前视域"，而以黑格尔为代表的德国古典哲学所达到的理论成就构成了他的"历史视域"，两种视域在马克思"活生生的价值"中融合起来，为马克思发动哲学革命提供了可能性条件。

马克思"哲学"和马克思"科学"的关系是当前学术界谈论得比较热烈的一个问题。徐长福教授在《求解"柯尔施问题"》（以下简称徐文）一文中，把这个问题与柯尔施的《马克思主义和哲学》联系起来，将其命名为"柯尔施问题"。徐文认为，在马克思学说的纵向发展中，有

---

① 《马克思恩格斯全集》第2卷，人民出版社1957年版，第177页。
② 《马克思恩格斯全集》第46卷上册，人民出版社1979年版，第111页。
③ 孙正聿：《解放何以可能——马克思的本体论革命》，《学术月刊》2002年第9期。

一个从哲学到科学的过程；在其横向结构中，有一个显性科学和隐性哲学的关联。《德意志意识形态》是马克思思想成熟的标志（阿尔都塞将其称为"断裂时期的著作"）。他认为在马克思理论观点变化的背后隐含一个隐性的知识观的变化，并把马克思知识观的演变区分为三个阶段："第一个阶段截止《德法年鉴》时期，所持的是'哲学—知识'观，最后一篇集中反映这种观点的著作是《〈黑格尔法哲学批判〉导言》。第二个阶段是一个短暂的过渡期，是从'哲学—知识'观到'科学—知识'观转变的时期，《1844 年经济学—哲学手稿》、《神圣家族》、《关于费尔巴哈的提纲》都属于这一阶段的作品。第三阶段是'科学—知识'观确立的时期，《德意志意识形态》（1845—1846 年）是确立的标志。①在今年第二期《哲学研究》上又刊出了邓晓芒先生的文章《"柯尔施问题"的现象学解》（以下简称邓文），邓文对徐文的上述两个基本观点都提出了质疑，并富有说服力和充分文本依据地对徐文的观点进行了反驳，针对"三阶段说"得出的结论是："马克思在具体的哲学观点上前后当然经历了巨大变革，但在对哲学的看法上，我认为他前后是一贯的，没有什么'三阶段'"。② 对于马克思的科学与哲学是否有"显性与隐性"的关联的问题，邓文在否定了马克思存在有知识观转化的问题的前提下，认为徐文仅仅看到了马克思方法论中的从抽象上升到具体的"综合法"，而"忽略了马克思（包括恩格斯）非常强调和看重的'逻辑和历史相一致'这一著名的辩证方法论原理。"因此，如果说有显性与隐性的问题的话，徐文刚好把在马克思那里的两个方面搞颠倒了，"如果一定要说'显性'和'隐性'，那么被作为'形而上学'、'先验结构'的哲学反而是'显性'的，而预先所作的大量科学的研究和分析相对来说倒是'隐性'的了。"总之，邓文认为："马克思的确有自己一贯的哲学，尽管没有以体系的形式表达出来，但却以方法的形式渗透在他的一切'实证的'科学中。马克思的方法论早已成熟到形成一个体系（据说他曾有意写一本'辩证法'小册子），只是他后来为这种方法在政治经济学中的'应用'耗尽了毕生的精力，而没有时间写出专门哲学体系的著作，但不能因此就否认他有成体系

---

① 徐长福：《求解"柯尔施问题"》，《哲学研究》2004 年第 6 期。
② 邓晓芒：《"柯尔施问题"的现象学解》，《哲学研究》2005 年第 2 期。

的哲学。"①

邓、徐二先生的观点大致代表了学术界当前在这个问题上的基本看法。本文更倾向于邓文的观点，这不仅因为邓文的论证更加严谨，而且他对马克思哲学的许多理解正暗合了本文所持的基本观点，即马克思哲学是致力于人类解放的"实践哲学"。在马克思那里哲学和科学是统一的，因为它们都是"历史科学"亦即"人的科学"。"我们仅仅知道一门唯一的科学，即历史科学。历史可以从两个方面来考察，可以把它划分为自然史和人类史。但这两方面是密切相连的；只要有人存在，自然史和人类史就彼此相互制约。自然史，即所谓自然科学。"②马克思在另外一个地方还说道："历史本身是自然史的即自然界生成为人这一过程的一个现实的部分。自然科学往后将包括关于人的科学，正像关于人的科学包括自然科学一样：这将是一门科学。"③ 在马克思那里，离开了现实的人的科学都是无根的"科学"，正像邓晓芒先生结合胡塞尔的现象学所作出的分析那样，马克思的哲学中包含着"人学现象学思想"，犹如胡塞尔要为全部科学奠定先验现象学的基础一样，马克思则是要为全部科学奠定"人学现象学"基础，要使人们认识到"自然科学并不是自足的，它虽然为人的科学奠定了物质基础（如关于人类起源的人类学），但它所使用的那些基本概念（如'力'、'能'、'因果性'等）都是从更广义的人的科学中取得的。所以我们其实应该倒过来，不是把人的科学看作自然科学中的一部分，而是从根本上把自然科学看作人的科学中的一部分、一个片面的分支，而人的科学也不再是如同自然科学那样静观的、纯理论的科学，而是包容了人的全面丰富的本质力量（包括感觉的、情感的、意志的、信念的、审美的、伦理的等力量），因而成为了'烧向外部世界的火焰'的实践哲学。这种眼光，在马克思那里是前后一贯的。"④ 因此，在马克思的思想中生硬地区分"哲学"和"科学"，如果不是为了附庸现代哲学的某些风雅也许有一定的学理意义，但是在主要以阐释马克思哲学当代价值的课题下，其意义就值得

---

① 邓晓芒：《"柯尔施问题"的现象学解》，《哲学研究》2005 年第 2 期。
② 《马克思恩格斯选集》第 1 卷，人民出版社 1972 年版，第 21 页。
③ 马克思：《1844 年经济学—哲学手稿》，人民出版社 2000 年版，第 90 页。
④ 邓晓芒：《"柯尔施问题"的现象学解》，《哲学研究》2005 年第 2 期。

怀疑了。因为它还可能将人们的注意力引向这个"科学"与"哲学"的语义学争议中,从而把马克思不同于其他任何哲学或科学的独特的关于人类解放的实践哲学遮蔽起来。

七　人类解放的政治哲学基础

马克思历史观作为政治哲学的意义就在于，它把这个内在于人的生存活动之中的"意象性"，由自发变为了自觉，由"解释世界"的思辨的概念逻辑变为了从事实践活动的现实的人的生活逻辑。

人的解放作为历史活动，是一个以变革人的现实的存在方式为指向的无限开放的过程。

人类解放的本质是生存方式的变革。这是一种蕴含于现实的个人能动的生活过程之中的可能性。

人类解放，即实现人的自由全面的发展，是人类不懈追求的目标和价值。在马克思看来，人类解放的本质是生存方式的变革，用他的话说，就是"把人的世界和人的关系还给人自己"。[①] 这是一种蕴含于现实的个人能动的生活过程之中的可能性。然而，如何把这种可能性转化为现实性，如何在人们每天都要过、都在过的现实生活中开启通往实现自身解放的道路，这又是一个十分复杂且容易导致事态发生偏差的问题。现代哲学对理性主义和启蒙主义的反思、后现代主义对"宏大叙事"的拒斥、国际共产主义运动所遭受的曲折，不能不成为我们今天阐发马克思政治哲学的思想背景和现实关照。

马克思主义一个多世纪以来的"效果历史"表明，它以无可辩驳的事实真实地参与了这一时期人类历史的进程，深刻地影响并作用于人类历史的发展方向及其具体事态，而且，直到今天它仍然是推动历史向世界历史转变的重要力量。由于它是内在于资本主义生产方式和生存方式之中的

[①] 《马克思恩格斯全集》第1卷，人民出版社1956年版，第443页。

自我批判、自我否定的因素,因而,它必将伴随人类这一发展阶段的始终。正如有学者指出的那样,只要马克思主义的对立面还存在,马克思主义就不会过时。另外,马克思及其思想毕竟是以学说或者"文本"方式存在的。文本离不开解释和理解,本质上是一种当前视域和历史视域的"融合"。按照伽达默尔的观点,理解是被理解东西的存在。马克思作为一位生活在一个多世纪以前的思想家,他所面临的具体历史环境、问题和任务早已时过境迁,因此不能再拘泥于他所谈论的具体问题去把握他的思想,而必须深入到其思想的本质之中,从政治哲学的角度来理解他的理论和学说;按照他所提示的在"批判旧世界中发现新世界"的思想原则,按照唯物主义历史观揭示的把现实的个人,即他们的活动和物质生活条件作为考察历史的前提,以当代人的现实生活过程为背景去理解和阐发马克思关于实现人类解放的方式和路径。

马克思、恩格斯认为,"'解放'是一种历史活动,不是思想活动,'解放'是由历史关系,是由工业状况、商业状况、农业状况、交往状况促成的"。[①] 他们十分清醒地认识到,人的解放如同社会经济形态本身的发展一样,是一种"自然历史过程"。如果"一方面还没有一定的生产力;另一方面还没有形成不仅反抗旧社会的个别条件,而且反抗旧的'生活生产'本身、反抗旧社会所依据的'总的活动'的革命群众,那么,正如共产主义的历史所证明的,尽管这种变革的观念已经表述过千百次,但这对于实际发展没有任何意义。"[②] 可见,对于人的解放问题的探索,不能诉诸于任何激进主义的政治企图,也不能在历史的表层即各种具体的社会问题的层面去使用马克思"人的解放"这个涉及人的存在的根本问题的字眼,而必须是在"反抗旧的'生活活动'本身,反抗旧社会所依据的'总的活动'"的意义上去把握它的内涵。那么,这条关乎人类终极命运的道路到底存在于什么地方呢?我们不妨在此先作出一个抽象的回答:它就在现实的人的脚下!人类向来就处在实现自我解放的历史进程之中。马克思历史观作为政治哲学的意义就在于,它把这个内在于人的生存活动之中的"意象性",由自发变为了自觉,由"解释世界"的思辨的

---

① 《马克思恩格斯选集》第1卷,人民出版社1995年版,第74—75页。

② 同上书,第93页。

概念逻辑变为了从事实践活动的现实的人的生活逻辑。这个人类解放的逻辑集中体现在"共产主义"这个人们既熟悉又陌生的规定中。

共产主义首先是追求实际目的的最实际的运动。共产主义是马克思、恩格斯用以表达他们全部思想和学说价值取向的一个概念。由于马克思已经把哲学由理论形态改造为了实践形态，因此，共产主义在他们那里总是以一种实际地反对并改变现存的事物的方式出现的，它更多的是用以"描述"人的现实生活活动能动性的"动词"，而不是一个表述某种理想生活状态"在场"性的"名词"。

马克思从来没对所谓共产主义社会作出过任何具体的构想，他深知对历史性的人的未来生存状态设想得越具体，就会越流于荒谬。因此，他只是紧扣在资本主义条件下表现为人的生存方式的"总的活动"，即"动物的东西成为人的东西，而人的东西成为动物的东西"的"异化劳动"和"人和人之间的社会关系可以说是颠倒地表现出来的，就是说，表现为物和物之间的社会关系"①的社会生活现实来进行揭露和批判。因此，马克思、恩格斯在《德意志意识形态》中指出："共产主义对我们来说不是应当确立的状况，不是现实应当与之相适应的理想。我们所称为共产主义的是那种消灭现存状况的现实的运动。这个运动的条件是由现有的前提产生的。"② 在同一部论著中，他们还说道："共产主义是用实际的手段来追求实际目的的最实际的运动。"③ 由此可见，共产主义并不存在于理想的彼岸世界，它就存在于"现有的前提"即人们的现实生活中。凡是针对作为现实生活"总的活动"，也就是针对现代性即资本主义生存方式本身所进行的批判和反抗，都是共产主义真实存在的证明。

对马克思共产主义世界观的理解是需要生活前提的。当人们还生活在某种形式的"人的依赖关系"中，生活活动还具有某种原始的完整性、丰富性，就像在"中世纪的手工业者对于本行专业劳动和熟练技巧还是有兴趣的，这种兴趣可以达到某种有限的艺术感"④的时候，是很难真正理解马克思共产主义的真实意蕴的。在这种情形下，很容易出现把"共

---

① 《马克思恩格斯全集》第13卷，人民出版社1962年版，第22页。
② 《马克思恩格斯选集》第1卷，人民出版社1995年版，第87页。
③ 《马克思恩格斯全集》第3卷，人民出版社1960年版，第236页。
④ 《马克思恩格斯选集》第1卷，人民出版社1995年版，第107页。

产主义"外在化、实体化的情况,而这实际上就是马克思在《1844年经济学—哲学手稿》中所指认的"粗陋的共产主义",即"物质的财产对它的统治力量如此之大……物质的直接的占有是生活和存在的惟一目的;工人这个规定并没有被取消,而是被推广到一切人身上"。① 对于接触"共产主义"概念已有近一个世纪的中国人来说,相当多的人对"共产主义"的理解还停留在上述水平上;有的甚至还达不到这个水平,他们不过是把中国古代农民起义所倡导的平均主义思想拿来附会"共产主义"。因此,对于很多人来讲,很难理解马克思为什么说:"政治解放本身还不是人类解放";② 更难以理解,"国家再好也不过是在争取阶级统治的斗争中获胜的无产阶级所继承下来的一个祸害"。③ 因此,在他们看来,共产主义无论是作为社会理想或革命行动,都是指向人的现实生活之外的东西。殊不知,马克思的共产主义恰恰是"向内"的,它指向的就是人们当下的生活、当下的存在方式。这种存在方式的本质特征,马克思将其规定为"以物的依赖性为基础的人的独立性"。④ "不是意识决定生活,而是生活决定意识。"只有当中国人真正进入这种生存方式之后,才进入了理解马克思共产主义的解释学情境或前理解状态。共产主义的现实功能——"在批判旧世界中发现新世界","实际地反对并改变现存事物"的功能,也才不仅在革命的"语境"中,而且在"建设"的语境中开显出来。

　　共产主义在作为人的存在方式的向度上表现为劳动解放。我们在《德意志意识形态》中读到的最具视觉冲击力的字眼是:"消灭分工"、"消灭劳动"。马克思、恩格斯果真是要否定作为人类社会基本存在条件的劳动和分工吗?这与他们在同一部论著中针对费尔巴哈所说的:"这种活动、这种连续不断的感性劳动和创造、这种生产,正是整个现存的感性世界的基础,它哪怕只中断一年,费尔巴哈就会看到,不仅在自然界将发生巨大的变化,而且整个人类世界以及他自己的直观能力,甚至他本身的存在也会很快就没有了",岂不是矛盾的吗?其实不然,关键是我们首先要理解马克思所指是什么性质上的劳动。在《1844年经济学—哲学手稿》

---

① 马克思:《1844年经济学—哲学手稿》,人民出版社2000年版,第79页。
② 《马克思恩格斯全集》第1卷,人民出版社1956年版,第435页。
③ 《马克思恩格斯选集》第3卷,人民出版社1995年版,第13页。
④ 《马克思恩格斯选集》第46卷上,人民出版社1979年版,第104页。

中，马克思把自由的有意识的活动看作是人的"类特性"、"类本质"。异化劳动的其中一个"规定"就是人的类本质同人相异化。这种异化的表现就是"把人对动物所具有的优点变成缺点……把自主活动、自由活动贬低为手段，也就把人的类生活变成维持人的肉体生存的手段"。① 这样，劳动变成了"强制劳动"，"劳动的异己性完全表现在：只要肉体的强制或其他强制一停止，人们就会像逃避瘟疫那样逃避劳动。"② 并且得出了，异化劳动是私有财产的直接原因，它导致了劳动对于工人来说是痛苦，对于私有财产占有者来说则是享受的结论。在《德意志意识形态》中，马克思、恩格斯把历史的维度引入对劳动和分工的考察中，认为，随着生产力在其发展的过程中达到这样的阶段，在这个阶段上产生出来的生产力和交往手段在现存关系下只能造成灾难；与此同时，还产生了一个占人口大多数的阶级，它必须承担社会的一切重负，而不能享受社会的福利，它被排斥于社会之外，因而不得不同其他一切阶级发生最激烈的对立。那么，很显然这是人的活动即"劳动"本身酿成的苦果，它表明"劳动"已发生根本性的质变。因此，在这种前提下发生的革命，就不再像以往那样不过是按另外的方式重新分配劳动，但始终不触动活动的性质，"而共产主义革命则针对活动迄今具有的性质，消灭劳动"；③ "而无产者，为了实现自己的个性，就应当消灭他们迄今面临的生存条件，消灭这个同时也是整个迄今为止的社会的生存条件，即消灭劳动。"④ 可见，马克思所要消灭的劳动是"异化劳动"，也就是资本主义条件下的雇佣劳动，把人从这种非人的生存活动和条件中解放出来。

与劳动一样，"只要分工还不是出于自愿，而是自然形成的，那么人本身的活动对人来说就成为一种异己的、同他对立的力量，这种力量压迫着人，而不是人驾驭着这种力量。"⑤ 而且"分工和私有制是相等的表达方式，……一个是就活动而言，另一个是就活动的产品而言。"⑥ 因此，

---

① 马克思：《1844年经济学—哲学手稿》，人民出版社2000年版，第58页。
② 同上书，第55页。
③ 《马克思恩格斯选集》第1卷，人民出版社1995年版，第90—91页。
④ 同上书，第121页。
⑤ 同上书，第85页。
⑥ 同上书，第84页。

这种自然形成的分工，只会"使人成为高度抽象的存在物，成为旋床等等，直至变成精神上和肉体上畸形的人"①，只会造成精神活动和物质活动、享受和劳动、生产和消费由不同的个人来分担。那么，为了消除"个人力量（关系）由于分工而转化为物的力量这一现象"，就"只能靠个人重新驾驭这些物的力量，靠消灭分工的办法来消灭"。②

需要强调的是，马克思所论述的人类解放，始终是以个人为立足点的。这是马克思历史观作为唯物主义历史观的本质特征之一。不仅在历史观的前提中马克思强调了"现实的个人"，认为"全部人类历史的第一个前提无疑是有生命的个人的存在"；③而且在考察人类历史的具体过程中，也是把"处在现实的、可以通过经验观察到的、在一定条件下进行的发展过程中的人"作为理论分析的焦点。因此，"生产力"等概念在马克思那里根本没有独立存在的意义，也就是说，它不能与个人的活动分开来理解，更不能把它看作是现实的人之外的某种实体性的存在。马克思认为："生产力和交往形式的关系就是交往形式与个人的行动或活动的关系"，"由每一个新的一代承受下来的生产力的历史，从而也是个人本身力量发展的历史"。因此，抽象地谈论发展生产力，甚至把生产力的发展本身看成是目的，那就背离了历史唯物主义的基本精神。马克思、恩格斯指出："共产主义所造成的存在状况，正是这样一种现实基础，它使一切不依赖于个人而存在的状况不可能发生，因为这种存在状况只不过是各个人之间迄今为止的交往的产物。"④ 只有把生产力的解放和人的自由解放结合起来，把生产力的发展和人的生存方式的改善（劳动解放）视为一个问题的两个方面，才是马克思政治哲学意义上的社会进步和发展。在生产力取得长足发展和社会财富获得巨大增长的今天，在社会贫富悬殊日益扩大和资源环境代价不断加重的严峻现实面前，重温马克思的这些思想，对于我们自觉贯彻科学发展观，真正本着"以人为本"的精神，推动我国社会实现全面、协调、可持续发展，无疑具有重要的启发意义。

共产主义在作为人的对象性本质的向度上表现为社会解放。强调个人

---

① 马克思：《1844年经济学—哲学手稿》，人民出版社2000年版，第175页。
② 《马克思恩格斯选集》第1卷，人民出版社1995年版，第118—119页。
③ 同上书，第67页。
④ 同上书，第122页。

存在的本体性，并不等于要否定人的社会性。马克思认为，"个体是社会存在物"。① 在《德意志意识形态》中，马克思、恩格斯从"生命生产"，包括通过劳动而达到的自己生命的生产和通过生育而达到的他人生命的生产中，揭示了社会产生的根源。社会关系首先表现为"许多个人的共同活动"。"在任何情况下，个人总是'从自己出发的'，但由于从他们彼此不需要发生任何联系这个意义上来说他们不是唯一的，由于他们的需要即他们的本性，以及他们求得满足的方式，把他们联系起来（两性关系、交换、分工），所以他们必然要发生相互关系。但由于他们相互间不是作为纯粹的我，而是作为处在生产力和需要的一定发展阶段上的个人而发生交往的，同时由于这种交往又决定着生产和需要，所以正是个人相互间的这种私人的个人的关系、他们作为个人的相互关系，创立了——并且每天都在重新创立着——现存的关系。"② 这或许可以看作马克思、恩格斯对于社会产生和存在的本体论说明。

社会是人的存在方式，"人的本质不是单个人所固有的抽象物，在其现实性上，它是一切社会关系的总和。"③ 在《1844年经济学—哲学手稿》中，马克思从人和自然界关系的角度对人作为社会存在物进行过比较思辨的论证，展现了人作为社会存在的理想状态。他写道："只有在社会中，自然界对人来说才是人与人联系的纽带，才是他为别人的存在和别人为他的存在，只有在社会中，自然界才是人自己的人的存在的基础，才是人的现实的生活要素……因此，社会是人同自然界的完成了的本质的统一，是自然界的真正复活，是人的实现了的自然主义和自然界的实现了的人道主义。"④ 在《德意志意识形态》中，马克思、恩格斯从唯物主义历史观的高度，对社会、社会关系作了更加具体深入的分析，从而揭示了在"异化劳动"和自然形成的分工条件下，社会相对于个人具有的异己性和强制性，个人因为无力控制自己的生存条件而沦为"偶然的个人"。他不仅要受到作为自己活动的对象化力量——私有财产的控制，要受到国家这样的"虚幻共同体"的约束，还要受到各种意识形态的奴役。在进一步

---

① 马克思：《1844年经济学—哲学手稿》，人民出版社2000年版，第84页。
② 《马克思恩格斯全集》第3卷，人民出版社1960年版，第514—515页。
③ 《马克思恩格斯选集》第1卷，人民出版社1995年版，第56页。
④ 马克思：《1844年经济学—哲学手稿》，人民出版社2000年版，第83页。

展开"政治经济学批判"之后,马克思更加深刻地认识到了社会关系妨碍人的解放的本质,那就是资本主义的生产方式。在这种生产方式下,"生产力已经不是生产的力量,而是破坏的力量(机器和货币)"。① "一种社会生产关系采取了一种物的形式,以致人和人在他们的劳动中的关系倒表现为物与物彼此之间的和物与人的关系。"② 于是,商品拜物教、货币拜物教、资本拜物教盛行。"在资产阶级社会里,资本具有独立性和个性,而活动着的个人却没有独立性和个性。"③ "资本表现为异化的、独立化了的社会权力,这种权力作为物、作为资本家通过这种物取得的权力,与社会相对立。"④

异化劳动、社会关系的物化最集中的体现就是私有制。因此消灭私有制,就成为马克思历史观必然作出的根本结论。"共产党人可以把自己的理论概括为一句话:消灭私有制。"⑤ "共产主义和所有过去的运动不同的地方在于:它推翻一切旧的生产关系和交往关系的基础,并且第一次自觉地把一切自发形成的前提看作是前人的创造,消除这些前提的自发性,使它们受联合起来的个人的支配。"⑥ 因此,人的解放在作为人的对象性的本质方面最终将以消灭私有制的方式来完成。

当然,马克思、恩格斯并没有对这个结局寄予急切的期盼。因为唯物主义历史观使他们清醒地认识到,人的自我异化和私有制的消灭是有历史前提的。在《德意志意识形态》中,他们认为只有具备了这样两个实际前提后才会消灭。这两个前提是:其一,要使异化成为一种"不堪忍受的"力量;其二,建立起人们的普遍交往,地域性的个人为世界历史性的、经验上普遍的个人所代替。而这一切都是以生产力的巨大增长和高度发展为前提的。"生产力的这种发展……之所以是绝对必需的实际前提,还因为如果没有这种发展,那就只会有贫穷、极端贫困的普遍化;而在极端贫困的情况下,必须重新开始争取必需品的斗争,全部陈腐污浊的东西

---

① 《马克思恩格斯选集》第1卷,人民出版社1995年版,第90页。
② 《马克思恩格斯全集》第13卷,人民出版社1962年版,第23页。
③ 《马克思恩格斯选集》第1卷,人民出版社1995年版,第287页。
④ 马克思:《资本论》第3卷,人民出版社1975年版,第294页。
⑤ 《马克思恩格斯选集》第1卷,人民出版社1995年版,第286页。
⑥ 同上书,第122页。

又要死灰复燃。"① 马克思认为："全面发展的个人——他们的社会关系作为他们自己的共同的关系，也是服从于他们自己的共同的控制的——不是自然的产物，而是历史的产物。"② 资本主义—作为历史的产物，在一定历史阶段上有其存在的合理性和必然性，"以物的依赖性为基础的人的独立性，是第二大形态，在这种形态下，才形成普遍的社会物质交换，全面的关系，多方面的需求以及全面的能力的体系。"③ "毫无疑问，这种物的联系比单个人之间没有联系要好，或者比只有以自然血缘关系和统治服从关系为基础的地方性联系要好"。"这种联系是各个人的产物。它是历史的产物。它属于个人发展的一定阶段。这种联系借以同个人相对立而存在的异己性和独立性只是证明，人们还处于创造自己社会生活条件的过程中，而不是从这种条件出发去开始他们的社会生活。"④ 在集中表述唯物史观基本观点的《〈政治经济学批判〉序言》中，马克思用精要的语言表述了唯物史观的基本思想，然后进一步说道："无论哪一个社会形态，在它所能容纳的全部生产力发挥出来之前，是决不会灭亡的；而新的更高的生产关系，在它的物质存在条件在旧社会的胎胞里成熟以前，是决不会出现的。所以人类始终只提出自己能够解决的任务，因为只要仔细考察就可以发现，任务本身，只有在解决它的物质条件已经存在或者至少是在生成过程中的时候，才会产生。"⑤

人的解放作为历史活动，它是一个以变革人的现实的存在方式为指向的无限开放的过程。资本主义作为一种政治制度，可能而且可以被超越，但作为人的历史性的生产方式和存在方式，一方面，它是一个人类难以跨越的历史阶段；另一方面，它又是一个充满了矛盾和悖论的时代。惟其如此，我们才如此珍视和敬重马克思历史观为我们所开启的政治哲学视界，因为，它让我们对置身于其中的生活世界有了一个深度的把握和理解，使人们不至于完全被日益茂密厚实的资本幻象和意识形态幻象所迷惑，自觉到人的现实存在方式的历史性、暂时性和本质的非人性，既正视当代社会

---

① 《马克思恩格斯选集》第1卷，人民出版社1995年版，第86页。
② 《马克思恩格斯选集》第46卷上册，人民出版社1979年版，第108页。
③ 同上书，第104页。
④ 同上书，第108页。
⑤ 《马克思恩格斯选集》第2卷，人民出版社1995年版，第33页。

面临的各种问题和矛盾，又不断在自我批判和自我反思中实现对当下存在方式的超越，从而为我们指明了人的自我解放的方向，开启了面向未来的现实道路和发展空间。

八 哲学变革与哲学基本问题

人们一旦破解了人体之谜和精神现象的物质根源之后,灵魂对外部世界、思维对存在、精神对自然界的关系问题也就失去了存在的根据。

只有在超越了传统哲学问题域的前提下,只有在把马克思主义哲学看作不是"哲学"的哲学的意义上,才能真正理解马克思下面这个论断的深刻内涵:"哲学家们只是用不同的方式解释世界,而问题在于改变世界。"

在传统理解中,把思维和存在关系问题作为哲学基本问题,源于恩格斯在《路德维希·费尔巴哈与德国古典哲学的终结》中的一段论述。恩格斯在该文的第2部分开头写道:"全部哲学,特别是近代哲学的重大的基本问题,是思维和存在的关系问题。"[①] 孤立来看,恩格斯的确使用了一个全称判断,把古往今来的哲学全部涵盖在了这个论断之中,因而,把思维和存在的关系问题作为哲学基本问题应当是确定无疑、准确无误的。这种理解还受到了长期处于"准经典"地位的传统哲学教科书的强化和支持。

那么,把思维和存在的关系问题作为全部哲学,包括马克思主义哲学的基本问题,果真是恩格斯的本意吗?我们不妨先从恩格斯这段话的上下文来分析。

恩格斯在前面那段话后接着写道,在远古时代,人们的"思维和感觉不是他们身体的活动,而是一种独特的、寓于这个身体之中而在人死亡时就离开身体的灵魂的活动。……由于十分相似的原因,通过自然力的人格化,产生了最初的神。……思维对存在、精神对自然界的关系问题,全部

---

① 《马克思恩格斯选集》第4卷,人民出版社1995年版,第223页。

哲学的最高问题，像一切宗教一样，其根源在于蒙昧时代的愚昧无知的观念。"①恩格斯这段话，大致包含了这样几层意思：首先，追溯了"哲学基本问题"（最高问题）产生的根源。他认为，这是处于远古时代的人们，由于对自身及其精神现象的无知而"命运"般地迫使自己去思考"灵魂对外部世界的关系"。其次，由于相似的原因，自然力被人格化，产生了神的概念。最后，也是最重要的一点，恩格斯明确地把思维对存在、精神对自然界的关系问题，即全部哲学的最高问题看作是跟宗教一样，其根源在于蒙昧时代的愚昧无知的观念。不难看出，恩格斯是在否定的意义上谈论"哲学基本问题"的。按照恩格斯的思想逻辑，随着自然科学的兴起和发展，人们一旦破解了人体之谜和精神现象的物质根源之后，灵魂对外部世界、思维对存在、精神对自然界的关系问题也就失去了存在的根据。

的确，恩格斯进一步谈到了思维与存在关系问题是在欧洲人从基督教中世纪的长期冬眠中觉醒之后，才被明确地提出来，而且才获得了"它的完全的意义"。接着，恩格斯还分析了我们最为熟悉的"哲学基本问题"的两个方面的内涵，即"本原"问题和"同一性"问题，明确地指出了历史上的哲学，正是基于对这两方面问题的不同回答，划分为唯物主义和唯心主义两个基本派别，以及可知论和不可知论两个从属派别。在后来马克思主义哲学发展过程中，出于对哲学"党性"原则的忠诚，把马克思主义哲学归类到一般唯物主义派别之中。在这样的思维范式下，"哲学基本问题"当然也就成为了马克思主义哲学的基本问题。恩格斯讨论这个问题的本意被深深地遮蔽起来了。其实，认真地咀嚼恩格斯的文字，就会发现，他不仅是在否定的意义上谈论"哲学基本问题"，而且也是在否定的意义上谈论包括黑格尔、费尔巴哈在内的"哲学家"，这个思想与他和马克思早在40多年前，即写作《德意志意识形态》时的态度是完全一致的。②

---

① 《马克思恩格斯选集》第4卷，人民出版社1995年版，第223—224页。
② 在《德意志意识形态》中，马克思恩格斯在提到费尔巴哈时曾说过这样的话，"我们完全承认，费尔巴哈在力图理解这一事实的时候，达到了理论家一般所能达到的地步，他还是一位理论家和哲学家。"《德意志意识形态》节选本，人民出版社2003年版，第41页。言下之意，费尔巴哈也只是到达一个理论家、哲学家所能到达的地步，他不能再超出这个范围。这里的"理论家"、"哲学家"是含有否定意味的。

事实上，恩格斯这个部分的论述是围绕费尔巴哈展开的，从"哲学基本问题"引出对费尔巴哈哲学的讨论，一方面是为了回应施达克的著作，因为施达克首先是从思维和存在的关系问题入手来论述费尔巴哈的；另一方面是为了把费尔巴哈的"发展进程"合理地定位为"一个黑格尔主义者走向唯物主义的发展进程"。①"施特劳斯、鲍威尔、施蒂纳、费尔巴哈，就他们没有离开哲学这块土地来说，都是黑格尔哲学的分支。"②在马克思恩格斯看来，费尔巴哈并没有在根本上超越黑格尔，而且在很多方面还远在黑格尔之下。因此，费尔巴哈能够分享哲学家这个称谓，既是他莫大的荣耀，也是他根本的局限性。他自始至终没有走出"哲学"的藩篱。但是，哲学在黑格尔那里就终结了。"总之，哲学在黑格尔那里完成了，一方面，因为他在自己的体系中以最宏伟的方式概括了哲学的全部发展；另一方面，因为他（虽然是不自觉的）给我们指出了一条走出这些体系的迷宫而达到真正地切实地认识世界的道路。"③ 恩格斯把这部论著的书名定为《路德维希·费尔巴哈与德国古典哲学的终结》本身就表达了这个意思。

我们再从恩格斯的整部论著来看。

恩格斯在"1888年单行本序言"中，明确地交代了写作这部论著的目的和意义，其中与本论题相关的有三层重要意思：其一，恩格斯写作这部著作是为了了却他和马克思早在1845年写作《德意志意识形态》时没有能够实现的一个心愿，即"把我们从前的哲学信仰清算一下"。由于《德意志意识形态》未能如期出版，而之后他和马克思又一直没有时间再回到这个题目上来，因此，在"哲学"上澄清与黑格尔、费尔巴哈的关系——这一关乎马克思主义哲学根本性质的问题——就被搁置下来了。恩格斯"旧事重提"就是为了在"马克思的世界观远在德国和欧洲以外，在世界的一切文明语言中找到了拥护者"的情况下，彻底划清"马克思的世界观"与德国古典哲学的界限。由此，可以作出这样的判断：恩格斯在这部著作中所说的"哲学"、"全部哲学"，实际指的是已被黑格尔完

---

① 《马克思恩格斯选集》第4卷，人民出版社1995年版，第227页。
② 同上书，第241页。
③ 同上书，第220页。

成了的旧哲学。为了避免文字理解上的歧义,恩格斯甚至有意回避在马克思的名后使用"哲学"这个概念。

恩格斯写作这部著作是为了"还一笔信誉债"。费尔巴哈在马克思(包括恩格斯本人)走出黑格尔哲学的思想进程中,的确发挥了超过任何其他人的重要作用,"费尔巴哈给我们的影响比黑格尔以后任何其他哲学家都大"。[①] 关于马克思哲学与费尔巴哈哲学的关系,国内学者也有深入探讨。可以明确,马克思在新唯物主义或者实践唯物主义名义下,讨伐全部哲学或哲学本身,对于马克思来说,哲学意味着形而上学,意味着作为形而上学的哲学。[②] 从恩格斯在此所做的说明以及当代学者对马克思与费尔巴哈关系的理解中,不难看出,一方面,要给予费尔巴哈在"哲学"上的贡献以充分估价;另一方面,又必须划清马克思主义哲学(世界观)与一切旧哲学的界限,真正把马克思在哲学上发动的革命及其意义"敞开"出来。这样,恩格斯文中的"全部哲学"也就成为了马克思主义哲学批判和超越的对象,这其中当然包括作为"全部哲学的重大的基本问题"——思维和存在的关系问题。

恩格斯在这里着重提到了马克思"包含着新世界观的天才萌芽的第一个文件"——《关于费尔巴哈的提纲》,并把它作为了论著的附录。这是很有深意的。恩格斯提到,在《德意志意识形态》中,关于费尔巴哈的部分没有写完,写完的部分是阐述唯物主义历史观的,缺少了对费尔巴哈学说本身的批判。那么,在时过40多年后仍然需要来重做这件事,表明这个问题是十分重大的。为此,恩格斯除了自己的阐述之外,还特别把马克思的"提纲"附在文后,意在给人们提供一个参照。问题何以这般重大?就在于它关系到马克思的学说是否能够在"原则高度"被正确地理解和把握;是否会像后来所发生的情形那样:马克思主义哲学被"命运般"地嵌入到了"近代哲学的建制"之中。

恩格斯论著的正文借助对黑格尔、费尔巴哈的批判,以简要(相对于他的论题而言)而精辟的语言论证了"全部哲学"的终结和与马克思的名字联系在一起的"新世界观"的诞生。正文共分4个部分,大致可以做这

---

① 《马克思恩格斯选集》第4卷,人民出版社1995年版,第212页。
② 吴晓明:《形而上学的没落——马克思与费尔巴哈关系的当代解读》,人民出版社2006年版,第525页。

样的归纳:第1部分阐述了黑格尔哲学的"真实意义"和"革命性质",同时,深刻地揭露了黑格尔哲学体系和方法的内在矛盾,以及这种哲学必然导致的后来的分化;最重要的是,恩格斯在这个部分明确地宣告:"哲学在黑格尔那里完成了","以往那种意义上的全部哲学也就完结了"。① 第2、3部分基本是围绕费尔巴哈展开的。第2部分借助对旧哲学基本问题的阐述,指证了费尔巴哈在唯物主义立场上的不彻底性。一方面,肯定费尔巴哈看到了"纯粹自然科学的唯物主义"正在"江河日下",因此他明确表示不愿意为这种唯物主义负责;另一方面,又指出,"他不应该把这些巡回传教士的学说同一般唯物主义混淆起来"。第3部分着重批判了费尔巴哈的"宗教哲学和伦理学"。由于"当费尔巴哈是一个唯物主义者的时候,历史在他的视野之外;当他去探讨历史的时候,他不是一个唯物主义者",② 在社会历史领域,费尔巴哈的学说总体上不是表现出无知,就是表现出幼稚,他无论如何"不能找到从他自己所极端憎恶的抽象王国通向活生生的现实世界的道路。他紧紧地抓住自然界和人;但是,在他那里,自然界和人都是空话。"③ 在第4部分的开头恩格斯进一步指出,费尔巴哈只是一个"杰出的哲学家",因为,不仅"哲学"对于费尔巴哈来说是一个"不可逾越的屏障,不可侵犯的圣物",而且即使"作为一个哲学家,他也停留在半路上,他下半截是唯物主义者,上半截是唯心主义者"。④ 正文的第4部分主要是扼要地阐发了马克思和他本人所创立的新学说,在这个部分恩格斯再也没有在正面的意义上使用"哲学"这个概念,而是把马克思建立的"新世界观"表述为"关于现实的人及其历史发展的科学"。这一表述与他们在《德意志意识形态》中的表述是完全一致的。⑤ 恩格斯还在这个部分的最后指

---

① 《马克思恩格斯选集》第4卷,人民出版社1995年版,第218—220页。
② 《德意志意识形态》节选本,人民出版社2003年版,第22页。
③ 《马克思恩格斯选集》第4卷,人民出版社1995年版,第240页。
④ 同上书,第241页。
⑤ 在《德意志意识形态》中,马克思恩格斯曾写下过这样一段话:"在思辨终止的地方,在现实生活面前,正是描述人们实践活动和实际发展过程的真正的实证科学开始的地方。关于意识的空话终将终止,它们一定会被真正的知识所代替。对现实的描述会使独立的哲学失去生存环境,能够取而代之的充其量不过是从对人类历史发展的考察中抽象出来的最一般的结果的概括。……但是这些抽象与哲学不同,它们绝不提供可以适用于各个历史时代的药方或公式。"《德意志意识形态》节选本,人民出版社2003年版,第17—18页。

出，马克思的历史观"结束了历史领域内的哲学"。

从对恩格斯正文的概述中，我们不难得出这样结论：其一，在恩格斯看来，全部哲学已经在黑格尔那里终结了，因此，思维和存在的关系问题作为以往全部哲学的基本问题，也同时被送入了哲学的历史博物馆；其二，费尔巴哈自始至终没有走出"哲学"的藩篱，他始终是一个哲学家，因而，无论施达克还是恩格斯在讨论费尔巴哈学说时，都不能不涉及思维和存在的关系问题；其三，恩格斯在当时的背景下，拒绝在马克思的学说上使用"哲学"这个概念是深谋远虑的，目的就是为了不再把马克思开创的"新世界观"与旧哲学相提并论，自然也就把思维和存在的关系问题作为哲学基本问题排除在了马克思主义哲学之外。

我们进一步结合作为恩格斯论著"1888年单行本附录"的马克思的《关于费尔巴哈的提纲》来讨论这个问题。

马克思的《关于费尔巴哈的提纲》是近年来备受理论界关注的一个重要文本。这个写于1845年春季供马克思本人研究用的提纲与稍后完成的《德意志意识形态》一起，被看作是体现马克思哲学革命的纲领、核心与实质的文献。① 作为马克思主义哲学创始人之一的恩格斯对这个"提纲"给予了很高的评价，认为它是"包含着新世界观的天才萌芽的第一个文件"。为此，恩格斯特意在出版《路德维希·费尔巴哈与德国古典哲学的终结》单行本时，将其作为附录一并公诸于世。如同前文提及的那样，恩格斯的意图是在批判性地阐发黑格尔、费尔巴哈哲学之后，为人们全面准确地理解马克思的"新世界观"提供一个重要参考。但大大出乎恩格斯预料的是，正像他自己的论著长时间受到人们的误读一样，马克思的这个"提纲"真正被人们所理解和重视也需要耗费以世纪来计算的时日。

这里，仅从本文的论题出发来讨论马克思的《提纲》。马克思在他的《提纲》中，用"新唯物主义"这个名词来标示自己的哲学与以往全部哲学的根本区别。也许正是由于马克思仍然使用了"唯物主义"这个概念，人们便把注意力集中在"唯物主义"之上，而忽视了作为定语的"新"

---

① 吴晓明：《形而上学的没落——马克思与费尔巴哈关系的当代解读》，人民出版社2006年版，第522页。

的寓意。在传统哲学的思维范式中，马克思主义哲学自然就同用来区分"唯物主义"和"唯心主义"的思维和存在的关系问题联系在了一起。但这可能是对马克思学说致命的误解。

在《提纲》的第一段，马克思就对以往的"全部哲学"包括唯物主义和唯心主义进行了尖锐的批判，这其中也包括对思存关系问题作为哲学基本问题的拒斥。他指出，"从前的一切唯物主义（包括费尔巴哈的唯物主义）的主要缺点是：对对象、现实、感性，只是从客体的或者直观的形式去理解，而不是把它们当作感性的人的活动，当作实践去理解，不是从主体的方面去理解。因此，和唯物主义相反，能动的方面却被唯心主义抽象地发展了，当然，唯心主义是不知道现实的、感性的活动本身的。"①"现实的、感性的活动"即实践，是马克思展开批判的立足点。正是由于马克思此时已经确立了"实践批判的"的哲学立场，旧唯物主义片面的客体性原则和唯心主义片面的主体性原则才充分地暴露出了它们共同的局限性，那就是，它们都"不知道现实的、感性的活动本身"。因而，它们才始终纠缠于思维和存在、精神和物质关系问题的抽象议论，才不能不在两极对立的紧张关系中寻求单极的统一。马克思接着写道："人的思维是否具有客观的真理性，这不是一个理论的问题，而是一个实践的问题。人应该在实践中证明自己思维的真理性，即自己思维的现实性和力量，自己思维的此岸性。"马克思明确指出，"关于思维——离开实践的思维——的现实性或非现实性的争论，是一个纯粹经院哲学的问题。"② 可见，在马克思看来，对思维和存在关系问题的抽象议论是一个毫无意义的经院哲学的问题，因为，思维的现实性问题本身不是一个理论的问题，而是一个实践的问题。只有诉诸于作为人的感性活动的实践，诉诸于"实验和工业"，才能真正解决这个困扰了"哲学"两千多年的问题。在这里，即使说思维和存在的关系问题依然存在，那么，它也不再是马克思主义哲学的"基本问题"，而是一个从属人的感性活动、并且只有在实践中才能得到解决的问题。"凡是把理论引向神秘主义的神秘的东西，都能在人的实践

---

① 《马克思恩格斯选集》第 1 卷，人民出版社 1995 年版，第 54 页。
② 同上书，第 55 页。

中以及对这个实践的理解中得到合理的解决。"①

马克思深刻地指出了费尔巴哈的失足之处，那就是他虽然强调感性，但是他没有把感性理解为人的感性活动，因此，费尔巴哈还是一个"哲学家"。在《提纲》的第5条，马克思一针见血地点明了费尔巴哈的根本缺陷，"费尔巴哈不满意抽象的思维而喜欢直观；但是他把感性不是看作实践的、人的感性活动。"② 据有关学者的研究，费尔巴哈是最早向以黑格尔哲学为代表的近代（现代 modern）形而上学宣战的思想家。③ 在他那里用以对抗黑格尔思辨哲学，或者被他证明为"变成思想的并且通过思维加以阐明的宗教"的哲学的武器是"感性"和"直观"。正如马克思恩格斯所评价的那样，在对"存在事实"的理解上，费尔巴哈达到了理论家一般所能达到的地步，但问题就在于他还是一位理论家和哲学家。因此，在一个真正的共产主义者要推翻这种存在的东西的地方，他只是希望确立对存在事实的正确理解。④ 费尔巴哈从激进地反对"哲学"出发，最后却无可救药地回到"哲学"的"土地"上，并成为黑格尔哲学的一个"分支"，根本的原因就在于他始终绕不开"哲学"这道屏障，始终把"哲学"视为一种"圣物"。当马克思决定把批判的矛头指向费尔巴哈的时候，作为从费尔巴哈的阴影中走出来的马克思，十分清楚费尔巴哈的局限，因此，特别强调了"感性活动"和"感性直观"的本质区别。在随后写成的《德意志意识形态》中，马克思和恩格斯在提到费尔巴哈的地方，也着重指明这一区别，"费尔巴哈对感性世界的'理解'一方面仅仅局限于对这一世界的单纯的直观，另一方面仅仅局限于单纯的感觉。"⑤ 以"感性活动"即实践为现实基础的马克思主义哲学，不可能再把"思维和存在的关系问题"这个纯粹"理论哲学"（本质上是意识哲学、主体形而上学）的问题当作自己哲学的基本问题，毋宁说，马克思主义哲学已经超越了这个问题，而把它引向了产生这个问题本身的人的实践活动亦

---

① 《马克思恩格斯选集》第1卷，人民出版社1995年版，第56页。

② 同上。

③ 吴晓明：《形而上学的没落——马克思与费尔巴哈关系的当代解读》，人民出版社2006年版，第5页。

④ 《德意志意识形态》（节选本），人民出版社2003年版，第41页。

⑤ 同上书，第19页。

即现实生活的层面。这样,问题本身就发生了转换,"对实践的唯物主义者即共产主义者来说,全部问题都在于使现存世界革命化,实际地反对并改变现存的事物。"①

在《提纲》的最后三条,即九、十、十一条中,马克思进一步指出费尔巴哈唯物主义的局限性,明确地在自己和"哲学家们"之间划了一道界限。马克思说:"直观的唯物主义,即不是把感性理解为实践活动的唯物主义,至多也只能做到对'市民社会'单个人的直观。"这种唯物主义的立脚点是"市民"社会,而新唯物主义的立脚点是人类社会或社会化的人类。②很显然,马克思的新唯物主义不仅一般地超越了已被费尔巴哈抛弃了的18世纪唯物主义,而且特别地超越了费尔巴哈的唯物主义。这种直观的唯物主义只能站在市民社会的立场上,达到对市民社会单个人的直观。尽管费尔巴哈努力地想把"现实的人"确立起来,但由于他只是把人看作是"感性对象",而不是"感性活动",他所把握到的还是抽象的人。立足于人类社会或社会化的人类的新唯物主义,由于把感性理解为实践活动,理解为现实的人及其历史发展的过程,这样"全部哲学"从此失去了它赖以栖身的最后一个"问题域"——思维和存在的关系问题;那种以"解释"世界为旨趣的"哲学"注定要被以"改变"世界为目的的"新世界观"——马克思主义哲学所取代。只有在超越了传统哲学问题域的前提下,只有在把马克思主义哲学看作不是"哲学"的哲学的意义上,才能真正理解马克思下面这个论断的深刻内涵:"哲学家们只是用不同的方式解释世界,而问题在于改变世界。"③

把思维和存在的关系问题视为一般哲学,进而视为马克思主义哲学的基本问题,实际上是把哲学定格在了作为"柏拉图哲学注脚"的西方传统哲学(形而上学)的范式上。马克思最早洞穿并冲破了这个森严壁垒的思想建制,使哲学回到了现实生活世界,把哲学变成了"关于现实的人及其历史发展的科学"。因此,思维和存在的关系问题不再是马克思主义哲学,事实上也不再是现代哲学的基本问题。

---

① 《德意志意识形态》节选本,人民出版社2003年版,第19页。
② 《马克思恩格斯选集》第1卷,人民出版社1995年版,第60—61页。
③ 同上书,第61页。

九　从解释世界到改变世界

马克思对黑格尔辩证法的"颠倒",决不仅仅是"颠倒"他的辩证法,而是对其整个哲学进而是对全部西方传统形而上学的"颠倒",因为,黑格尔哲学不是形而上学之一种,而是形而上学之一切。

马克思借助费尔巴哈的"发现"一方面认识到了黑格尔辩证法的宗教、神学本质;另一方面又要超越费尔巴哈的局限性,去拯救和重新发现被黑格尔保守主义所窒息的"辩证法"。

马克思对黑格尔辩证法的"颠倒",其实质是要把隐藏在"最保守的哲学"中的"批判的一切要素"拯救出来,恢复辩证法应有的"批判的、革命的"本质。

马克思在《资本论》第二版跋中关于"辩证法"的阐述,既是马克思对于其作为"政治经济学批判"的哲学基础的辩证法的最集中的论述,也是学界理解和阐发马克思辩证法的逻辑起点。马克思在这篇跋文中,着重区别了他的"辩证方法"和黑格尔辩证法的不同,"在黑格尔看来,思维过程,即他成为观念而甚至把它转化为独立主体的思维过程,是现实事物的创造主,而现实事物只是思维过程的外部表现。我的看法则相反,观念的东西不外是移入人的头脑并在人的头脑中改造过的物质的东西而已",并进一步指出,"辩证法在黑格尔手中神秘化了……在他那里,辩证法是倒立着的。为了发现神秘外壳中的合理内核,必须把它倒过来。"①马克思在这里为表述问题简洁、通俗起见,用了"倒立着"、"倒过来"

---

① 马克思:《资本论》(节选本),人民出版社1995年版,第49页。

的形象说法，于是引发了直到今天为止，依然还没有完结的对这个"倒过来"的理解问题。

对这个"倒过来"影响最深远，也最通俗易懂的解释，是被学界称为"自然主义范式"的理解。按照这种理解马克思对黑格尔辩证法的"颠倒"，就是把黑格尔建立在唯心主义基础上的辩证法移植到了唯物主义的基础之上。与其相联系的观点还有，马克思抛弃了黑格尔神秘的唯心主义体系，而挽救和保留了他体系中的"合理内核"——辩证法，而费尔巴哈虽然正确地批判了黑格尔的唯心主义，但遗憾的是他在倒洗澡水的时候，连小孩（辩证法）一起倒掉了；因此，也可以把马克思的辩证唯物主义理解为是黑格尔的"合理内核"和费尔巴哈的"基本内核"的结合。这种对马克思与黑格尔、费尔巴哈关系的理解，这种对马克思"颠倒"黑格尔辩证法的阐释，明显具有简单化、外在化、庸俗化的弊端，它已经受到了学界的普遍质疑，并深刻地揭露了这种理解所蕴含的哲学观上的"前康德"的局限性，以及本体论上的知性实体论的本质。按照这样的解释，辩证法完全变成了与"哲学基本问题"无关的东西，可以外在地把它拼接在各种"世界观"之上，而辩证法本身也就变成了"离开哲学基本问题即思维和存在'关系问题'"的"具有最大普适性的对象性理论"[①]，甚至蜕变为"实例的总和"。

随着"实践唯物主义"的兴起，对马克思把黑格尔辩证法"倒过来"的理解，有了重大的改变和实质性的推进。一般认为，马克思对黑格尔的"颠倒"不是简单地把辩证法归还给"客观的物质世界"（包括自然界和人类历史），而是认为辩证法奠基于人类思维最本质、最切近的基础——实践。"实践"（感性活动）不仅超越了唯心主义片面强调的"能动的方面"，克服了辩证法问题上的唯心主义，而且超越了"对对象、现实、感性，只是从客体的或者直观的形式去理解"的旧唯物主义。"颠倒"的本质是把辩证法确立在了作为思维与存在、人与世界、主观与客观、主体与客体等否定性统一基础的实践之上。近年来，随着与西方哲学展开全方位的对话，马克思"颠倒"黑格尔辩证法的深刻意蕴得到了进一步的揭示和阐发。众所周知，在黑格尔那里，辩证法作为其全部思想的逻辑并不是

[①] 孙正聿：《思想中的时代》，北京师范大学出版社2004年版，第246页。

外在于体系的"形式",正如列宁所说:"黑格尔则要求这样的逻辑:其中形式是具有内容的形式,是活生生的实在的内容的形式,是和内容不可分离地联系着的形式",① 在他那里,辩证法、认识论、逻辑学三者是一致的、统一的。辩证法就是黑格尔的哲学。因此,马克思对黑格尔辩证法的"颠倒",决不仅仅是"颠倒"他的辩证法,而是对其整个哲学进而是对全部西方传统形而上学的"颠倒",因为,黑格尔哲学不是形而上学之一种,而是形而上学之一切。为此,马克思在《1844年经济学—哲学手稿》(以下简称《手稿》)中专辟一节展开了"对黑格尔的辩证法和整个哲学的批判",而且,海德格尔对马克思也给予了这样估价,"马克思完成了对形而上学的颠倒"。"颠倒"的实质被提升到了前所未有的理论高度,它被理解为是对全部哲学(包括辩证法)重新构建"本体论根基",也就是说,它彻底摧毁了传统形而上学和概念辩证法共同分享的形而上的、永恒在场的、绝对的、超感性的本体论基础,为辩证法和整个哲学找到了坚实的、可靠的本体论基础——作为人的始源性生命活动的实践。这种对"颠倒"的理解无疑极大张扬了马克思批判黑格尔辩证法和整个哲学的理论价值,如果不是因为海德格尔在"褒扬"了马克思之后,接着又贬损了马克思,认为马克思只是达到了哲学最极端的可能性。言下之意,就是说马克思还是一个形而上学家,也许这种理解的意义和认同度都会更大,但海氏对马克思"颠倒"黑格尔意义的最终否定,使这种理解最终罩上一层挥之不去的阴影。

到底应当怎样理解马克思对黑格尔辩证法的"颠倒"呢?我认为,这一"颠倒"的实质,既不是将辩证法建构在抽象的"物质"之上,也不是把它植根于"功能统一性活动"的实践,同样,也不是为辩证法重新寻求本体论的根基。如果有这样的效果,对于马克思本人来说恐怕也是附带的理论后果。因为马克思从来不关心本体论的重建,哲学在马克思那里"从来没有被当作'哲学'来生产"(阿尔都塞)。马克思的确要"从批判旧世界中发现一个新世界",但这个世界不是"哲学"的世界,而是人的现实世界。正像马克思认为一切观念的东西都没有独立的历史一样,它们更没有自己独立的"世界",独立的哲学在马克思那里已经失去了生

---

① 《列宁全集》第55卷,人民出版社1995年版,第67页。

存的环境。马克思所要"颠倒"的是黑格尔辩证法"使现存的事物显得光彩"的"最保守的哲学"的本质;是它"尽管已有一个完全的否定的和批判的外表",但本质上仍然是"非批判的实证主义和同样非批判的唯心主义";是他"站在国民经济学的立场上……只看到劳动的积极的方面,没有看到它的消极的方面";① 是它作为"法国革命的德国理论"对世界的"解释"而不是对世界的"改变",从而要把"抓住了劳动的本质"的否定的辩证法改造为一种彻底的、不妥协的否定、批判、革命的力量。这种力量首先表现为"批判的武器",但它一旦掌握了群众,就会变成物质的力量,变成对现实"武器的批判"。这才是马克思"颠倒"黑格尔辩证法的实质。

我们不妨回到马克思的文本中来看。马克思对黑格尔辩证法的批判主要集中在《手稿》中"对黑格尔的辩证法和整个哲学的批判"一节中。在该节开头的部分,马克思简要说明了插入该节的原因,为什么在对国民经济学进行了批判之后要回过头来对黑格尔的《现象学》和《逻辑学》中有关辩证法的叙述加以说明呢?这是因为"现代德国的批判着意研究旧世界的内容,而且批判的发展完全拘泥于所批判的材料,以致对批判的方法采取非批判的态度,同时,对于我们如何对待黑格尔的辩证法这一表面上看来是形式的问题,而实际上是本质的问题,则完全缺乏认识。"② 马克思不仅如马尔库塞所说的那样,要把对自己与黑格尔关系的说明,"看作是一种对黑格尔所应尽的科学哲学的义务",体现了马克思严谨而诚实的科学态度,而不像青年黑格尔派施特劳斯、鲍威尔之流,"甚至在语言上都同黑格尔的观点毫无区别,而毋宁说是在逐字逐句重述黑格尔的观点",但却"一点也没有想到现在已经到了同自己的母亲即黑格尔辩证法批判地划清界限的时候"了。③ "而且,在马克思看来,如果说前面对国民经济学的批判是联系方法(辩证法)对旧世界内容的批判,那么,现在就应当进一步联系对黑格尔的批判并不是前面的对政治经济学的批判及其基础的附录,因为他在对政治经济学的考察的过程中本身就贯穿着一

---

① 马克思:《1844年经济学—哲学手稿》,人民出版社2000年版,第101页。
② 同上书,第94页。
③ 同上书,第94—95页。

种对黑格尔的批判。"① 那么，马克思是如何联系内容展开对"方法"的批判，又如何体现二者的内在关联的呢？总的说来，他就是要彻底"颠倒"黑格尔的辩证法，把它由一种对现存的一切进行解释和辩护的学说，改造为一种对"现存一切进行无情批判"的思想力量和实践力量。

马克思借助费尔巴哈的"真正的发现"，联系自己在国民经济学批判中已经取得的成果，揭露了黑格尔辩证法唯心主义的基础和保守主义的本质，同时，又通过黑格尔认识到了费尔巴哈哲学的局限性，为继后对费尔巴哈的系统批判奠定了思想基础。马克思认为在"现代德国的批判"中，"费尔巴哈是惟一对黑格尔辩证法采取严肃的、批判的态度的人；只有他在这个领域内作出了真正的发现，总之，他真正克服了旧哲学。"② 这一评价无疑高估了费尔巴哈的贡献，事实上，对旧哲学的克服是由马克思本人完成的。不过，费尔巴哈的"发现"的确对马克思"颠倒"黑格尔的辩证法产生了重大的影响，给予了深刻的启发。马克思认为，"费尔巴哈的伟大功绩在于：(1)证明了哲学不过是变成了思想的并且通过思维加以阐明的宗教，不过是人的本质的异化的另一种形式和存在方式，因此哲学同样应当受到谴责；(2)创立了真正的唯物主义和实在的科学，因为费尔巴哈也使'人与人之间的'社会关系成了理论的基本原则；(3)他把基于自身并且积极地以自身为根据的肯定的东西同自称是绝对肯定的东西的那个否定的否定对立起来。"③ 马克思接着用自己的语言阐发了费尔巴哈对黑格尔辩证法的"解释"："黑格尔从异化出发（在逻辑上就是从无限的东西、抽象的普遍的东西出发），从实体出发，从绝对的和不变的抽象出发，就是说，说得更通俗些，他从宗教和神学出发。第二，他扬弃了无限的东西，设定了现实的、感性的、实在的、有限的、特殊的东西（哲学，对宗教和神学的扬弃）。第三，他重新扬弃了肯定的东西，重新恢复了抽象、无限的东西。宗教和神学的恢复。"④ 由此可见，在马克思看来费尔巴哈的"伟大功绩"就在于发现和揭示了黑格尔辩证法内在的矛盾和隐含的"怪圈"，他从宗教和神学，即人的本质的异化（这也是费尔巴哈所

---

① 马尔库塞：《历史唯物主义的基础》，商务印书馆1998年版，第343页。
② 马克思：《1844年经济学—哲学手稿》，人民出版社2000年版，第96页。
③ 同上。
④ 同上。

知道的"异化"的全部内涵）出发，经过某种现实的、感性的东西中介以后，最终回到的依然是宗教和神学，只不过是"变成了思想的并通过思维加以阐明的"宗教和神学。恩格斯曾深刻地把亚当·斯密看作国民经济学的路德，同样，按照费尔巴哈对黑格尔辩证法的解释，他不过是哲学的路德而已。在这个意义上，马克思对路德的批判，其实同样适用于对黑格尔辩证法的批判。"路德战胜了虔信造成的奴役制，是因为他用信念造成的奴役制代替了它。他破除了对权威的信仰，是因为他恢复了信仰的权威，他把僧侣变成了世俗人，是因为他把世俗人变成了僧侣。他把人从外在的宗教笃诚解放出来，是因为他把宗教笃诚变成了人的内在世界。他把肉体从锁链中解放出来，是因为他给人的心灵套上了锁链。"① 如果说，路德是以"实践"的方式完成了这一切，而黑格尔甚至连这一点也没有到达，因为他的这一切都是在充满神秘色彩的概念的自我运动中实现的。马克思通过费尔巴哈不仅发现了黑格尔辩证法及其整个哲学的出发点是从无限的、抽象的、普遍的东西，即从"实体"这个人的本质的异化出发，最终又在"否定之否定"中回复到实现了自我理解的"实体"，即达到了自在和自为统一的异化了的人的本质，从而肯定了费尔巴哈"从肯定的东西即从感觉确定的东西出发"的合理性，而且，更为重要的是，马克思已经崭露出了超越费尔巴哈思想的萌芽，因为马克思认为仅仅揭露了黑格尔辩证法（哲学）的宗教本质是远远不够的，"对宗教的批判就是对苦难的尘世——宗教是它的神圣的光环——的批判的胚芽。"② 真正的批判必须指向那个产生"颠倒的世界意识"的"颠倒的世界"，必须在理论和实践中"消灭"人的本质的异化。可见，马克思借助费尔巴哈的"发现"一方面认识到了黑格尔辩证法的宗教、神学本质；另一方面又要超越费尔巴哈的局限性，去拯救和重新发现被黑格尔保守主义所窒息的"辩证法"。

马克思立足在自己已经确立的理论基点上，进一步展开了对黑格尔辩证法的批判，为最终实现对黑格尔辩证法的"颠倒"扫清理论的迷雾和障碍。马克思对黑格尔辩证法的批判从一开始就表现出了与众不同的地

---

① 《马克思恩格斯选集》第1卷，人民出版社1995年版，第10页。
② 同上书，第2页。

方，他没有把《逻辑学》或者《哲学全书》作为直接的批判对象，没有把自己置于黑格尔精心编织的使人如坠五里云雾的概念之网中，而是"从黑格尔哲学的真正诞生地和秘密"——"现象学"开始的。马克思明确指出："黑格尔有双重错误。"第一个错误是，黑格尔不是从现实的人，即本质异化的人出发，而是从异化的人的本质出发，亦即从抽象的思维出发，"这些对象从中异化出来的并以现实性自居而与之对立的，恰恰是抽象的思维。哲学家——他本身是异化的人的抽象形象——把自己变成异化的世界的尺度。因此，全部外化历史和外化的全部消除，不过是抽象的、绝对的、思维的生产史，即逻辑的思辨的思维的生产史。"① 也就是说，黑格尔思想的出发点本身是非批判的，其辩证法的存在论基础不是"人本身"，而是"纯粹的即抽象的哲学思维"，这样，本身就是作为异化的人的抽象形象的哲学家，实际被当成了异化的世界的尺度，"异化"不过"是抽象的思维同感性的现实或现实的感性在思想本身范围内的对立"。② 通俗地说，在黑格尔那里，世界的本质不是人的存在即人的感性实践活动的对象化，而是作为这种存在方式的自我意识的抽象思维的对象化。因此，他只能"为历史的运动找到抽象的、逻辑的、思辨的表达，这种历史还不是作为一个当作前提的主体的人的现实历史，而只是人的产生的活动，人的形成的历史。"③ 所以，黑格尔辩证法的本质并不是要"改变"人现实的存在方式，而只是要对现实的人何以可能作出"解释"，因为，在他那里，"不是人的本质以非人的方式同自身对立的对象化，而是人的本质以不同于抽象思维的方式并且同抽象思维对立的对象化，被当作异化的被设定的和应该扬弃的本质。"④ 因此，就决定了他的第二个错误，那就是，"对于人的已经成为对象而且是异己对象的本质力量的占有，首先，不过是那种在意识中、在纯思维中即在抽象中发生的占有，是对这些作为思想和思想运动的对象的占有……其次，要求把对象世界归还给人……这种对人的本质力量的占有或对这一过程的理解，在黑格尔那里是这样表现的：感性、宗教、国家权力等是精神的本质，因为只有精神才是

---

① 马克思：《1844年经济学—哲学手稿》，人民出版社2000年版，第99页。
② 同上书，第96页。
③ 同上书，第97页。
④ 同上书，第99页。

人的真正的本质,而精神的真正的形式则是思维着的精神,逻辑的、思辨的精神。"① 马克思一方面充分地肯定了黑格尔这一思想所包含的积极意义,认为"'现象学'是一种隐蔽的自身还不清楚的、神秘化的批判;但是,因为'现象学'坚持人的异化——尽管人只是以精神的形式出现——所以它潜在地包含着批判的一切要素,而且这些要素往往已经以远远超过黑格尔观点的方式准备好和加工过了。"② 另一方面又极其深刻地指出了黑格尔辩证法"非批判的实证主义和同样非批判的唯心主义"。③ 在我看来,马克思对黑格尔辩证法的批判,决不仅仅是为了从理论上指证其思想的虚妄性和无根性,并为其寻求更加坚实的理论根基,而是为了揭露黑格尔辩证法本质上的"非批判性",从而挽救辩证法批判的、革命的本质,从而完成对辩证法性质和功能的"颠倒"。

在揭露了黑格尔辩证法的本质,超越了费尔巴哈的局限,并确立了自己的理论基点之后,马克思深入到黑格尔辩证法"神秘形式"的背后,既从"方法论"上揭示了黑格尔辩证法的思想根源,又从"存在论"上敞开了其"非批判的实证主义和同样非批判的唯心主义"的思想基础。在《手稿》中,马克思一方面肯定了黑格尔"把劳动看作人的本质,看作人的自我确证的本质";另一方面又指出:"黑格尔唯一知道并承认的劳动是抽象的精神的劳动"。④ 在《哲学的贫困》中,马克思更加明确地分析了黑格尔辩证法的思想根源,他指出:"那么,这种绝对的方法(即黑格尔的辩证法——引者注)到底是什么呢?是运动的抽象。运动的抽象是什么呢?是抽象形态的运动。抽象形态的运动是什么呢?是运动的纯粹逻辑公式或者纯理性的运动。纯理性的运动又是怎么回事呢?就是它安置自己,把自己跟自己对置,自相结合,就是它把自己规定为正题、反题、合题,或者就是它自我肯定、自我否定和否定自我否定。"⑤ 黑格尔充满神秘色彩的辩证的方法,经过马克思这番解蔽之后,其作为抽象的精神的劳动的本质更加昭然若揭,因此,黑格尔的辩证法只能是"为历史

---

① 马克思:《1844 年经济学—哲学手稿》,人民出版社 2000 年版,第 100 页。
② 同上书,第 100 页。
③ 同上书,第 100—101 页。
④ 同上书,第 101 页。
⑤ 《马克思恩格斯全集》第 4 卷,人民出版社 1995 年版,第 142 页。

的运动找到抽象的、逻辑的、思辨的表达",他不可能真正理解"人的现实历史"。为此,马克思把对黑格尔辩证法的批判就从"方法论"推进到了"存在论"的层面,深刻地揭露了黑格尔辩证法作为"最保守的哲学"的本质。

首先马克思诟病了黑格尔辩证法作为"最保守的哲学"的表现。在《神圣家族》中,马克思通过分析黑格尔的《精神现象学》,指出:"在黑格尔的'现象学'中,人类自我意识的各种异化形式所具有的物质的、感觉的、事物的基础被置之不理,而全部破坏性工作的结果就是最保守的哲学,因为这样的观点以为:既然它已经把实物的、感性现实的世界变成'思维的东西',变成自我意识的纯粹规定性,而且它现在又能够把那变成了以太般的东西的敌人溶解于'纯思维的以太'中,所以它就把这个世界征服了……黑格尔把人变成自我意识的人,而不是把自我意识变成人的自我意识,变成现实的人即生活在现实的实物世界中并受这一世界制约的人的自我意识。黑格尔把世界头足倒置起来,因此,他也就能够在头脑中消灭一切界限……全部'现象学'的目的就是要证明自我意识是唯一的、无所不包的实在。"①

其次马克思指出了黑格尔辩证法的存在论根据。他指出:"黑格尔站在现代国民经济学的立场上",这并不是为了说明黑格尔具有经济学的知识,或者说其思想有斯密、萨伊和李嘉图的背景,而毋宁说黑格尔辩证法的"立场"与国民经济学家是完全一致的,因此,"只看到了劳动的积极的方面,而没有看到它的消极的方面",就像国民经济学家把劳动看成是财富的惟一源泉一样,黑格尔也充分地肯定劳动在人的自我生成中的作用,并把"对象性的人、现实的因而是真正的人理解为他自己的劳动的结果",② 但是,私有制即资本主义条件下的"劳动",即异化劳动的真实状况不仅没有进入他的视野,反而被他抽象的、思辨的概念遮蔽了、掩盖了。而且更为严重是,这个这样理解"劳动"的自我,"本身被抽象化和固定化的自我,是作为抽象的利己主义者的人,他被提升到自己的纯粹抽

---

① 《马克思恩格斯全集》第 2 卷,人民出版社 1995 年版,第 244 页。
② 同上书,第 101 页。

象、被提升到思维的利己主义。"① 阿多诺在挖掘黑格尔思想根源的时候，甚至将其追溯到了人的自我保护的"本性"之中。他认为，黑格尔哲学（辩证法）最深刻的基础是一种"利己主义"的自我保护。"对精神的神话般的敬慕不是纯粹的概念神话：它表达了一种感激之情。因为，在历史的更高级的发展阶段上，一切个人只有靠社会的统一性才能生存下来"。② 因此，黑格尔哲学（辩证法）作为"法国革命的德国理论"，不过是"这些国家理论上的良心"，③ 说得直白一点，黑格尔哲学（辩证法）本质就是资产阶级所达到的关于自身存在方式和发展方式的自我意识。尽管它不乏深刻和进一步发展的潜能，但和作为人的自我理解和自我解放的理论力量与实践力量的马克思的辩证法还存在根本的区别。

再次马克思指证了作为《精神现象学》逻辑结果和黑格尔整个哲学的核心的《逻辑学》的实质。马克思尖锐地指出："逻辑学是精神的货币，是人和自然界的思辨的、思想的价值——人和自然界的同一切现实的规定性毫不相干地生成的因而是非现实的本质——是外化的因而是从自然界和现实的人的抽象出来的思维，即抽象思维。"④ 只要能够理解"货币"在资本统治条件下的现实世界中所具有的一切魔力，就不难理解黑格尔的"逻辑学"（绝对精神的自我运动）在抽象的精神世界中鲸吞宇宙的放荡不羁。马克思还深刻地看到，抽象的东西在黑格尔那里之所以具有如此强大的力量，是因为"个人现在受抽象的统治，而他们以前是相互依赖的。但是，抽象或观念，无非是那些统治个人的物质关系的理论表现。"⑤ 因此，马克思所要扬弃的决非黑格尔意义上的"抽象"，亦即理论哲学上的"抽象"，而是要扬弃个人被抽象统治的现实，推翻那些统治个人的物质关系，把"人的世界和人的关系还给人自己"。

最后马克思批判了黑格尔对"人"的本质的抽象理解。他指出："人的本质，人，在黑格尔看来等于自我意识。因此，人的本质的全部异化不过是自我意识的异化。自我意识的异化没有被看作人的本质的现实异化的

---

① 马克思：《1844年经济学—哲学手稿》，人民出版社2000年版，第102页。
② 阿多诺：《否定的辩证法》，重庆出版社1993年版，第315页。
③ 《马克思恩格斯选集》第1卷，人民出版社1995年版，第9页。
④ 同上书，第98页。
⑤ 《马克思恩格斯全集》第46卷上册，人民出版社1995年版，第111页。

表现，即在知识和思维中反映出来的这种异化的表现。相反，现实的即真实地出现的异化，就其潜藏在内部深处的——并且只有哲学才能揭示出来的——本质来说，不过是现实的人的本质即自我意识的异化现象……因此，对异化了的对象性本质的全部重新占有，都表现为把这种本质合并于自我意识：掌握了自己本质的人，仅仅是掌握了对象性本质的自我意识。"① 这样"主语和谓语的关系被绝对地相互颠倒了"。具体来说，"从一方面来说，黑格尔在哲学中扬弃的存在，并不是现实的宗教、国家、自然界，而是已经成为知识的对象的宗教的本质，即教义学；法学、国家学、自然科学也是如此……另一方面，信仰宗教等等的人可以在黑格尔那里找到自己最后的确证"。② 因此，在黑格尔看来，"意识、自我意识在自己的异在本身中就是在自身"。马克思认为"这段议论集中了思辨的一切幻想"。"黑格尔的虚假的实证主义或他那只是虚有其表的批判主义的根源就在于此。"③ 可见，马克思对黑格尔辩证法的"颠倒"，其实质是要把隐藏在"最保守的哲学"中的"批判的一切要素"拯救出来，恢复辩证法应有的"批判的、革命的"本质。

---

① 马克思：《1844年经济学—哲学手稿》，人民出版社2000年版，第103页。
② 同上书，第112页。
③ 同上书，第109页。

十　作为世界观的历史观

当一个有着深度理论内涵的概念被作为某种应时性的口号随时滥用的时候，一种理论的自省就显得尤其的必要和迫切。

在马克思看来，从前的一切唯物主义和唯心主义的共同的失足之处，就在于他们都不理解"感性的人的活动"。

问题的严重性在于，尽管"以人为本"已成为一种官方和民间时尚性的话语，但人们在传统思维的作用下，依然在用诸如"人民"、"群众"、"大众"、"多数人"等抽象的人对"现实的个人"进行打压和挤兑。

黑格尔说过，"名称并不等于概念。"当一个有着深度理论内涵的概念被作为某种应时性的口号随时滥用的时候，一种理论的自省就显得尤其的必要和迫切。"以人文本"作为一个写进我党执政纲领的开创性和标志性的理念，面临一个不能回避的问题，就是，在马克思主义哲学中，能否找到"以人为本"的世界观根据？马克思在哲学上完成的变革，不仅是对西方传统形而上学的颠覆，而且也为现实的个人的出场，也就是为具有世界观意义的"以人为本"构建了坚实的存在论基础。不过，要理解这个问题，必须联系马克思所创立的作为世界观的历史观来展开。

马克思的历史观就是马克思的世界观。在他那里，抽象的、超历史的一般世界观已经失去了存在的根据。从"现实的个人"以及"他们的活动和他们的物质生活条件"出发，才是理解世界和人类历史活动的真正进路。这一哲学史上的革命性变革，不仅完成了对西方传统形而上学的根本性颠覆，开启了现代哲学回归人的现实生活世界的理论视野，而且使现实的个人真正得以出场，并成为理论思维关注的焦点。在这个意义上，正是马克思哲学为"以人为本"奠定了坚实的存在论基础。

熟悉马克思学说的人都知道,马克思没有写过系统阐发自己哲学思想的著作。诚如阿尔都塞所言:"马克思主义哲学存在着,却又从来没有被当做'哲学'来生产。"① 马克思的全部思想都是以"批判的叙述和叙述的批判"的方式阐发的,从早期著作,如《黑格尔法哲学批判》,到晚期的《资本论》概莫能外。然而,从一定意义上讲,《德意志意识形态》却是一个例外,作为"把我们从前的哲学信仰清算一下"的一部著作,虽然也是以"批判黑格尔以后的哲学的形式来实现的",但在批判之前(其实批判已经贯穿于其中了)即在该著作的第一卷第一章中,马克思和恩格斯则认为有必要正面阐述一下自己的观点。"因此,在我们对这个运动的个别人物进行专门批判之前,提出一些能进一步阐明他们共同思想前提的一般意见。这些意见足以表明我们在进行批判时所持的观点,而表明我们的观点对于了解和说明以后各种批评意见是必要的"。② 为此,我们有理由把马克思恩格斯在这里所阐发的思想看作他们"新世界观"的集中表达。联系我们目前的主题,也可以从中看到他们对"以人为本"所作的存在论证明。

在《德意志意识形态》中,马克思恩格斯的批判所针对的对象首先是青年黑格尔派的"一般哲学前提"。这个"一般哲学前提"虽然经过伪造,最终被替换成了"类"、"惟一者"、"人"等等比较世俗的范畴,但是,他们"都没有离开过哲学的基地"——黑格尔体系。"不仅它的回答,而且连它所提出的问题本身,都包含着神秘主义。"③ 作为青年黑格尔派一般哲学前提的黑格尔体系,是一个以"绝对精神"鲸吞一切的神秘体系。马克思恩格斯曾在他们合著的另一部著作中,深刻地指证了黑格尔哲学的实质以及向青年黑格尔派演变的逻辑必然性。"在黑格尔的体系中有三个因素:斯宾诺莎的实体,费希特的自我意识以及前两个因素在黑格尔那里的必然的矛盾统一,即绝对精神。第一个因素是形而上学改了装的、脱离了人的自然。第二个因素是形而上学改了装的、脱离了自然的精

---

① 陈越:《哲学与政治——阿尔都塞读本》,吉林人民出版社2003年版,第222页。
② 《马克思恩格斯选集》第1卷,人民出版社1995年版,第63页。
③ 同上书,第64页。

神。第三个因素是形而上学改了装的以上两个因素的统一，即现实的人和现实的人类"。① 黑格尔试图以"实体即主体"（"绝对即精神"）的"绝对精神"的辩证运动来实现"实体"和"自我意识"，亦即近代哲学的根本问题——客体和主体的统一。然而，却只能以"绝对唯心主义"为代价来完成这个统一，并最终导致"绝对精神"的自我解体。作为"绝对精神瓦解过程"这一有意义的事件中产生的青年黑格尔派，本来应当是自觉地站在黑格尔哲学的对立面（他们自己的确是这样认为的），直接照面"现实的人"和"现实的人类"。但是，很遗憾，他们不仅"继续停留在黑格尔思辨的范围内，而且他们之中无论哪一个都只是代表了黑格尔体系的一个方面"，② 然后展开了一场自认为是惊天动地、席卷一切"过去的力量"的、针对黑格尔哲学和他们相互之间的哲学批判运动。在黑格尔看来，"哲学的任务在于理解存在的东西，因为存在的东西就是理性。就个人来说，每个人都是他那时代的产儿。哲学也是一样，它是被把握在思想中的它的时代"。③ 哲学是不能超越它的时代的，它不过是在思想中把握到的时代，因而，只能是对现实的某种追认。如果说，黑格尔把一切都纳入到"绝对精神"中加以把握和理解，还表现了某种理性的诚实的话；那么，青年黑格尔派则不满足于哲学对现实的消极无为，而是力图发挥哲学变革现实的功能；但是，由于他们没有跳出黑格尔思辨唯心主义的怪圈，没有离开思辨哲学的基地，因而，他们依然还是在"纯粹精神"中兜圈子，不断地在同现实的影子作斗争，他们提出的全部主张，可以归结为"要用人的、批判的或利己的意识来代替他们现在的意识，从而消除束缚他们的限制"。针对这些"自以为是狼、也被人看成是狼的绵羊"，马克思恩格斯一针见血地指出："这种改变意识的要求，就是要求用另一种方式来解释存在的东西，也就是说，借助于另外的解释来承认它。"④ 所以，他们虽然满口讲的都是所谓"震撼世界的"的词句，但却是最大的保守派。既然他们仅仅反对这个世界的词句，那么他们就绝对不是反对现实的世界。

---

① 《马克思恩格斯全集》第 2 卷，人民出版社 1957 年版，第 177 页。
② 同上。
③ 黑格尔：《法哲学原理》，商务印书馆 1982 年版，第 12 页。
④ 《马克思恩格斯选集》第 1 卷，人民出版社 1995 年版，第 66 页。

那么，如何才能真正实现对现实世界本身的批判和改造呢？马克思恩格斯认为，必须首先完成世界观的变革，为"批判"重构一个"一般哲学前提"，亦即让"现实的人"从各种意识形态的迷雾中现身出来，使其成为新世界观的立足点。因此，马克思恩格斯所创制的历史观，决不是狭义的历史观或传统意义上的"历史哲学"，而是一个真正实现了对黑格尔哲学颠覆和超越的世界观学说，同时，这种新世界观也为人们从现实的个人出发去理解全部历史问题提供了方法论原则。

马克思恩格斯指出："我们开始要谈的前提不是任意提出的，不是教条，而是一些只有在想象中才能撇开的现实的前提。这是一些现实的个人，是他们的活动和他们的物质生活条件，包括他们已有的和由他们自己的活动创造出来的物质生活条件。"① 把"现实的个人"作为理解全部人类历史的第一前提，也就是把"现实的个人"即"他们的活动和他们的物质生活条件"作为新世界观的基轴。

"人"是青年黑格尔派共同关注的焦点。作为黑格尔哲学解体的"副产品"，那个被形而上学改了装的"现实的人"和"现实的人类"，最终必然会暴露出来，但是，如何去抓住这个"人"，却是十分困难和曲折的。曾经对马克思产生过一定影响的鲍威尔，把人归结为"批判"的"自我意识"；而青年黑格尔派中最后出场的施蒂纳则在批判费尔巴哈的基础上，把人规定为"唯一者"；"只有他才至少向前迈进了一步"并一度受到马克思高度赞扬的费尔巴哈，由于"他把人只是看作'感性对象'，而不是'感性活动'，因为他在这里也仍然停留在理论的领域内，没有从人们现有的社会联系，从那些使人们成为这种样子的周围生活条件来观察人们"，因此，他所把握到的仍然是"抽象的人"。② 这实际是在黑格尔基础上的倒退。因为，黑格尔通过诉诸"绝对精神"的自我运动，本质上是作为"自我意识"的人的"精神劳动"，已经在某种意义上实现了主体和客体的统一。用马克思在《1844年经济学—哲学手稿》中的话说，他"为历史的运动找到抽象的、逻辑的、思辨的表达"。③ 而青年黑

---

① 《马克思恩格斯选集》第1卷，人民出版社1995年版，第66—67页。
② 同上书，第77—78页。
③ 马克思：《1844年经济学—哲学手稿》，人民出版社2000年版，第97页。

格尔派的"好汉们"则又把主体和客体、个体和类、人和世界等置于尖锐的对立中。何以会是这样的结果？毫无疑问，错失"现实的个人"，这绝非费尔巴哈等人的本意。根本的原因在于他们都没有摆脱近代形而上学的建制，仍然是在主客二分的"知识论"哲学范式下去理解人、世界及其相互关系。因此，正如马克思在《关于费尔巴哈的提纲》中指出的那样，"从前的一切唯物主义（包括费尔巴哈的唯物主义）的主要缺点是：对对象、现实、感性，只是从客体的或者直观的形式去理解，而不是把它们当作感性的人的活动，当作实践去理解，不是从主体的方面去理解。因此，和唯物主义相反，能动的方面却被唯心主义抽象地发展了，当然，唯心主义是不知道现实的、感性的活动本身的"。[1] 在马克思看来，从前的一切唯物主义和唯心主义的共同的失足之处，就在于他们都不理解"感性的人的活动"。

这里的关键在于如何理解作为历史第一前提的"现实的个人"。如果这个"人"只是作为感性直观的"感性对象"，那么，它立即就退却到了作为"单纯的感觉"的认识主体的水平上。这样它所把握到的"感性世界"，就只能是用"高级的哲学直观"所看到的抽象的自然界。主体和客体，人和世界就必然是分裂的，对立的。马克思恩格斯作为历史第一前提的"现实的个人"，就是马克思在《关于费尔巴哈的提纲》中所说"感性的人的活动"。但是，在《德意志意识形态》中，马克思的思想又有了一个重大的发展。如果说，在包含着"新世界观天才萌芽的第一个文件"——《关于费尔巴哈的提纲》，已经酝酿了一场哲学革命，那么，"新世界观"的真正确立则是在《德意志意识形态》中完成的。这个"新世界观"确立的标志，就是把历史的第一个前提指认为"现实的个人"，即"他们的活动和他们的物质生活条件"。在这里最容易使人联想到的是海德格尔，他以"在世之在"（Being - in - the - world）的方式表达了类似的"存在论"思想。但是，比海德格尔早了近一个世纪的马克思和恩格斯，并没有陶醉于这一对"此在"的"领悟"所具有的颠覆整个西方传统形而上学的意义，而是执着于"使现存的世界革命化，实际地反对并改变现存的事物"的革命使命，立即展开了对一般意识形态，特别是

---

[1] 《马克思恩格斯选集》第1卷，人民出版社1995年版，第54页。

德国哲学的批判。

为了进一步加深对马克思恩格斯这一思想的"世界观"意义的理解,有必要再作一些说明和论证。在《德意志意识形态》的开头部分,马克思恩格斯反复强调了这一思想。除了前面引述的那段开宗明义的话之外,还在多个地方提到了"现实的个人"。

其一,在借助"分工"对西欧社会的所有制形式的演变进行了简要的分析之后,他们写道:"由此可见,事情是这样的:以一定的方式进行生产活动的一定的个人,发生一定的社会关系和政治关系。……但是,这里所说的个人不是他们自己或别人想象中的那种个人,而是现实中的个人,也就是说,这些个人是从事活动的,进行物质生产的,因而是在一定的物质的、不受他们任意支配的界限、前提和条件下活动着的。"① 这里最值得玩味的是这一句话:"这里所说的个人不是他们自己或别人想象中的那种个人,而是现实中的个人。"为什么不是自己或别人想象中的个人?别人姑且不说,自己难道不是最清楚自己处在现实中吗?问题恰恰就是,如果不根本改变世界观,也就是不从人(感性活动)和世界(他的物质生活条件)的源初关联中去理解人,一旦被"概念"所捕获,人就立即被抽空为一个"抽象的人"、"一般人"。

其二,在论及思想、观念、意识与人的关系时,他们指出:"人们是自己的观念、思想等等的生产者,但这里所说的人们是现实的、从事活动的人们,他们受自己的生产力和与之相适应的交往的一定发展——直到交往的最遥远的形态——所制约。"② 这里强调的是观念、思想、意识与现实的人的关系,实际上是从本体论的意义上指出了观念、意识、思想的根源。"意识在任何时候都只能是被意识到了的存在,而人们的存在就是他们的现实生活过程"。③ 关于"存在"和"意识"的关系的"世界观"问题,我们将在下一个问题中涉及。

其三,在指出"德国哲学从天国降到人间,和它完全相反,这里我们是从人间升到天国"之后,马克思恩格斯又作了这样的强调:"我们的出发

---

① 《马克思恩格斯选集》第1卷,人民出版社1995年版,第71—72页。
② 同上书,第72页。
③ 同上。

点是从事实际活动的人。"紧接着他们在对自己的考察方法进行总结时再次强调,这种方法"它从现实的前提出发,它一刻也不离开这种前提。它的前提是人,但不是处在虚幻的离群索居和固定不变状态中的人,而是处在现实的、可以通过经验观察到的、在一定条件下进行的发展过程中的人"。[①] 在这里,马克思恩格斯针对的是"德国哲学",涉及的问题是思想的"出发点"或考察方法的"前提"。由此看来,"现实的人",即"他们的活动和他们的物质生活条件"的确是马克思"新世界观"的基轴。

值得我们站在今天的立场追问的是,把"现实的个人"作为新世界观的基轴意味着什么?第一,它意味着脱离人的实践活动的世界不再具有独立存在的意义。它宣告了以主客二分、思存对峙为理论硬核的旧哲学(包括旧唯物主义和唯心主义)的彻底破产;它开启了以现实的个人,即他们的活动和他们的物质生活条件为理论基点的哲学本体论视界,那种无论是从抽象的客体性原则,还是从抽象的主体性原则出发的实体性哲学思维,从此失去了作为理论思维前提的地位。第二,它意味着"处在现实的、可以通过经验观察到的、在一定条件下进行的发展过程中的人"成为一切理论思维的出发点,在这种思维看来,人与自然、人与社会、人与历史的关系皆源于人们的"感性活动"。以人为本,本质上就是从人们的活动(首先是生产活动)和物质生活条件出发,去理解他们的世界图景、思维方式、价值观念和审美趣味,去了解和满足他们的需要、愿望和追求。第三,它意味着有什么样的"生产活动",就有什么样的社会关系和政治关系。因此,任何社会建构和制度设计都必须以现实的人作为"终极"的根据,既不落后也不超前于人们的现实存在方式。从我国目前的情况来讲,就是要从人的"以物依赖性为基础的人的独立性"的历史性存在方式出发,把市场经济不仅看作资源配置的基础性手段,而且看作人的存在方式,将市场经济之内在要求的契约精神和由此而生发的对社会公平正义的诉求,转化为制度设计和政策安排的理念根据。

"新世界观"新在何处?就新在它以"现实的个人"为历史的第一个前提,即作为新世界观的存在论根基;还新在它对"存在"和"意识"的关系作出了全新的解释。

---

① 《马克思恩格斯选集》第 1 卷,人民出版社 1995 年版,第 73 页。

十 作为世界观的历史观

"存在（物质）"和"意识（思维）"的关系问题，长期以来被认为是包括马克思主义哲学在内的全部哲学的重大的基本的问题。对这个问题的第一方面，即何为第一性的不同回答，是划分世界观问题上唯物主义和唯心主义的标准。正是基于这样的认识，马克思主义哲学被分解为一般世界观（一般唯物主义）和历史观（历史唯物主义）两个部分，并认为马克思首先确立了一般唯物主义的世界观，进而再把唯物主义的一般原理推广运用到社会历史领域，才创立了历史唯物主义。这种理解已经被学界普遍认为是对马克思的一种误读。事实上，马克思不仅在思想发展的过程中没有经历一个所谓一般唯物主义的阶段，而且在其思想的逻辑中，无论如何也不可能预留一般唯物主义的位置。否则我们无法理解马克思的哲学革命，也不能真正把握马克思"新世界观"的精神实质。"不是意识决定生活，而是生活决定意识"的著名论断，以及对"存在"和"意识"全新理解，不仅体现了历史唯物主义的世界观意义，而且也凸显了以"人"为本的本体论意蕴。

"存在"就是人们的现实生活过程。在马克思的话语中，从来没有关于存在、物质、实体等概念的抽象议论。既然以"现实的个人"作为历史的第一个前提，那么，"他们的活动和他们的物质生活条件"就是存在本身，而且是具有存在论意义的存在本身。在《1844年经济学—哲学手稿》中，马克思就明确指出："在人类历史中即在人类社会的产生过程中形成的自然界是人的现实的自然界。"[①] "被抽象地理解的，自为的，被确定为与人隔开来的自然界，对人来说也是无。"[②] 在以往的全部唯物主义哲学家中，"费尔巴哈比'纯粹的'唯物主义者有很大的优点；他承认人也是'感性对象'"。但是由于不能把包括人本身在内的感性世界理解为构成这一世界的个人的全部活生生的感性活动，因此，他也至多只能达到对世界的感性直观。针对费尔巴哈，马克思恩格斯尖锐地指出："他没有看到，他周围的感性世界决不是某种开天辟地以来就直接存在的、始终如一的东西，而是工业和社会状况的产物，是历史的产物，是世世代代活动的结果，其中每一代都立足于前一代的基础上，继续发展前一代的工业和

---

① 马克思：《1844年经济学—哲学手稿》，人民出版社2000年版，第89页。
② 同上书，第116页。

交往，并随着需要的改变而改变它的社会制度。甚至连最简单的'感性确定性'的对象也只是由于社会发展、由于工业和商业交往才提供给他的。"① 鉴于费尔巴哈经常求助于自然科学的直观，马克思恩格斯指出："如果没有工业和商业，哪里会有自然科学呢？甚至这个'纯粹的'自然科学也只是由于商业和工业，由于人们的感性活动才达到自己目的和获得自己的材料的。"② 马克思恩格斯进一步指出了费尔巴哈最终陷于唯心主义的根本原因，"当费尔巴哈是一个唯物主义者的时候，历史在他的视野之外；当他去探讨历史的时候，他不是一个唯物主义者。在他那里，唯物主义和历史是彼此脱离的"。③

由此看来，"历史"视野的引入具有重要的意义。需要首先指出的是，与"历史"脱离的"唯物主义"，绝不仅仅是"非历史"地看待"历史"、社会，而且是"非历史"地看待"自然界"，亦即看待整个"存在"。问题的关键在于，如何理解"历史"。在《神圣家族》中，马克思恩格斯对"历史"做过这样的论述："历史什么事情都没做，它'并不拥有任何无穷无尽的丰富性'，它并'没有在任何战斗中作战'！创造这一切、拥有这一切并为这一切斗争的，不是'历史'，而正是人，现实的、活生生的人。'历史'并不是把人当做达到自己目的的工具来利用的某种特殊的人格。历史不过是追求着自己目的的人的活动而已。"④ 可见，所谓历史，就是在时间中展开的现实的人的活动。只有在这种现实的人的活动中，"存在"才得以显现，人也才获得了一个真实的世界。"历史"视野的引入，就是"感性活动"的引入，就是现实的人的引入。"存在"不是别的，就是人的现实的生活过程。一个新的世界观"地平"在此终于浮出了水面。现代哲学的"生存论转向"也好，"生活世界转向"也罢，尽管不乏学理上的深刻性，但与马克思恩格斯这些平实而深邃的论述相比，就显得迂阔和隔靴搔痒了。

"意识"就是被意识到了的存在。"意识论"是《德意志意识形态》的精彩篇章之一，这不仅因为"意识形态"是马克思恩格斯批判的主要

---

① 《马克思恩格斯选集》第1卷，人民出版社1995年版，第76页。
② 同上书，第77页。
③ 同上书，第78页。
④ 《马克思恩格斯全集》第2卷，人民出版社1957年版，第118—119页。

对象，而且因为"意识"问题也是世界观的核心问题之一。从一定意义上讲，整个《德意志意识形态》的第一章，就是在谈论"存在"和"意识"的关系。马克思恩格斯从存在论的思路入手，首先考察了"原初的历史的关系的四个因素"，即第一历史前提——现实的个人（他们的活动和他们的物质生活条件）、第一历史活动——"已经得到满足的第一个需要本身，满足需要的活动和已经获得的为满足需要而用的工具又引起新的需要"[①]、"生命的生产"以及它所造成的人的"自然关系"和"社会关系"后，他们才着手考察"意识"。他们指出："意识一开始就是社会的产物，而只要人们存在着，它仍然是这种产物。"[②] 何谓"意识"，马克思恩格斯在一个注释中明确指出："我对我的环境的关系是我的意识。"现实的人通过自身的"感性活动"，形成了自己同自然界、同他人、同自我之间的关系，当这些关系被自觉到就构成了所谓意识。为了说明意识与现实的人的本体论关系，他们专门讨论了原始的"畜群意识"。"自然界起初是作为一种完全异己的、无限威力的和不可制服的力量与人们对立的，人们同自然界的关系完全像动物同自然界的关系一样，人们就像牲畜一样慑服于自然界，因而，这是对自然界的一种纯粹动物式的意识（自然宗教）；但是，另一方面，意识到必须和周围的个人来往，也就是开始意识到人总是生活在社会中。这个开始，同这一阶段的社会生活本身一样，带有动物的性质；这是纯粹的畜群意识，这里，人和绵羊不同的地方只是在于：他的意识代替了他的本能，或者说他的本能是被意识到了的本能"[③]。而造成这种"纯粹动物式的意识"的根本原因，是"人们对自然界的狭隘的关系决定着他们之间的狭隘关系，而他们之间的狭隘关系又决定着他们对自然界的狭隘关系，这正是因为自然界几乎还没有被历史的进程所改变"[④]。没有被历史进程所改变，就是没有被现实的人的活动所改变。因此，"意识"归根到底是受人的存在，即人的现实生活过程所决定的。"意识"是"历史"的产物。"意识"和"存在"的关系，在其现实性上就是"社会意识"（现实的人的意识）与"社会存在"（现实的人的生活

---

① 《马克思恩格斯选集》第 1 卷，人民出版社 1995 年版，第 79 页。
② 同上书，第 81 页。
③ 同上书，第 81—82 页。
④ 同上书，第 82 页。

过程）在历史进程中所形成的关系。因此，他们得出了这样的具有世界观意义的结论："不是意识决定生活，而是生活决定意识。"①

从世界观的意义上去理解马克思的历史观，具有重大的理论和现实意义：一方面，它可以改变过去那种在马克思历史观之外去寻找一般世界观基础，把抽象的"物质"作为马克思主义哲学理论基石的做法，从而把马克思主义哲学降低到"见物不见人"的旧唯物主义的水平。这样，不仅严重地遮蔽了马克思在哲学上所实现的伟大变革，而且，极大地影响了其理论的当代价值和实践意义的充分发挥。另一方面，马克思主义哲学在现实中遇到的最大的挑战，就是如何与当代人的现实生活接轨。按照传统的理解，在马克思主义哲学中，个人是没有存在的位置的，人完全成为"客观世界"的附属物和历史用于实现自己目的的工具，人的地位、人的尊严、人的价值变得讳莫若深，甚至不值一提，更奢谈以人为本。因此，无论是在理论还是实践的层面上，个人都受到了前所未有的排斥和放逐。问题的严重性在于，尽管"以人为本"已成为一种官方和民间时尚性的话语，但人们在传统思维的作用下，依然在用诸如"人民"、"群众"、"大众"、"多数人"等抽象的人对"现实的个人"进行打压和挤兑，"以人为本"的"人"还远远没有被理解为马克思意义上的"现实的个人"。再一方面，要使以人为本真正成为执政者的执政理念和普通人的自觉意识，进而在全社会确立起以人为本的文化氛围，必须从改变人们的"现实生活过程"入手，因为存在决定意识，而人们的存在就是人们的现实生活过程。现在的问题是，生活已经向人们发出了改变思想观念的强烈要求，但由于人们的意识还在相当程度上被禁锢在传统的意识形态或哲学话语中，导致现实的思想观念和相应的体制安排严重滞后于人们的现实生活，致使以人为本很难真正落到实处。这样看来，消解僵化的物质（实体）世界观，把以人为本纳入到世界观的意义上加以把握，就成为贯彻和落实科学发展观的重要思想前提。

---

① 《马克思恩格斯选集》第1卷，人民出版社1995年版，第73页。

十一　确立解放论范式的辩证法

马克思辩证法的实质"在于改变世界"而不是"解释世界"。马克思关于辩证法的经典论断鲜明地表达了辩证法内在的解放旨趣和功能。

马克思辩证法不仅应当而且本身就是这样一种致力于人的解放的思想力量，因此，有必要反思马克思辩证法的诠释历程，让解放论范式的辩证法真正出场。

把马克思辩证法合理地理解为解放的辩证法，不仅可以更加接近马克思思想的本质，而且能够更好地彰显马克思辩证法的当代价值。

列宁认为，辩证法就是马克思的认识论，如何理解马克思的辩证法实质上关系到如何理解马克思哲学。近年来国内哲学界对辩证法的研究因声誉不佳而相对沉寂，辩证法被人们嘲笑为"变戏法"的局面还没有根本扭转过来。在"野蛮资本主义卷土重来"的当今时代，在人的物化（异化）不仅没有受到遏制，反而变本加厉并趋于普遍化的严峻现实面前，开掘马克思辩证法之于人的解放的强大的思想威力，将其"汇入反抗资本主义压迫与支配权的多种反抗力量之中"（詹明信语），无疑是马克思哲学理应担待的时代使命。马克思辩证法不仅应当而且本身就是这样一种致力于人的解放的思想力量，因此，有必要反思马克思辩证法的诠释历程，让解放论范式的辩证法真正出场。

在"马克思哲学诠释史"上，马克思辩证法经历了多种解释范式。长期占据主流地位，其消极影响的阴霾至今尚未完全散去的解释范式是"自然主义范式"。这种范式首先将辩证法区分为客观辩证法（自然辩证法和历史辩证法）和主观辩证法（认识辩证法和思维辩证法），认为后者是对前者的反映。"按照这一范式，辩证法的理论基础被理解为自在的客观物质世界自身，自在的、客观的物质世界的存在、运动和发展遵循着辩证的法则，具有辩证的本性。因此，客观的自在的辩证法则强制性地要求人们用主观的思维对它进行如实的再现和反映，于是便形成自觉的辩证法理论，它的典型表述是：所谓辩证法，就是关于自然界、人类社会和思维的一般规律的科学。"[①]

这种对辩证法的理解，从20世纪80年代起，就遭到了理论界普遍的质疑和诘难，学者们指出这种对辩证法的理解，将辩证法变成了"原则加实例"的实证性的客观知识，抹杀了辩证法和实证科学的界限，不仅不能促进和指导科学的发展，反而阻碍和制约了科学的发展，而且，它还制造了"知识的幻象"，把人们的思想禁锢在了先验的"世界模式论"之中，从而不仅在理论的应用上遭受了惨重的失败，而且辩证法本身也威信扫地，成为人们普遍嘲弄的对象。值得关注的是，理论上虽然完成了对这种范式的超越，但并没有在现实中产生应有的积极影响，人们对待辩证法的态度要么是简单的拒斥，要么依然将其视为知性化的"公式"。究其缘由，主要还是因为理论离人们的现实生活太远，人们很难从学者们的学术话语中感受到辩证法之于人的现实意义，尤其不能把辩证法和人的解放真实地联系起来。

取代"自然主义范式"对辩证法的理解的是"认识论范式"，以及在此基础上进一步演进出来的"实践论范式"。前者的重大进步在于自觉地把辩证法同哲学基本问题，即思维和存在的关系问题结合了起来，认为辩证法并不是脱离世界"是什么"、关于世界"怎么样"的学说，而是"世界观、认识论和方法论的统一"；而后者作为辩证法理解史上具有极为重大意义的一次事件，将辩证法奠基在了思维和存在、人与世界、主体和客体否定性统一的活动——实践之上，使辩证法获得了最本质、最切近的基础，不仅超越了两极对立的思维方式，找到了思维和存在、人和世界辩证统一的中介和基础，而且有力捍卫了辩证法作为现代哲学重要形态之一的理论地位。更为重要的是，"以实践作为辩证法的根基和载体，前所未有地凸显了马克思辩证法理论所蕴含的人文关怀，弘扬了人的主体意识，在理论上表达了辩证法作为内在于人的现实实践并推动人的现实实践的人文

[①] 贺来：《辩证法的生存论基础——马克思辩证法的当代阐释》，人民大学出版社2004年版，第19页。

解放之学的理论旨趣",① 具有十分重大的理论和现实意义。然而，这两种范式除了学者所指证的一些"理论困境"和"不尽之处"外，在我看来，关键还在于它没有跳出西方学院哲学的话语框架，马克思辩证法之于人的现代性生存方式，即资本主义生存方式的批判功能，依然没有得到应有的彰显，人的现实生存问题还没有真实地进入辩证法批判的视野。在这方面我们所做的显然还远远不及西方马克思主义，尤其是法兰克福学派。

"生存论范式"的"出场"把对马克思辩证法的理解推进到了现代哲学的话语平台，是对"实践论范式"的深化和拓展。这种范式"把实践把握为一个关于人的本源性的生命活动及其历史发展的生存论本体论概念，认为实践活动在根本上是人的最为基本的生命存在和生命活动方式，实践观点的重要性就在于它为全面地理解人的现实生命及其历史发展提供一种基本的理论观点和思维方式"。② 这种马克思辩证法理解范式的确立，不仅巩固了"实践"在马克思哲学中所具有的存在论上的基础和核心地位，而且阻止了把"实践"流俗化、经验化或知性实体化的可能性，凸现了马克思哲学革命在理论上的变革意义，同时，"实践"观点作为一种思维方式，从哲学的根基之处铲除了追求永恒之在、绝对之真、至上之善的"本体论思维方式"，把人的实践的存在方式升华为哲学的思维方式，从而"对现实的描述会使独立的哲学失去生存环境，能够取而代之的充其量不过是从对人类历史的考察中抽象出来的最一般的结果的概括。这些抽象本身离开了现实的历史就没有任何价值。它们只能对整理历史资料提供某些方便，指出历史资料的各个层次的顺序。但是这些抽象与哲学不同，它们绝不提供可以使用于各个历史时代的药方和公式"。③ 如果说"实践论范式"是马克思辩证法理解史上的一个重大的事件，那么，"生存论范式"的提出，则可视为马克思辩证法理解史上的一次划时代的理论跃迁。

"生存论范式"立足于西方近代哲学所达到的理论高度上，完成了对"主体形而上学"的跨越，使辩证法在获得了反思的、概念的形态之后，

---

① 贺来：《辩证法的生存论基础——马克思辩证法的当代阐释》，人民大学出版社2004年版，第40页。
② 同上书，第138页。
③ 《马克思恩格斯选集》第1卷，人民出版社1995年版，第73—74页。

摆脱了"主体中心主义"的困境，奠基在了人的本源性的生存实践活动和方式之上。"实践论范式"最主要的弊端之一，就是一开始即在一种反思的、概念的、逻辑的层面上谈论问题，预设了人和自然、思维和存在、主体和客体的对立，虽然它也努力地力图通过"实践"的中介超越这种对立，但由于没有达到对"实践"的生存论、本体论的理解和把握，因而辩证法仍然处在某种"无根基"的状态；由于没有澄清"在者"的存在论基础，没有找到人和自然界的原初关联，从而始终无法解决主体在不冒"非法"的危险的前提下，如何去获得一个"对象"，并从自己的内在"范围"走出来进入一个不同的外在的范围，因而，最终还是只能要么固守于单纯的客体性原则，要么固执于单纯的主体性原则（这方面往往占主导地位），实现两极对立的单极统一；更为严重的是，如果不把实践和人的生命活动、生存方式结合起来，实践依然存在被知性实体化的危险，从而使立足于"实践"之上的辩证法不仅不能成为一种"解放的力量"，并且还带有某种神秘的色彩，而且还可能成为一种新的"同一性"的强制力量。"生存论范式"认为："辩证法的真实根基既不是直观、素朴形态辩证法所昭示的自在物质世界，也不是反思的、概念形态的辩证法所彰显的超感性的精神的活动性，而是人的现实生命存在及其历史发展，或者说就是人本源性的生存实践活动和生存方式。"[①] 把人的"本源性的生存实践活动和生存方式"作为辩证法的根基，使人和自然的原初关联充分地"绽露"了出来，"世界"不再是外在于人或者先于人的既定的存在，而是"本身就是此在的一个构成要素"，[②] 或者用马克思的话说："被抽象地孤立地理解的、被固定为与人分离的自然界，对人来说也是无。"[③] 从而，使人和自然的关系在"前反思、前概念、前逻辑"的层面得到显现，辩证法作为人的存在的内涵逻辑、生命逻辑的本质终于可以从某种"神秘形式"中走出来与我们"照面"。

"生存论范式"把马克思辩证法推进到了现代哲学的话语平台，不仅获得了对以往全部哲学更大的解释力，使古代素朴、直观的辩证法和近代

[①] 贺来：《辩证法的生存论基础——马克思辩证法的当代阐释》，人民大学出版社 2004 年版，第 132 页。

[②] 海德格尔：《存在与时间》，三联书店 1987 年版，第 65 页。

[③] 马克思：《1844 年经济学—哲学手稿》，人民出版社 2000 年版，第 116 页。

反思、概念的辩证法的理论价值和局限得到了澄清，而且充分彰显了马克思辩证法作为现代哲学形态的地位和"合法性"，为在当代的学理层面展开马克思哲学与其他西方哲学的对话，提供了广阔的空间。"生存论转向"是20世纪以来哲学发展的世界性潮流。马克思哲学（辩证法）的时代价值首先表现在它必须是一种现代哲学。"生存论范式"的辩证法，一方面深化了马克思哲学的自我理解，使长期被其他范式，尤其是自然主义范式所"遮蔽"的马克思哲学与人的现实的生存活动和生存方式及其历史发展的内在关联得以"敞开"，从存在论上终止了知性化辩证法继续存在的可能性，恢复了辩证法应有的理论尊严和威信；另一方面，指证了马克思作为传统形而上学终结者和现代哲学开创者的地位，使其能够分享克尔凯戈尔和尼采等在现当代所取得的荣耀，有力地回击了西方一些流派对马克思哲学的鄙夷和攻击。"生存论范式"使马克思辩证法回到了"现实生活世界"，真正实现了对"两极对立的思维方式"的超越，使超感性的、抽象的"实体"（无论"物质"还是"精神"）退出了辩证法关注的视野；表达了马克思辩证法的生存论旨趣，使其不是在"客观"的对象世界，也不是在主观的精神活动中得到理解，而是"现身"于人的现实生活及其历史发展之中，揭去了长期笼罩在辩证法上的神秘的面纱。

"生存论范式"开掘了马克思辩证法丰富而深邃的生存论内涵，展现了根植于生存论根基的辩证法的崭新的理论风貌。曾几何时，辩证法既是那么神奇和充满魔力，又是那么玄妙和高深莫测；既可以用来解释一切、说明一切，又仿佛什么也说不明、说不清；既被人们随时挂在嘴边，写在纸上，却又让人感到对它有一种莫名的疏远和陌生。总之，它不仅不亲近人，反而越来越变得"敌视人"，以至于人们对它只好采取一种"敬鬼神而远之"的态度。"生存论范式"的辩证法，恢复了辩证法鲜活的生命本性，它不仅是一种基于人的独特的生存活动和方式的思维方式，或者毋宁说，就是人的存在方式的观念形态，不仅是人的自由本性的理论表征，或者毋宁说，就是人的存在的内涵逻辑，而且，作为一种哲学理论形态，它还是人的一种生命智慧、人生态度和崇高的境界，更是人的"否定性"本性的观念表达。这样理解的辩证法终于成为人所能够把握和运用的辩证法，它不再是人们"在缺乏思想和实证知识的时候及时搪塞一下的词汇语录"①，不再是外在于人和凌驾于人之上的"客观规律"，也不再是"需要的时候可以拿出来用在各种对象上，用过之后，也可以收起来以备再用"②"工具"，而是让人们从中真切感悟到人之为人的生命本性，并自觉其为人的存在方式和思维方式。它凝练了马克思辩证法的"批判的、革命的"本质，使马克思辩证法作为解放辩证法的理论性质和功能已经得到了较充分的体现。

但是，正像生存论、存在论更多地关注于人、世界以及相互关系的"根基"一样，它虽然能够使人获得对自身存在方式的更加深刻的理解，但却没有触动这个"根基"本身，从它奠定了"根基"的意义上讲，它甚至还巩固了人的现实的存在方式。"生存论范式"的辩证法，如果套用马克思批判黑格尔的一句话来说，它"潜在地包含着批判的一切要素……包含着对宗教、国家、市民生活等整个领域的批判的要素"③，但却始终被一层厚厚的学术胎衣包裹着，或许是过多考虑了与西方现当代学术思想和话语的对接与兼容，马克思辩证法应有的解放旨趣和功能，始终没有得到应有的阐发，或者说总是处在某种语焉不详的状态。

把辩证法奠基在人的本源性生命活动和生存方式之上，虽然使辩证法获得了坚实的存在论基础，克服了长期以来辩证法的外在性和神秘性，但似乎更多的是使人获得了对辩证法本身的理解，而辩证法对于人的生存方式的否定、变革的意义却没有得到充分的体现。"生存论范式"使辩证法一方面回到了"现实生活世界"，较好地完成了"人何以可能"和"哲学（辩证法）何以可能"的自我理解和相互理解；另一方面又使辩证法消弭在了人现实的存在方式之中，它克服了传统辩证法理解模式的"无根性"，但却没有真实地触及现代人生存方式的"无根性"，甚至还有某种"遮蔽"现代人生存现实的嫌疑，因为西方哲学话语从总体上讲是以对人的资本主义生存方式的承诺为理论前提的，而如果"以某些西方哲学家的是非为是非"（汪信砚语），那么，马克思辩证法作为反抗资本的奴役与压迫的力量就有被烦琐的学术话语消解的危险。

---

① 《马克思恩格斯选集》第 2 卷，人民出版社 1995 年版，第 40 页。
② 孙正聿：《马克思辩证法理论的当代反思》，人民出版社 2002 年版，第 4 页。
③ 马克思：《1844 年经济学—哲学手稿》，人民出版社 2000 年版，第 10 页。

更为重要的是，马克思辩证法的实质"在于改变世界"而不是"解释世界"，马克思关于辩证法的经典论断鲜明地表达了辩证法内在的解放旨趣和功能。他说："辩证法在其合理形态上，引起资产阶级及其夸夸其谈的代言人的恼怒和恐怖，因为辩证法在对现存事物的肯定的理解中同时包含对现存事物的否定的理解，即对现存事物的必然灭亡的理解；辩证法对每一种既成的形式都是从不断的运动中，因而也是从它的暂时性方面去理解；辩证法不崇拜任何东西，按其本质来说，它是批判的和革命的。"① 如果再把马克思这一论断与他的其他论断联系起来，辩证法作为包含了内容的活生生的形式，其实现人的解放的本质就会表现得更加鲜明：在《德法年鉴》的书信中，马克思说："新思潮的优点就恰恰在于我们不想教条主义式地预料未来，而只是希望在批判旧世界中发现新世界。"② 在《关于费尔巴哈的提纲》中，马克思写下代表他全部哲学旨趣的名言："哲学家们只是用不同的方式解释世界，而问题在于改变世界。"在《德意志意识形态》中，他写道："对实践的唯物主义者即共产主义者来说，全部的问题都在于使现存世界革命化，实际地反对并改变现存的事物，"③ 如此等等。因此，把马克思辩证法合理地理解为解放的辩证法，不仅可以更加接近马克思思想的本质，而且能够更好地彰显马克思辩证法的当代价值。

---

① 马克思：《资本论》人民出版社 1998 年版，第 49 页。
② 《马克思恩格斯全集》第 1 卷，人民出版社 1956 年版，第 416 页。
③ 《马克思恩格斯选集》第 1 卷，人民出版社 1995 年版，第 75 页。

十二　作为哲学的历史科学

不能从世界观即哲学的意义上去理解历史唯物主义，就不可能真正读懂作为"实证科学"的历史唯物主义。

马克思的"历史科学"不同于抽象的经验论者把历史看成是僵死的事实的汇集，而是将历史把握为人的"能动的生活过程"。

问题的关键是要理解哲学在他们这里所获得的全新的意义和内涵，那就是，它已经由一种"解释世界"的理论变成了"改变世界"的"武器"。

正确看待马克思"科学"和马克思"哲学"的关系，从"哲学"的性质去看待马克思的"科学"，从"科学"内容上去认识马克思的"哲学"，是理解马克思作为新世界观的历史唯物主义的重要思想前提。从一定意义上讲，不能从世界观即哲学的意义上去理解历史唯物主义，就不可能真正读懂作为"实证科学"的历史唯物主义。读《德意志意识形态》给人留下的深刻印象之一，就是仿佛马克思恩格斯在这里已经完全抛弃了哲学。如何看待马克思恩格斯对哲学的否定？问题的关键是要理解哲学在他们这里所获得的全新的意义和内涵，那就是，它已经由一种"解释世界"的理论变成了"改变世界"的"武器"。因此，无论是在历史之外去寻找"某种尺度"的思辨哲学，还是专注于对现存事物作出某种描述和追认的实证哲学，注定都会成为他们否定的对象。

"消灭哲学"、"否定哲学"是马克思由来已久的一个思想。早在发表在《德法年鉴》上的《〈黑格尔法哲学批判〉导言》中，马克思就针对当时德国的两个派别，即主张"哲学的否定"的"实践政治派"和主张"哲学同德国世界的批判性斗争"的"理论政治派"，提出了这样的观点：

针对前者，马克思说："你们不使哲学成为现实，就不能够消灭哲学"；针对后者，马克思说："它以为，不消灭哲学，就能够使哲学成为现实。"① 在马克思看来，"哲学的实现"和"哲学的否定"（消灭）是统一的。在同一篇文章中，马克思将哲学的实现和消灭的现实力量诉诸无产阶级。"哲学把无产阶级当做自己的物质武器，同样，无产阶级也把哲学当成自己的精神武器"，"哲学不消灭无产阶级，就不能成为现实；无产阶级不把哲学变成现实，就不可能消灭自身。"② 此时的马克思已经意识到，应当把哲学由一种"解释世界"的理论锻造为"改变世界"的"武器"。但是，当时这还只是一种比较抽象的想法，不仅在实践上难以找到结合点，即使在理论上也缺乏将二者联结起来的环节或中介。

真正使哲学同无产阶级结合起来的理论契机是《德意志意识形态》。在经过《1844年经济学—哲学手稿》对"国民经济学"的初步批判、《神圣家族》对鲍威尔等人的"自我意识"哲学的彻底清洗、《关于费尔巴哈的提纲》获得对"实践"的新理解和认识之后，马克思、恩格斯终于能够把"历史"的视野引入到对"人类史"的考察中，在一种全新的世界观视阈下，通过"描述""现实的人及其历史发展"，来理解哲学和无产阶级的关系，来解决"哲学的实现"和"哲学的否定"的问题。

值得注意的是，马克思、恩格斯在《德意志意识形态》中引入了"实证科学"的概念。在对思辨历史观进行揭露和批判之后，马克思恩格斯写道："在思辨终止的地方，在现实生活面前，正是描述人们实践活动和实际发展过程的真正的实证科学开始的地方。关于意识的空话将终止，它们一定会被真正的知识所代替。对现实的描述会使独立的哲学失去生存环境，能够取而代之的充其量不过是从对人类历史发展的考察中抽象出来的最一般的结果的概括。……但是这些抽象与哲学不同，它们绝不提供可以适用于各个历史时代的药方或公式。"③ 在这段文字中，再次出现了对哲学的否定，强调了他们的学说与哲学的不同。为此，阿尔都塞将《德意志意识形态》标志为马克思思想发生"认识论断裂"的"位置"。他认

---

① 《马克思恩格斯选集》第1卷，人民出版社1995年版，第8页。
② 同上书，第15—16页。
③ 同上书，第73—74页。

为，此前的马克思处在"意识形态"阶段，而之后的马克思则进入了"科学"阶段。那么，马克思、恩格斯是不是真的放弃了哲学，而成为一个纯粹的实证科学家（如社会学家或经济学家）了呢？这是一个非常令人困惑和难解的理论悬案，以至近年来还以"柯尔施问题"的形式再度在理论界展开了论争。其实，无论主张马克思的理论是"哲学"，还是申辩马克思的理论是"科学"，都没有把握到马克思所创立的历史唯物主义的特殊性质和真实内涵。正像阿尔都塞所指出的那样，马克思学说"对于一种既作为历史科学（历史唯物主义），同时又作为哲学（它能够认识各种理论形态的本质和历史，因而在把自己当做对象的情况下，也能够认识自己）的辩证理论，这是必然的事情。马克思主义是在理论上敢于迎接这个考验的唯一哲学。"① 按照这样理解，作为马克思"新世界观"的历史唯物主义，不仅就是马克思的哲学，而且是一种真正与无产阶级和人类解放运动（实践）完全融合在一起的全新的"历史科学"。因此，我认为，柯尔施在《马克思主义和哲学》一书中对马克思新世界观所作出的定性是准确而中肯的。他说："这种世界观按其本性不可避免是哲学的，但它却表示了对哲学的完全否定；它在哲学领域留下了一项唯一的革命任务，即通过进行更高水平的详细阐释来发展这种世界观。"②

在作为清算自己"哲学信仰"的《德意志意识形态》中，马克思恩格斯首先运用已经形成的历史唯物主义世界观，对长期占据统治地位的唯心主义思辨历史观进行了批判，指证了这种历史观的实质正好与唯物史观相反，它不是从物质实践出发来解释观念，而是从观念出发来解释实践。重温这些批判，对于深入理解作为新世界观的历史唯物主义具有重要的启示意义。

首先，马克思恩格斯揭露了思辨历史观的思想渊源。《德意志意识形态》直接针对的批判对象是青年黑格尔派，间接批判的则是以黑格尔历史哲学为代表的整个"德国历史编纂学"，乃至全部旧历史观。马克思恩格斯认为，思辨历史观即唯心主义历史观，是青年黑格尔派共同的思想前提。这种历史观的思想渊源则是他们始终没有离开的哲学基地——黑格尔

---

① 阿尔都塞：《保卫马克思》，商务印书馆2006年版，第22页。
② 柯尔施：《马克思主义和哲学》，重庆出版社1989年版，第81页。

体系。马克思早在《黑格尔法哲学批判》中,就发现了这种思辨历史观或历史哲学的奥秘,那就是:"理念变成了独立的主体,而家庭和市民社会对国家的现实的关系变成了理念所具有的想象的内部活动。""在这里具有哲学意义的不是事物本身的逻辑,而是逻辑本身的事物。不是用逻辑来论证国家,而是用国家来论证逻辑。"因此,"整个法哲学只不过是对逻辑学的补充。"① 在《哲学的贫困》中,马克思通过分析和揭露"黑格尔主义"的思辨实质,尖锐地指出:"黑格尔认为,世界上过去发生的一切和现在还在发生的一切,就是他自己的思维中发生的一切。因此,历史的哲学仅仅是哲学的历史,即他自己的哲学的历史。"② 由此可以看到,青年黑格尔派的历史观不过是黑格尔思辨哲学及其方法的翻版。不过在黑格尔那里往往还有他理论逻辑本身的自洽性,并且他还坦率地承认他所考察的仅仅是概念的前进运动。但到鲍威尔、施蒂纳等人这里,由于"在抄袭黑格尔意识形态时暴露出对他所抄袭的东西的无知",因此,要么像鲍威尔一样,一方面接受了黑格尔"思辨的矛盾",另一方面,又"肯定矛盾的一部分而否定另一部分",由于他如此坚定地站在黑格尔所特有的基地上,"以致自我意识对绝对精神的关系,依然使他不能得到安宁"③。要么像施蒂纳一样,把黑格尔辩证法的主观方面推向了逻辑的顶点,从而陷于"利己主义"和"利他主义"的尖锐对立中。因此,对青年黑格尔派历史观的批判,也就是对以黑格尔历史哲学为最高成就的思辨历史观及其各种变种的清算。

其次,马克思恩格斯指证了思辨历史观的思想本质。马克思恩格斯指出:"迄今为止的一切历史观不是完全忽视了历史的这一现实基础,就是把它仅仅看成与历史过程没有任何联系的附带因素。因此,历史总是遵照在他之外的某种尺度来编写的;现实的生活生产被看成是某种非历史的东西,而历史的东西则被看成是某种脱离日常生活的东西,某种处于世界之外和超乎世界之上的东西。"④ 这里所说的被忽视的历史的现实基础,就是现实的人的活动和他们的物质生活条件,以致像"多少向前迈进了几

---

① 《马克思恩格斯全集》第1卷,人民出版社1956年版,第250,263,264页。
② 同上书,第141页。
③ 《马克思恩格斯全集》第3卷,人民出版社1960年版,第93页。
④ 《马克思恩格斯选集》第1卷,人民出版社1995年版,第93页。

步"的费尔巴哈,在面对物质生活生产本身时,也只是"从它的卑污的犹太人的表现形式去理解和确定",即只有理论活动才被看成真正的人的活动。可见,思辨历史观的本质,就是"非历史"、"超历史"地考察人类社会,它只关心历史上的重大政治历史事件,只看到宗教的和一般理论的斗争,它不明白"'宗教'和'政治'只是时代的现实动因的形式",而把这种"形式"当作时代的动因本身。马克思恩格斯还深刻地看到,由于这种历史观把人对自然的关系排除在历史之外,造成了自然和历史之间的对立,因此不可能"懂得在工业中向来就有那个很著名的'人和自然的统一'"①。这也说明了以往的哲学永远只能是"半截子"的,因为"历史"和"自然"在他们那里从来就是分离的、对立的。即使像费尔巴哈这样的唯物主义哲学家,一旦接触历史它也必然会陷入唯心主义。

再次,马克思恩格斯剖析了思辨历史观的现实根源。在《德意志意识形态》中,马克思恩格斯主要从"人改造自然"和"人改造人"两个方面,深入剖析了思辨历史观的现实根源,拨开了笼罩在"实体"、"自我意识"、"人的本质"、"唯一者"等概念上的层层迷雾。

从"人改造自然"方面看。为什么会产生"实体"和"自我意识"的对立?面对这种对立,似乎只能有这样两种选择:要么退回到黑格尔彻底的唯心主义体系中去,在"绝对精神"的自我运动中实现观念上的统一;要么就只能像费尔巴哈那样诉诸"感性直观"的抽象自然界。马克思恩格斯认为,全部的问题就在于他们不理解"历史的自然和自然的历史",②不懂得"先于人类历史而存在的那个自然界,不是费尔巴哈生活其中的自然界;这是除去在澳洲新出现的一些珊瑚岛以外今天在任何地方都不再存在的、因而对费尔巴哈来说也是不存在的自然界"。③早在《1844年经济学—哲学手稿》中,马克思就明确指出:"在人类历史中即在人类社会的形成过程中生成的自然界,是人的现实的自然界;因此,通过工业——尽管以异化的形式——形成的自然界,是真正的、人本学的自然界"。④思辨历史观由于从观念出发解释实践,总是从每个时代中去寻

---

① 《马克思恩格斯选集》第1卷,人民出版社1995年版,第76页。
② 同上。
③ 同上书,第77页。
④ 马克思:《1844年经济学—哲学手稿》,人民出版社2000年版,第89页。

找某种范畴,而不是从物质实践出发去解释各种观念形态,把人对自然的关系,本质上是人对自然的改造排除在历史之外,因此必然会产生"实体"和"自我意识"、"历史"和"自然"的僵硬对立。相反,如果把整个感性世界理解为人的感性活动,把自然界看成在人类历史活动中不断生成的自然界,那么,"实体"就不再是不可穿透的"顽石","自我意识"也不再是永远进入不了对象的"幽灵","工业的历史和工业的已经生成的对象性存在,是一本打开了的关于人的本质力量的书,是感性地摆在我们面前的人的心理学。"①

从"人改造人"方面看。产生"实体"、"人的本质"等观念的根源,不仅在于没有看到"人和自然的统一",也就是没有能够从现实的人的活动及他们的物质生活条件这一世界观前提去看待人和自然的关系,而且,还在于没有看到意识一开始就是社会的产物。思辨哲学家时时玩弄的这些抽象概念,无不具有产生它们的现实基础。马克思恩格斯揭示了每一代人都必然要碰到的"一定的物质结果",即"大量的生产力、资金和环境",并深刻指出:"每个个人和每一代所遇到的现成的东西:生产力、资金和社会交往形式的总和,是哲学家们想象为实体和人的本质的东西的现实基础,是他们神化了的并与之斗争的东西的现实的基础,这种基础尽管遭到以自我意识和唯一者的身份出现的哲学家们的反抗,但它对人们的发展所起的作用和影响却丝毫也不因此而受到干扰。"② 如果不能看到人创造环境,同样,环境也创造人,不能理解"环境的改变和人的活动或自我改变的一致,只能被看做是并合理地理解为革命的实践",③ 那么,就只能像青年黑格尔派的"意识形态家"那样,满足于从抽象概念上对历史的把握,并且,往往把意识、观念作为推动历史前进的力量。

由于《德意志意识形态》针对的主要是青年黑格尔派的唯心主义历史观,即思辨的历史观,因此,在这个文本中,对实证主义历史观的批判是隐晦的、不明显的。但我们只要全面地理解马克思恩格斯的论述,依然可以发现他们随时注意与"抽象的经验论者"拉开间距,划清界限。深

---

① 马克思:《1844年经济学—哲学手稿》,人民出版社2000年版,第88页。
② 《马克思恩格斯选集》第1卷,人民出版社1995年版,第92—93页。
③ 同上书,第55页。

入理解历史唯物主义作为马克思"新世界观"与实证主义历史观的本质区别,把握其精神实质,对于防止把现存事物永恒化、凝固化,充分发挥历史唯物主义在"批判旧世界中发现新世界"的强大理论功能,具有特别重要的意义。

马克思的"历史科学"不同于抽象的经验论者把历史看成是僵死的事实的汇集,而是将历史把握为人的"能动的生活过程"。在一处对自己的考察方法进行总结的文字中,马克思恩格斯写道:"只要描绘出这个能动的生活过程,历史就不再像那些本身还是抽象的经验论者所认为的那样,是一些僵死的事实的汇集。"① 他们所强调的对"现实的描述",是对"现实的个人"的"能动的生活过程"的描述,而不是"一些僵死的事实的汇集"。那么,如何才能做到对"能动的生活过程"的描述呢?这远不像人们想象的那样简单,简言之,这绝不是通过费尔巴哈式的"感性直观"所能胜任的事情。正像马克思恩格斯所说,这是需要前提的,这个前提是"现实的个人,是他们的活动和他们的物质生活条件"。只有从这个前提出发,在考察历史的时候,才不至于导致"历史"与"自然"隔离,把人和自然的关系排除在历史之外;才不会只是达到对既存经验事实的理解和追认;也才不会像费尔巴哈那样,"在共产主义的唯物主义者看到改造工业和社会结构的必要性和条件的地方,他却重新陷入唯心主义"。因而,也才不会像他一样当"是一个唯物主义者的时候,历史在他的视野之外;当他去探讨历史的时候,他不是一个唯物主义者"②。

马克思的"历史科学"完成了对实证主义历史观的批判和超越。作为马克思"新世界观"历史观是马克思一经得到就用于指导全部研究工作的理论前提或"解释原则"。因此我们可以从马克思大量"政治经济学批判"的论著中,看到他是如何批判和超越实证主义历史观的。在《1844年经济学—哲学手稿》中,马克思首先从国民经济学的各种前提出发,甚至采用了它的语言和它的规律,但是却得出了与国民经济学完全不同的结论。"我们从国民经济学本身出发,用它自己的话指出,工人降低为商品,而且降低为最贱的商品;工人的贫困同他的产品的力量和数量成

---

① 《马克思恩格斯选集》第 1 卷,人民出版社 1995 年版,第 73 页。
② 同上书,第 78 页。

反比；竞争的必然结果是资本在少数人手中积累起来，也就是垄断的更惊人的恢复；最后，资本家和地租所得者之间、农民和工人之间的区别消失了，而整个社会必然分化为两个阶级，即有产者阶级和没有财产的工人阶级。"① 马克思同样是从所谓的"当前经济的事实"出发，但是，却发现了被国民经济学的抽象理论所掩盖的现实，暴露了理论和现实的深刻矛盾。原因何在？就在于马克思看到了他们实际上是把应当加以阐明的东西——私有财产当作了不言而喻、不证自明的前提。而马克思从现实的人的活动出发，不仅发现了"异化劳动"这个更本质的经济事实，而且还以此说明了作为国民经济学前提的私有财产的存在论根源，并深刻地指证了这种实证主义的经济学与思辨哲学在思维方式上的一致性，即他们都是从抽象的观念、概念出发去说明和理解现实的经济关系和经济活动，本质上都是保守的、非批判的；都是对现存世界的某种理解和确认，而不是使现存的世界革命化，实际地反对和变革现存的世界。

在随后的政治经济学批判中，马克思更加自觉地把自己的研究与政治经济学家的研究区别开来，不仅在出发点上与资产阶级经济学家有着本质的不同，如有的马克思研究者所指出的那样，马克思不是想要建立经济学的体系，而是要对经济学进行批判，是要扬弃经济学；而且在思维方式和理论内容上与实证主义历史观划清了界限。马克思甚至把实证主义称作"腐朽的实证主义"②。把经验主义叫作"粗率的经验主义"，并指出：这种"粗率的经验主义，一变而为错误的形而上学、经院主义，挖空心思要由简单的、形式的抽象，直接从一般规律，引出各种不可否定的经验现象，或用狡辩，说它们本来和这个规律相一致。"③ 正是由于马克思的"历史科学"不同于实证主义历史观，并且还不断地结合批判的内容对这种历史观前提进行批判，马克思才能做到既对资本主义生产方式及其社会结构进行"系统的叙述"，同时又对之进行"系统的批判"（广松涉语）。因此，在资产阶级经济学家看来，现实的一切是超历史的、僵死的、永恒的、天然合理的；而在马克思看来，现实的一切则是历史的、能动的、暂

---

① 马克思：《1844年经济学—哲学手稿》，人民出版社2000年版，第50页。
② 《马克思恩格斯全集》第31卷，人民出版社1972年版，第236页。
③ 马克思：《剩余价值学说史》第1卷，人民出版社1975年版，第68页。

时的，其合理性是需要辨明，并且最终是要被推翻的。

马克思的"历史科学"的本质是实际地反对和改变现存的事物。马克思恩格斯指出："实际上，而且对实践的唯物主义者即共产主义者来说，全部问题都在于使现存世界革命化，实际地反对并改变现存的事物。"① 在我看来，这是《德意志意识形态》中最能代表作者思想本质的一段话。"实践唯物主义"、"共产主义"在这里都具有世界观的意义。唯其如此，一些学者才能通过这段话，把马克思哲学表述为"实践唯物主义"。马克思恩格斯在这里所创立的作为哲学的"历史科学"，不是用来解释世界，获得对现存事物的理解和追认的所谓"实证科学"，而是马克思在《关于费尔巴哈的提纲》中那句表达其思想本质的论断——"哲学家们只是用不同的方式解释世界，问题在于改变世界"的具体展开和发挥。《德意志意识形态》首先批判的就是青年黑格尔派力图把人从"词句"下解放出来的虚妄。马克思恩格斯用一个十分生动而辛辣的比喻讽刺了这些人以及他们所进行的"批判"。他们写道："有一个好汉一天忽然想到，人们之所以溺死，是因为他们被关于重力的思想迷住了。如果他们从头脑中抛掉这个观念，比方说，宣称它们是宗教迷信的观念，那么他们就会避免任何溺死的危险。"② 所以，当他们仅仅局限于对宗教观念的批判，把一切问题都归结为宗教问题之后，他们便以为自己已经干了一番惊天动地的事情。但是，他们"没有注意到，在做完这一工作之后，主要的事情还没有做。因为，世俗基础使自己从自身中分离出去，并在云霄中固定为一个独立王国，这一事实，只能用这个世俗基础的自我分裂和自我矛盾来说明。因此，对于这个世俗基础本身首先应当从它的矛盾中去理解，然后用排除矛盾的方法在实践中使之革命化"③。在《德意志意识形态》中，马克思恩格斯牢牢抓住现实的人的活动和他们的物质生活条件，从"分工"入手，深入地考察了"生产力"、"生产方式"、"交往方式"、"生产关系"、"市民社会"、"世界历史"等人的现实的存在方式，并结合在上述基础上产生的国家和法以及意识形态的各种形式，深刻地揭露了

---

① 《马克思恩格斯选集》第1卷，人民出版社1995年版，第75页。
② 《马克思恩格斯全集》第3卷，人民出版社1960年版，第16页。
③ 《马克思恩格斯选集》第1卷，人民出版社1995年版，第59页。

隐含在资本主义生产方式中存在的矛盾和向未来社会形态转化的可能性，不仅科学地说明了德意志意识形态和一般意识形态产生的现实基础，而且在每一个分析中都引申出了"共产主义"的思想结论。为此，马克思恩格斯对他们的历史观作了这样的总结："这种历史观就在于：从直接生活的物质生产出发阐述现实的生产过程，把同这种生产方式相联系的、它所产生的交往形式即各个不同阶段上的市民社会理解为整个历史的基础，从市民社会作为国家的活动描述市民社会，同时从市民社会出发阐明意识的所有各种不同理论的产物和形式，如宗教、哲学、道德等等，而且追溯它们产生的过程。"①

作为面向现实生活的世界观，马克思恩格斯所创立的历史唯物主义，既不同于在历史之外或历史之上寻找"一般哲学前提"的思辨历史观，也不同于专注于对现实的经验事实进行理解和辩护的实证主义历史观。这种历史观的本质是"使现存世界革命化，实际地反对并改变现存的事物"。因此，我们有理由结合马克思"毕生的真正使命"——"参加推翻资本主义社会及其所建立的国家设施的事业，参加现代无产阶级的解放事业"②——合理地把历史唯物主义理解为人类实现自身解放的世界观。

---

① 《马克思恩格斯选集》第1卷，人民出版社1995年版，第92页。
② 《马克思恩格斯选集》第3卷，人民出版社1995年版，第777页。

十三　历史唯物主义概念再阐释

　　马克思没有创立过历史唯物主义以外的其他哲学，历史唯物主义不是马克思哲学之一部分，而是马克思哲学之全体。

　　马克思的历史观就是马克思的世界观，就是马克思用来取代旧的实体性哲学的新的哲学解释原则。

　　不仅社会历史问题必须纳入这样的视野加以考察，人与世界的全部关系也只能在这个原则下才能得到合理的反思，才能在人的现实活动——实践的基础上，实现人与自然、人与社会、人与历史、人与他人、人与自我等具体的、历史的统一。

只要谈论社会历史问题，我们就不可避免地要涉及对作为指导思想和哲学基础的马克思主义历史观的重新理解和评价。尽管多数学者都自觉地捍卫唯物史观的基础理论地位，重申马克思主义历史观的当代价值，但他们往往将唯物史观作为"基础理论""悬置"起来存而不论，而将所谓直接面向现实问题的"应用理论"作为研究的中心。甚至也有一些学者基于对马克思主义历史观的传统教科书模式的理解，对包括马克思主义历史观基本原理在内的整个理论提出了质疑。无论是名曰坚持基础上的发展，还是试图超越"唯物史观"去建立新的社会历史哲学，其实都存在一个是否正确理解了马克思主义历史观的问题。

接触过马克思主义哲学的人都知道，按照传统教科书模式，"历史唯物主义"是一个与辩证唯物主义相对峙的概念，是马克思主义哲学的两个组成部分之一。它与辩证唯物主义的关系，被理解为辩证唯物主义的基本原理在社会历史领域的推广和运用。这是源于苏联教科书模式的著名的"推广论"。按照这种理解，历史唯物主义作为世界观组成部分的历史观理论，不过是把作为整个世界观的辩证唯物主义的基本原理，特别是其中的唯物论原理和辩证法原理，用来分析和研究社会历史问题：思维和存在的关系问题在历史观中变成社会意识和社会存在的关系问题，事物的矛盾推动事物发展的原理，在历史观中表现为社会基本矛盾推动社会发展的原理，如此等等。唯一"超越"辩证唯物主义的地方就是引进了与"人"相关的几个概念，如人民群众、阶级、个人等。这种对历史唯物主义的理解，显然是将历史唯物主义置于辩证唯物主义的从属地位。

在传统教科书中，"历史唯物主义"、"唯物主义历史观"或"唯物史观"是同一个概念的不同表述。历史唯物主义或唯物史观被界定为马克思主义关于社会历史问题的总的、根本的观点，是揭示人类社会一般本质和普遍规律的学说。显然，关于自然与思维的问题是不在唯物史观的视野之内的。我们且不去讨论这种在历史之外"观"历史的观点的非反思性，亦即非哲学性。但必须指出，这种与辩证唯物主义相对峙的对历史唯物主义的狭义理解，除了具有"推广论"的对马克思哲学根本性的解读错误外，还存在一些重大的弊端。

在讨论历史唯物主义的概念时，马克思、恩格斯在《德意志意识形态》中批判费尔巴哈的一段话是非常值得我们认真体味的。他们说："当费尔巴哈是一个唯物主义者的时候，历史在他的视野之外；当他去探讨历史的时候，他决不是一个唯物主义者。在他那里，唯物主义和历史是彼此完全脱离的。"① 这段话虽然是马克思、恩格斯早在 100 多年前针对旧唯物主义的最高代表费尔巴哈说的，但令人汗颜的是，直到今天我们的教科书哲学或叫讲坛哲学，在唯物主义和历史的关系问题上仍然没有超越费尔巴哈，甚至是停留在 18 世纪法国唯物主义的水平上。吴晓明认为我国哲学界对马克思哲学的读解总体上讲仍处于前康德的状态，不是没有道理的。只要把马克思哲学理解为由并列的辩证唯物主义和历史唯物主义两个部分构成，就不可避免地要重蹈费尔巴哈的覆辙。

与辩证唯物主义相对峙的历史唯物主义，既然已经被看作是辩证唯物主义的基本原理在社会历史领域的推广和运用，自然它就不再把人与自然、人与思维的关系问题纳入自己的考察范围；而有了历史唯物主义对历

---

① 《马克思恩格斯选集》第 1 卷，人民出版社 1972 年版，第 50 页。

史观问题的专门研究，辩证唯物主义就可以游离于历史之外去探讨一般世界观问题。

这样就造成了双重的失误。一方面是离开人的社会历史活动即实践，去解释自然以及人与自然的关系，导致抽象的自然观或物质本体论。正如马克思、恩格斯所指出的："这种先于人类历史而存在的自然界，不是费尔巴哈在其中生活的那个自然界，也不是那个除了在澳洲新出现的一些珊瑚岛以外今天在任何地方都不再存在的、因而对于费尔巴哈说来也是不存在的自然界。"[①] 这种抽象的唯物主义只能是"解释"世界的哲学，只能是人在世界之外观世界，在主体和客体、思维和存在的僵硬对立中，去实现两极对立的一元统一。于是，马克思哲学的本体论变成了抽象的物质本体论，马克思哲学的辩证法变成了与人的实践无关的"客观辩证法"及其在人们头脑中反映的"主观辩证法"，马克思哲学的认识论变成了名义上以实践为基础，实则是主体"静观"客体的直观反映论，滑向了"抽象的物质的方向或者不如说唯心主义的方向"。（马克思语）

另一方面，是脱离人与世界的基本关系的大视野，特别是脱离人与自然界的关系，即现实的生产和再生产活动，亦即最基本的实践活动，去理解人与历史、人与社会的关系，就不能站在"现实的人及其历史发展"的基本立场去考察人类社会的性质、结构和历史演变，就容易将历史看成某种超历史的存在，将社会视为某种人的活动之外的实体，从而偏离历史唯物主义的轨道。正像离开历史去考察人与自然的关系，会导致抽象的物质本体论一样，离开人与自然的关系，即人们"能动的生活过程"的基本方面去理解人与历史的关系，同样会造成抽象的历史本体论，即将历史看成是人的现实活动之外的神秘力量。

不从人们现实的、感性的活动出发，不坚持马克思所开创的社会历史解释原则，也是导致对历史观问题知性把握的重要原因。由于不能真实地立足于人们"能动的生活过程"去看待社会历史现象，人生活于其中的社会就失去了时间性的维度，作为"历时态"和"共时态"统一的社会历史现象，就被还原为单纯的"共时态"问题，用知性思维、知识论的观点诠释马克思的历史观，混淆了作为历史观的哲学学说与一般社会科学

---

① 《马克思恩格斯选集》第1卷，人民出版社1972年版，第50页。

的界限，从而，为了满足实证知识的一般要求，就只能将马克思、恩格斯从"对人类历史发展的观察中抽象出来的最一般的结果的综合"，当成"适用于各个历史时代的药方或公式"。① 具体地说，就是把历史唯物主义的一些基本原理，如社会存在决定社会意识、社会基本矛盾推动社会发展等，当作脱离现实生活的教条或公式到处套用，导致用概念、范畴裁剪现实的削足适履的消极后果，极大地损害了马克思哲学的理论威信。同时，由于这种"唯物史观"缺乏内在的时间性向度，它只能成为一种解释、论证现实的理论工具，而难以发挥"改变"世界的作用。马克思哲学固有的对现实的批判、超越精神被窒息，马克思哲学的批判性功能被遮蔽。

这种对峙使我们难以理解，唯物史观竟然还是马克思一生中的两大科学发现之一，当然就更无法理解马克思对旧哲学所实现的变革。进而言之，由于按照马克思所批判的旧哲学的思维方式去理解马克思哲学，"对事物、现实、感性，只是从客体的或者直观的形式去理解，而不是把它们当作人的感性活动，当作实践去理解，不是从主观的方面去理解"②，不可避免地就把马克思哲学降低到了旧哲学的水平。无论是作为整个哲学本体论概念的"物质"，还是作为历史观本体论概念的"社会存在"，都是与人的感性活动——实践无关的抽象概念，唯物主义失去了历史性内涵，社会历史领域则成为某种与人的活动无关的超历史或非历史的"历史规律"展示自己威力的舞台。

以俞吾金为代表的一些学者提出一种观点：马克思哲学就是历史唯物主义。按照他们的理解，马克思没有创立过历史唯物主义以外的其他哲学，历史唯物主义不是马克思哲学之一部分，而是马克思哲学之全体，在俞吾金新近出版的专著《实践诠释学》中，他再次重申了马克思哲学就是历史唯物主义的观点，并从马克思的学术发展历程和历史唯物主义与辩证唯物主义、历史唯物主义与实践唯物主义的关系中论证了这一观点。他认为，"在青年马克思的思想发展中，并不存在一个一般唯物主义的阶段，马克思是从青年黑格尔派的历史唯心主义直接转化为历史唯物主义的。"③ 并得出了这样的结论："马克思的划时代的哲学变革就在于创立了

---

① 《马克思恩格斯选集》第 1 卷，人民出版社 1972 年版，第 31 页。
② 同上书，第 16 页。
③ 俞吾金：《实践诠释学——重新解读马克思哲学与一般哲学理论》，云南人民出版社 2001 年版，第 76 页。

历史唯物主义，历史唯物主义并不像传统的哲学教科书所认为的那样，只研究与自然、思维相分离的社会历史领域，它是一种普照的光，照亮了传统哲学研究的一切领域。历史唯物主义就是马克思的全部哲学。"①

这种观点从学理上讲是比较符合马克思哲学的本来面貌的。它不仅凸现了马克思的伟大发现之——历史唯物主义的理论地位和价值，而且有利于人们理解马克思在哲学上实现的划时代变革。但是，由于论证的不充分，特别是还没有运用这种对马克思哲学的全新理解去对传统教科书所持的观点，以及以此为基础建立的逻辑体系进行系统的清算，因而，它一方面遮蔽了狭义的唯物史观应有的理论地位；另一方面又容易给人造成仿佛马克思哲学只有关于社会历史问题的理论的印象。因此，对历史唯物主义这个概念作出理论上的区分，重新界定唯物史观，就显得十分必要了。

既然历史唯物主义不是马克思哲学之部分，而是马克思哲学之全体，那么，就必须对狭义的历史唯物主义，即唯物史观，重新进行界定。唯物史观不再是辩证唯物主义的基本原理在社会历史领域的推广和运用，而是运用广义的历史唯物主义世界观、解释原则、思维方式，去分析和研究社会历史现象，揭示人与历史、人与社会、人与他人、人与自我的关系，获得对处于一定历史发展阶段上的社会的性质、结构及其发展趋势的总体把握，探索社会演进的一般规律。在这种意义上理解的唯物史观，依然属于哲学性质的理论，它是马克思哲学的有机组成部分，但本身已经属于"应用理论"的范畴，而不是"元哲学"理论。因为，它把研究的视域局限在社会历史的范围内。而作为广义的历史唯物主义则不是与自然观相分离的历史观，在它看来"历史本身是自然史的即自然界生成为人的过程的一个现实的部分"。② 因此，如果要在唯物史观的基础上，构建更加面向现实的理论学说，就只能是属于社会科学层面的理论。在这个意义上，目前一些被称之为"社会哲学"的文本，实际应当是社会科学。

作为广义的历史唯物主义，或广义的马克思的历史观"向我们展示了一条审视一切活动的地平线"和研究一切哲学问题的出发点。"我们仅

---

① 俞吾金：《实践诠释学——重新解读马克思哲学与一般哲学理论》，云南人民出版社2001年版，第76页。

② 马克思：《1844年经济学—哲学手稿》，人民出版社2000年版，第90页。

仅知道一门唯一的科学,即历史科学。"(马克思、恩格斯语)马克思的历史观,也就是马克思的世界观或全部哲学。马克思、恩格斯对这种历史观作了如下表述:"这种历史观就在于:从直接生活的物质生产出发来考察现实的生产过程,并把与该生产方式相联系的、它所产生的交往形式,即各个不同阶段上的市民社会,理解为整个历史的基础;然后必须在国家生活的范围内描述市民社会的活动,同时从市民社会出发来阐明各种不同的理论产物和意识形式,如宗教、哲学、道德等等,并在这个基础上追溯它们产生的过程。""不是从观念出发解释实践,而是从物质实践出发解释观念的东西。"[①] 应当着重指出的是,马克思的历史观就是马克思的世界观,就是马克思用来取代旧的实体性哲学的新的哲学解释原则。不仅社会历史问题必须纳入这样的视野加以考察,人与世界的全部关系也只能在这个原则下才能得到合理的反思,才能在人的现实活动——实践的基础上,实现人与自然、人与社会、人与历史、人与他人、人与自我等具体的、历史的统一。

[①] 《马克思恩格斯选集》第1卷,人民出版社1972年版,第43页。

十四　消灭哲学与实现哲学

　　马克思的确消灭了体系化的哲学，但他把哲学融入到了人们的现实生活和实践之中，使其成为内在于人的实践活动中的反思、批判和超越的力量。

　　岂止马克思哲学，现当代西方哲学何尝不是在"哲学的终结"的"话语"中，实现近代"启蒙哲学"在理论上的全部可能性，并在反对世界的过程中，逐步将批判的矛头对准了自己。

　　"哲学的终结"就是哲学的实现，并且它注定还将以新的内容和新的表现形式与它的时代的现实世界"接触并相互作用"。

"消灭哲学"、"终结哲学"、"医治哲学"、"拒斥哲学"是整个20世纪，乃至进入21世纪后，一直像幽灵般缠绕着哲学的一种时尚"话语"。它有如笼罩在哲学上空的一片挥之不去的阴云，既让对哲学怀有某种希冀的人为之困惑，也让与哲学保持一定距离的人甚是踌躇。但值得人们关注和深思的是，这绝对不是一种"日常语言"，而是来自哲学内部"自我造反"的一种声音。凡是对"消灭哲学"或"终结哲学"谈论得最深刻，言说得最透彻的，非维特根斯坦、海德格尔或罗蒂等这样的大哲学家莫属。"反哲学是哲学的一个种类"[①]。诚如学者张汝伦深刻论证的那样，无论维特根斯坦、海德格尔，抑或德里达、罗蒂，他们都不过是用另一种哲学，甚至"元哲学"来反对或终结柏拉图所开创的传统哲学，哲学依然是他们运思和言说的基本方式。[②] 那么，马克思又如何呢？有人从马克思

---

① Avner Cohen：The End of Philosophy，*The Institution of Philosophy*，p. 123.
② 参阅张汝伦：《马克思的哲学观和"哲学终结"》，中国社会科学 2003 年第 4 期。

提出过"消灭哲学"的命题,将马克思视为现代西方哲学的开创者。难道马克思也同样走入了现当代西方哲学家的怪圈:从反对哲学出发最终又回到自己所反对的对象中?

无论把马克思划在"终结哲学"的所谓现当代哲学的阵营中,还是把他看作固守"本体论"(无论是什么本体论的立场的"哲学家"),大概都是对他的一种"误读"或者是误解。秉承了黑格尔根源于人的存在的方式的辩证法精神的马克思既没有像现当代"哲学家"那样,因对哲学"恨铁不成钢"而简单拒斥,也不像传统哲学家那样死死抱住试图彻底"解释世界"的梦想不放,而是重新审视和定位了哲学的意义与功能,认为"现存的哲学本身就属于这个世界,而且是这个世界的补充。"① 使哲学变成了社会改造的一部分,将"消灭哲学"理解为"实现哲学"。

马克思关于"消灭哲学"或"终结哲学"的论述主要见之于以下几个地方:一是在《〈黑格尔法哲学批评〉导言》中,马克思在论及德国当时的"实践政治派"和"理论政治派"时,这样写道:"德国的实践政治派要求对哲学的否定是正当的。该派的错误不在于提出了这个要求,而在于停留于这个要求——没有认真实现它,也不可能实现它。"接着,马克思又针对"起源于哲学的理论政治派"指出:"该派的根本缺陷可以归结如下:它以为,**不消灭哲学,就能够使哲学成为现实**。"② 这一用黑体字标出来的语言,似乎鲜明地表达了马克思要"消灭哲学"的坚定态度。

二是马克思与恩格斯合著的《德意志意识形态》中,他们这样说道:"在思辨终止的地方,在现实生活面前,正是描述人们实践活动和实际发展过程的真正实证科学开始的地方。关于意识的空话将终止,它们一定会被真正的知识所代替。对现实的描述会使独立的哲学失去生存的环境,能够取而代之的充其量不过是对人类历史发展的考察中抽象出来的最一般的结果的概括。这些抽象本身离开了现实的历史就没有任何价值。它们只能对整理历史资料提供某些方便,指出历史资料的各个层次的顺序。但这些抽象与哲学不同,它们决不提供可以适用于各个历史时代的药方或公式。"③

---

① 《马克思恩格斯全集》第 1 卷,人民出版社 1956 年版,第 459 页。
② 同上书,第 8 页。
③ 同上书,第 73—74 页。

此外，可以作为马克思"消灭哲学"或"哲学的否定"①的论据还有，马克思在给卢格的信中写道："新思潮的优点恰恰在于我们不想教条式地预料未来，而只是希望在批评旧世界中发现新世界。到目前为止，一切谜语的答案都在哲学家们的写字台里，愚昧的凡俗世界只需要张开嘴来接受绝对科学的烤松鸡就得了。"② 在著名的《关于费尔巴哈的提纲》中，马克思作为结论性的经典论断："哲学家们只是用不同的方式解释世界，问题在于改变世界。"③ 也许我们还能够在马克思的其他论著中，找到关于"消灭哲学"的相关论述，但不少论述者已经不耐烦再去刨"故纸堆"了，他们联系"成熟时期"的马克思转向"政治经济学批评"的历史事实，认为，上述论断已足以证明马克思已经在其思想的深处抛弃了哲学，而投身关于人类历史的"实证科学"的探索与研究。阿尔都塞关于"两个马克思"和所谓"认识论上的断裂"的教条，更是为主张马克思"消灭哲学"的观点提供了"权威"的论据。

马克思真的把哲学当作思想中的赘物抛弃了吗？在马克思那里真的没有被称为哲学这样的学说或理论了吗？马克思真的是从哲学出发最后走上了"消灭哲学"的道路了吗？我们真的可以把马克思的学说看作是弃绝了哲学的社会历史学说吗？这样对马克思的理解如果说不是因为"感染"了现代哲学的某些征候，至少也是对马克思学说的一种表面或肤浅的理解。撇开了马克思的哲学去理解他的学说我们不仅很难真正读懂马克思全部学说的真实内涵，更谈不上去开掘马克思学说的当代价值，甚至也很容易为一些颠覆和否定马克思学说的人所利用：既然马克思的学说不过是对于人们的现实生活的经验的"描述"，尤其是西欧国家截止马克思所生活的时代的历史的"描述"，那么，在早已时过境迁的当今时代，还老是在那里对马克思的学说津津乐道，岂不显得愚蠢和迂腐？然而，问题的实质在于，马克思其实并没有"消灭哲学"，而只是改变了哲学的存在方式，或者说哲学与现实世界或现实的人的关系。

马克思作为出生于德国这样一个特殊的"哲学国度"的思想家，是

---

① 俞吾金认为，不应当把 aufhenben 译为"消灭"，而应当译为"扬弃"。参阅俞吾金：《实践诠释学：重新理解马克思哲学与一般哲学理论》，云南人民出版社 2001 年版，第 41—42 页。
② 《马克思恩格斯全集》第 1 卷，人民出版社 1995 版，第 416 页。
③ 同上书，第 57 页。

不可能离开哲学的土壤而成长的。早在大学时期，马克思在写给他父亲的信中这样说道："没有哲学我就不能前进，这样我就必须怀着我的良知重投入她的怀抱，并写了一个新的形而上学体系。"① 众所周知，按照其父亲的意志，马克思在大学所读的专业是法律，而他的兴趣却在哲学和历史方面。在转入柏林大学后，他不仅越来越自觉地钻研黑格尔哲学，把黑格尔哲学看成是"在变动不息的事物之中是一个稳定的支点"，② 而且还积极地参与到青年黑格尔派的活动中，并很快表现出了非凡的哲学天赋。诚如恩格斯后来回忆说，马克思在他创造的初期已经精通了黑格尔的辩证法。这个时期，马克思还在黑格尔把伊壁鸠鲁、斯多葛派和怀疑派等晚期希腊哲学视为关于自我意识的哲学的观点启发下，专门展开了对这三派哲学的研究，并打算写一部这方面的专著，尽管这一时期的研究成果最终只是凝结在了他的《博士论文》中。对于马克思理论活动早期对哲学的重视和强调，恐怕不会有人否认。马克思在《莱茵报》工作期间，针对《科伦日报》对《莱茵报》的攻击，对是否应当在报纸上讨论哲学和宗教问题进行了深刻的辩护。至于马克思在《德意志意识形态》以前所撰写的一系列充满哲学色彩，甚至思辨色彩的论著，更是无可辩驳地证明，马克思是从"哲学"走向现实生活世界的。

马克思不仅从"哲学"出发开始了他作为一个共产主义者终身不移的革命生涯，而且即使到后期也未放弃哲学（辩证法）（当然不是带有"神秘形式"的黑格尔的唯心主义辩证法，而是经过他改造后的"合理形态"的辩证法）。马克思在1872年《资本论》第二版中，这样写道："将近30年以前，当黑格尔辩证法还很流行的时候，我就批判过黑格尔辩证法的神秘方面。但是，正当我写《资本论》第一卷时，今天在德国知识界发号施令的愤懑的、自负的、平庸的模仿者，却已高兴的像莱辛时代的莫泽斯·门德尔松对待斯宾诺莎那样对待黑格尔，即把他当作一条'死狗'了。因此，我公开承认我是这位大思想家的学生，并且在关于价值理论的一章中，有些地方我甚至卖弄起黑格尔特有的表达方式。"③ 这是

---

① 《马克思恩格斯全集》第40卷，人民出版社1995版，第13页。
② 梅林：《马克思传》，上海三联书店1956年版，第15页。
③ 马克思：《资本论》节选本，人民出版1998年版，第49页。

马克思在完成了《资本论》，即他的"政治经济学批评"之后所说的话。它表明哲学（辩证法）（列宁说："辩证法也就是〈黑格尔和〉马克思主义的认识论。"）① 在马克思那里只是改变了存在的方式，或者说它是以"改变世界"的面貌出现了。这里马克思虽然说自己是在"卖弄黑格尔特有的表达方式"，但决不应理解为仅仅是"表达方式"的问题。撇开马克思的诙谐和谦逊不谈，接触过《资本论》的人都知道，马克思在阐述价值理论时，自觉运用"合理形态"的辩证法（即作为世界观、认识论、方法论和逻辑学统一的哲学），绝非只是形式上的需要，而是与他所要阐发的内容密不可分地联系在一起的。以至于列宁说："虽说马克思没有遗留《逻辑》（大写字母的），但他遗留下《资本论》的逻辑，应当充分地利用这种逻辑来解决这一问题。"② 列宁还说："不钻研和不理解黑格尔的全部逻辑学，就不能完全理解马克思的《资本论》，特别是他的第一章。因此，半个世纪以来，没有一个马克思主义者是理解马克思的！！"③

如果说对于理解一个思想家的思想来说，光有"历史"是不够的，那么，我们同样可以从马克思思想的逻辑中找到他并没有"消灭哲学"的充足根据。在使用了"消灭哲学"的同一篇文章——《〈黑格尔法哲学批评〉导言》中，马克思随后写道："哲学把无产阶级当作自己的物质武器，同样无产阶级也把哲学当作自己的精神武器"，"德国人的解放就是人的解放。这个解放的头脑是哲学，它的心脏是无产阶级。哲学不消灭无产阶级，就不能成为现实；无产阶级不把哲学变成现实，就不可能消灭自身。"④ 马克思在这里明确地指出，无产阶级和整个人类的解放是不能缺少"哲学"这个"精神武器"的，正像"哲学"要实现自己，也离不开无产阶级这个"物质武器"一样。在"人的解放"的历程中，哲学和无产阶级的关系就是"头脑"和"心脏"的关系。在马克思那里很难设想，没有"哲学"这个"头脑"，人还能成其为人？更奢谈所谓"人的解放"。哲学将伴随"人的解放"。哲学的消灭和人的解放是同一历史过程的不同方面。同样，在《德意志意识形态》中，马克思要"扬弃"（按俞

---

① 《列宁全集》第55卷，第2版，第55页。
② 列宁：《哲学笔记》，人民出版社1993年版，第290页。
③ 同上书，第151页。
④ 《马克思恩格斯选集》第1卷，人民出版社1995版，第15，16页。

吾金先生的理解）的是"独立的哲学"，而不是哲学本身。马克思用"这些抽象（即从对人类历史发展的观察中抽象出来的最一般的结果的综合"）与"独立的哲学"相对待，表面看来，似乎"这些抽象"不在哲学的范围内，"其实，马克思在这句话中使用的'哲学'带有定冠词die的，从上下问来分析，显然是指前面批判的'独立哲学'"①。这个带定冠词die的"独立的哲学"，不是哲学的一般或一般的哲学。它只是"从天国降到人间"的、以为自己具有独立的发展历史的、被"意识形态化"的哲学。马克思并不否认有必要"从人间升到天国"，即在哲学的层面对现实无情地批判。因为，马克思决不会像有些刻意追求"创新"的哲学家那样，天真地以为说上几句"震撼世界"的词句，就可以把哲学一劳永逸地终结了。

在马克思看来，"消灭哲学"就是"实现哲学"。在《〈黑格尔法哲学批判〉导言》中，马克思有一段揭示哲学发展内在逻辑的精辟论述，他写道："真理的彼岸世界消逝以后，历史的任务就是确立此岸世界的真理。人的自我异化的神圣形象被揭穿以后，揭露具有非神圣形象的自我异化，就成为了为历史服务的哲学的迫切任务。于是，对天国的批判变成对尘世的批判，对宗教的批判变成对法的批判，对神学的批判变成对政治的批判。"② 联系这个哲学史来看，古代哲学可以看成是一个人通过塑造"神圣形象"，为自己的存在寻找"神圣"根据的过程，但是，人在获得"根据"的同时却把自己完全异化给了上帝。自文艺复兴以来的近代哲学，可以看成是一个经过"上帝的自然化、上帝的物质化、上帝的精神化、上帝的人本化"等一系列环节实现"上帝人化"的过程。在这个过程中，一方面，人通过哲学揭穿了"人的自我异化的神圣形象"；另一方面，又使人本身异化在了以黑格尔哲学为代表的"非神圣形象"（即"理性"、意识哲学或主体哲学）之中。因而，包括马克思哲学在内的整个现代哲学的任务，就是"揭露具有非神圣形象的自我异化"。于是，马克思选择了"尘世"批判的道路，把批判的矛头直接指向了作为人的现实的"人的世界"——国家和社会，进而又把批判推进到了人的物质生活条

---

① 俞吾金：《实践诠释学》，云南人民出版社2001年版，第44页。
② 《马克思恩格斯选集》第1卷，人民出版社1995版，第2页。

件，即经济领域。其实，20世纪以来的哲学，甚至包括所谓"后现代主义哲学"，都不过是在自觉或不自觉地履行哲学的使命，只是他们走了一条比马克思更"哲学"的路径。而他们之所以不能真正"终结哲学"、"消灭哲学"，相反却在不断地制造新的"哲学话语"，恰恰就在于他们没有找到"现实哲学"的现实道路，从而，使"哲学"只能以"哲学"的方式继续存在，尽管也不同程度地对人发挥了"揭露具有非神圣形象的自我异化"的作用。

马克思深刻地揭示了哲学演进的逻辑，即"世界的哲学化"和"哲学的世界化"，亦即在"消灭哲学"中"实现哲学"，或者在"实现哲学"中"消灭哲学"。其基于人的存在方式——实践基础上的哲学，不仅自觉地被融入到了"改变世界"的伟大实践之中，已经发挥和正在发挥着"世界哲学化"的强大的社会功能和作用，而且，还深远地影响了他以后哲学的发展，使"哲学的世界化"也成为了人们可以直观和经验到的现实。

马克思在其《博士论文》中，首次触及了哲学与世界，"哲学体系对体现它的进展的精神负荷者、对个别自我意识的关系。"[①] 马克思指出："当哲学作为意志转而反对现象世界的时候［哲学］体系便被降低为一个抽象的整体，这就是说它成为世界的一个方面，就有别的地方与它这一方面相对立。哲学体系和世界的关系就是一种反映的关系。为实现自己的冲动所鼓舞，它和其余方面进入了紧张的关系。体系本身的内在满足及其圆融性被打破了。那本来是内在的光的东西就成为转向外面的燃烧着的火焰。于是就得出这样的结果：世界的哲学化同时就是哲学的世界化——哲学的实现同时就是它的损失，哲学向外斗争的东西也就是它自己特有的内在缺陷，正是在斗争中它自身陷于它所反对和斗争的那种错误，而且只有当它陷于同样的错误时，它才扬弃了这些错误。"[②] 马克思这段经常被引述的话，并没有得到应有的重视和理解，稍加分析，我们就可以对这段话做出以下几层意思的转述：其一，哲学原是从属于它由以产生的世界的，它是这个世界观念的补充。只有当哲学试图要实现自己，因而反对现象世

[①] 马克思：《博士论文》，人民出版社1961年版，第65页。
[②] 同上。

界的时候，它才变成了与其他部门不同的"一个抽象的整体"。哲学体系不过是它所属的那个世界在观念上的反映。其二，哲学因为要实现自己，才与世界的其他方面进入紧张关系，从而其内在的满足及其圆融性就被打破了，并使自己陷入到自相矛盾之中，那本来是照亮世界的"光"，就变成了要烧毁这个世界的"火焰"。其三，哲学的实现（世界的哲学化）也就是哲学的否定（哲学的世界化）；哲学反对世界的东西也就是哲学的"内在缺陷"，它只有在反对世界的同时反对自身，才能实现对现实世界和自身的双重"扬弃"。因此，归结起来说，马克思要表达的中心意思就是，世界的哲学化（哲学的实现）同时就是哲学的世界化（哲学的消灭、否定）换句话说，只有"实现哲学"才能"消灭哲学"。

在阐述了哲学和世界的关系以后，马克思接着论述了哲学体系和创造或接受这种哲学体系的"自我意识"的关系。马克思指出："个别自我意识把世界从非哲学里面解放出来，同时就是把它们自己从哲学里解放出来，即从作为一定的体系束缚它们的哲学体系中解放出来。"① 马克思的《博士论文》可以看成是他自己哲学"自我意识"觉醒的标志。事实上，这个阶段马克思也正处在从黑格尔哲学体系中摆脱出来的思想历程中。但是，马克思已经清醒地认识到，哲学的自我意识的这种双重性会表现为一个双重的、自身极端对立的方向。一个是"自由派"的方向，即通过批判，实现哲学自身的向外转向；一个是"实证哲学"方向，即通过"作哲学思考的尝试，亦即哲学的转向自身"。马克思认为："两派中的每一派所作的正是对方所要作的事和它自己所不愿作的事。"但是，"在内容上，只有自由派，因为它是概念的一派，才能带来真实的进步，而实证哲学只能带来一些这样的要求和倾向，这些要求和倾向的形式同它们的意义是相互矛盾的。"② 马克思在这里明确地表达了自己的倾向，即主张通过哲学向外转向，即实现哲学的方式，来完成哲学和哲学自我意识的双重解放。

马克思在《第179号"科伦日报"社论》一文中，再次论述了哲学和自己的时代以及自己的时代和现实世界的关系，他写道："哲学家的成

---

① 马克思：《博士论文》，人民出版社1961年版，第65页。
② 同上。

长并不像雨后春笋,他们是自己的时代,自己的人民的产物,人民最精致、最珍贵和看不见的精髓都集中在哲学思想里。……哲学不是世界之外的遐想,就如同人脑虽然不在胃里,但也不在人体之外一样。……因而任何真正的哲学都是自己时代精神的精华,所以必然会出现这样的时代:那时哲学不仅从内部即就其内容来说,而且从外部即就其表面来说,都要和自己的时代的现实世界接触并相互作用。各种外部的表现证明哲学已获得了这样的意义:它是文明活的灵魂,哲学已成为世界的哲学,而世界也成为哲学的世界,——这样的外部表现在所有的时代里都是相同的。"① 马克思在这里除了强调了哲学与它的时代、与它的世界、与它的人民不可分离的关系外,特别阐发了一个极为重要的思想,那就是,马克思预见了这样一个时代:"那时哲学不仅从内容即就其内容来说,而且从外部即就其表现来说,都要和自己的时代的现实世界接触并相互作用。"我们可以这样认为,如果说马克思在世时,这种情况只是出现了一些征兆的话,那么今天已经成为了现实。"哲学的终结"不过是我们时代在理论上的表征。它表明,哲学不仅就其内容,而且就其表现与当今时代的现实世界"接触并相互作用"。具体表现为:其一,马克思主义哲学及其他学说,不仅切实地改变了人类历史的进程和世界的格局,而且,至今仍像"幽灵"一般,缠绕着生活在当今时代世界任何一个地方的人们,以至于"不能没有马克思,没有马克思,没有对马克思的记忆,没有马克思的遗产,也就没有将来:无论如何得有某个马克思,得有他的才华,至少得有他的某种精神。"② 从一定意义上说,马克思的确消灭了体系化的哲学,但他把哲学融入到了人们的现实生活和实践之中,使其成为内在于人的实践活动中的反思、批判和超越的力量,它不再有传统哲学的独立的外表,它"对于其他的一定体系来说,不再是一定的体系",但是却渗透到当代人的全部物质生活和精神生活之中,成为了揭露各种具有非神圣形象的自我异化的最强有力的思想武器。这难道不是从内容到表现形式与现实世界的"接触和相互作用"吗?

其二,岂止马克思哲学,现当代西方哲学何尝不是在"哲学的终结"

---

① 《马克思恩格斯全集》第 1 卷,人民出版社 1995 年版,第 120—121 页。
② 雅克·德里达:《马克思的幽灵》,中国人民大学出版社 1999 年版,第 21 页。

的"话语"中,实现近代"启蒙哲学"在理论上的全部可能性,并在反对世界的过程中,逐步将批判的矛头对准了自己。换句话说,它"向外斗争的东西也就是它自己特有的内在缺陷",正是随着这些缺陷的不断暴露,哲学家们开始从不同方面对时代的哲学进行清算,通过"语言转向"、"生活世界转向"、"后现代转向"等令人目不暇接的形式,借助"分析"和"诠释"等哲学运思方式的更新,来实现哲学对世界和自身的超越,其直接的表现形式就是"哲学的终结"。维特根斯坦直言不讳地宣布哲学问题"无意义"。他认为,哲学如果还有一点存在的必要的话,它只能是"治疗性"的,"哲学史用语言来与我们着魔的理智进行的战斗。"[①] 海德格尔在晚年的时候也提出了"哲学的终结"的思想,不过他更加深刻看到了,哲学的终结其实是哲学的完成。但他还是为人们留下了一个不是哲学的"思"的任务。对传统哲学采取了更为激进的消解策略的罗蒂,彻底取消了哲学在知识王国中的"至尊"地位,把它变成了知识王国的一位"普通公民",他认为"大写的哲学"没有继续存在的根据,哲学只能以"小写"的形式,构成并参与各种文化样式的"对话"。尽管这些哲学家的不少观点我们不能苟同,但他们的哲学对于揭露人在非神圣形象中的自我异化,却具有不可低估的意义。可见,"哲学的终结"就是哲学的实现,并且它注定还将以新的内容和新的表现形式与它的时代的现实世界"接触并相互作用"。

马克思认为,"理论只要彻底,就能说服人。所谓彻底,就是抓住事物的根本。但是,人的根本就是人本身。"[②] 作为彻底的关于"现实的人及其历史发展"的马克思学说,不可能没有表征人的存在方式的哲学。马克思正是从他的关于"人的解放"和"个人的全面发展"的哲学出发,通过对造成"异化劳动"的物质生活条件的深刻揭露和批判,从而为"消灭哲学"或"实现哲学"开辟了一条现实的道路。

---

① Wittgenstein, *Philosophical Investigation*, New York: Macmillian, 1953, p. 109.
② 《马克思恩格斯选集》第 1 卷,人民出版社 1995 年版,第 9 页。

十五　用哲学的方式谈论哲学

常识的经验性、表象性、有限性和非批判性，正好与哲学的超验性、概念性、无限性和批判性形成了鲜明的对照。

哲学正是在"无家可归"的时候，实现了"四海为家"。从更深层的意义上讲，哲学正是在超越了科学梦想之后，才回到自己"爱智"的本性上。

哲学虽然反对盲目的信仰，但它却能发挥基于某种理性的信仰功能，填补上帝缺位之后的信仰空间。

繁荣哲学，是需要进行一些必要的前提性思考的。最基本的一点就是要用哲学的方式谈论哲学，构建一个哲学本身的"话语"平台。要以哲学的方式谈论哲学，首先必须弄清楚"哲学"究竟是什么？这个在哲学工作者看来不是问题的问题，恰恰是一个最具根本性的问题。

亚里士多德认为，哲学起源于人对周遭世界的"惊异"，这是得到人们普遍认同的。问题在于人何以能够对世界产生"惊异"，与我们生存在同一个世界上的其他生物为什么就不会对世界产生惊异？如果不诉诸于人独特的存在方式，这个问题就是不可理喻的。海德格尔认为，作为认识主体的人并不具有始源的意义。人作为与"存在"最切近的"在者"——"此在"，在对世界和人生产生"惊异"之前，已经"在世界中"，即"在世之在"，并以"烦（操心，Sorge）"的生存状态被揭示出来。人是在周遭世界由"上手之物"转化为"在手之物"之后，才成为人们加以审视和考察的对象的。由于知识论哲学立场"遮蔽"了"存在"，使人们把全部注意力集中在"在者"之上，海德格尔把从柏拉图以来的整个西方哲学的历史看成是"存在的遗忘"的历史。伽达默尔认为，任何理解都存在一个"前理解"即具有存在论意义的理解——"理解是人的存在方式"。马克思则认为,认识不过是内在与人的实践的存在方式的一个重要环节。"凡是把理论导致神秘主义方面去的神秘的东西,都能在人的实践中以及对这个实践的理解中得到合理的解决。"①

哲学根源于人实践的存在方式。人与世界的关系总是处在一种否定性统一之中:"人总是要在现实之上去悬设理想,在经验之中去寻求超验,在有限之中去获取无限,在相对之中去发现绝对,在现象之外去捕捉本质,这就是人的'形而上学的本性',正是人自身存在方式的矛盾性、悖论性、独特性导致了人类对世界、人生的'追问',这种'追问'的理论表征就是哲学。"② 如果说,"人是哲学的奥秘"(高清海语),那么,哲学不过就是人的隐喻。因此只有把哲学安置到人的存在方式之中,将其视为人关于自身存在的自我意识,才能获得对哲学的真正理解。

在简要阐明了哲学与人的存在方式的关系之后,就可以进一步说明哲学不是什么了。

哲学不是常识,也"不是常识的'延伸'或'变形',而是对常识的超越"③。所谓超越,就是改变了常识的世界图景、思维方式和价值规范。我们以人们熟悉的概念——"物质"为例。在常识的世界图景中,"物质"就是身边的各种"东西",离开这些"东西",人们便无法理喻"物质"。而在哲学的观念中,"物质"则是不以人的意志为转移的客观实在。那种每讲一个哲学命题,都需要立即找一个事例来加以比附的谈论哲学的方式,就是"常识哲学化"的表现形式。这种貌似哲学的非哲学,除了硬要在人们的表象之上硬套一些生涩的哲学概念之外,实在谈不上有任何真正哲学的意味。具体地说,哲学不是对任何具体对象的认识,而是对各种关于对象的认识所蕴含的思维和存在的矛盾的反思和批判。同样,在价值规范上,常识无论表现得多么"辩证",最终总是逃脱不了两极对立思维方式的束缚,从而在规范人们的思想和行为的善恶尺度间设置一道不可逾越的界限,陷于"要么……,要么……"的价值选择中。常识的

---

① 《马克思恩格斯选集》第1卷,人民出版社1995年版,第56页。
② 李兵:《哲学追问是如何可能》,《长白学刊》2004年第4期,第60—63页。
③ 孙正聿:《简明哲学通论》,高等教育出版社2001年版,第74页。

经验性、表象性、有限性和非批判性，正好与哲学的超验性、概念性、无限性和批判性形成了鲜明的对照。不能跳出常识的"魔圈"，就永远进入不了哲学的世界。

哲学也不是科学，而是对包括科学在内的人们理解世界、把握世界的各种方式的反思。由于科学早在中世纪结束之后即确立了自己"话语霸权"的地位，而且至今依然十分稳固，以至于任何文化样式如果不把自己千方百计地装扮成科学，似乎就丧失了自身存在的合法性。而19世纪中期以来西方科学主义思潮的滥觞和蔓延，进一步强化了科学在知识王国中的女王地位。如果哲学果真能扮演如黑格尔所希望的"全部科学的基础"和"一切科学的逻辑"的角色，倒也不失为哲学和从事哲学的人的一份荣耀。可惜的是，科学发展不仅没有把哲学当作国王来尊奉，反而一步步把哲学逼到了无家可归的境地，使哲学成为丧家之犬。科学主义对哲学的重新定位，尽管我们不能苟同，但不得不承认他们要比我们活得清醒一些，不管怎样他们还为哲学找到了一份对科学语言进行逻辑分析以澄清科学命题意义的使命，而我们依然固守的知识论哲学立场，除了会葬送我们的哲学外，还会让从事哲学的人受到其他学科的人的普遍的嘲弄和鄙视。

科学是人类理解世界、把握世界的一种方式，尽管这是一种最能带来实效，因而也最为强大的方式，但它毕竟不是人值得去生活的意义世界的全部。稍有一点反思精神的人，都不难看到科学技术以及作为其精神实质的工具理性给人类带来的负面效应。我们当然不应该走向类似于人本主义思潮那样的将科学视为万恶之源的另一个极端，但意识到科技理性的局限性，以及它对人的丰富的生存方式和意义世界的压抑与遮蔽，则是十分必要的。哲学在被驱逐出科学王国之后，不仅没有失去自己存在的家园，相反，正如一位学者所说的那样，哲学正是在"无家可归"的时候，实现了"四海为家"。从更深层的意义上讲，哲学正是在超越了科学梦想之后，才回到自己"爱智"的本性上。"爱智"意味着对包括科学在内的各种智慧的反思、批判和追问；"爱智"意味着不把任何现成的智慧当作"永恒之在"、"绝对之真"、"至上之善"和"圆满之美"；它总是要不断地对隐含在各种理论背后的前提进行挑战，向各种理论的假设进行质疑。"如果不对假定的前提进行检验，将它们束之高阁，社会就会陷入僵化，信仰就会变成教条,想象就会变得呆滞,智慧就会陷入贫乏。社会如果躺在无人质疑的教条的温床上睡大觉,就有可能会渐渐烂掉。要激励想象,运用智慧,防止精神生活陷入贫瘠,要使对真理的追求(或者对正义的追求,对自我实现的追求)持之以恒,就必须对假设质疑,向前提挑战,至少应做到足以推动社会前进的水平。"①

当然,哲学更不是宗教。鉴于这一点人们似乎认识得比较清楚,就不再展开论述了。值得一提的是,哲学虽然反对盲目的信仰,但它却能发挥基于某种理性的信仰功能,填补上帝缺位之后的信仰空间。正因为如此,罗素认为,哲学是介于科学和宗教之间的东西。但我以为更应当把哲学看作是对科学和宗教的超越。

人们常说哲学是一门给人智慧,使人聪明的学问;学好哲学,终身受用。我们的哲学教师往往在上第一堂课时,都爱向学生灌输这些教条。但令人遗憾的是,一些学生对此不以为然。哲学已经存在了两千多年,哲学面临类似当前这样的遭人"拒斥",要被"终结"的情况并不鲜见。从哲学发展史来看,这往往是哲学实现自身超越,获得新的更高的发展形态的契机。

关于"终结"哲学的问题,实际存在着两套话语:一是学术话语,这其实是哲学内部所展开的自我批判,它是哲学实现自我发展、自我超越的方式;二是日常话语,这反映了人们对我国哲学学科发展现状的普遍不满。所以,繁荣哲学,要从哲学自身做起。

一个是要建立健全高水平的学科体系,并重视哲学史的研究,展开哲学二级学科之间的对话。按照我国的学科分类体系,哲学作为一级学科拥有8个二级学科,即马克思主义哲学、西方哲学、中国哲学、科学技术哲学、伦理学、逻辑学、宗教学和美学。其中,中、西、马是支撑哲学学科的3个最基本的学科。我们的哲学研究,尤其是一些地方性大学,总体上还停留在运用教科书上的哲学原理对现实问题发表议论和对现行政策进行论证的"政治哲学"水平上,非教科书的马克思主义哲学和其他哲学二级学科,交流、对话的平台不佳。要繁荣哲学学科,必须健全哲学的学科体系,除马克思主义哲学外,还要鼓励和扶持其他二级学科的发展,培养

---

① 布莱恩,麦基编:《思想家》,上海三联书店2004年版,第3页。

学科专业人才,开辟学术舞台,搭建"话语"平台,充分展开哲学二级学科之间的对话。马克思主义哲学从不拒斥与其他哲学的交锋与交流,从不满足于在自己设定的"语境"中自说自话、自言自语。稍微浏览过一下马克思著作标题的人都知道,几乎所有马克思的著作都是在与前人或同时代人进行批判性对话中写成的。黑格尔认为,哲学就是哲学史。哲学是历史性的思想,哲学史是思想性的历史。黑格尔哲学之所以受到马克思恩格斯的高度重视,就在于它具有"巨大的历史感",是"建立在通晓思维的历史和成就的基础上的理论思维"[1]。

一个是要真实地提升马克思主义哲学的理论层次和境界。马克思主义哲学的生命力是毋庸置疑的。众所周知,在2000年千年之交的时候,英国BBC广播公司和英国广告公司曾举行过一次评选千年伟人的活动,也许出乎主办者的预料,已经去世100多年的马克思名列千年伟人之首。当代任何严肃的学者,都不可能,也不会回避马克思学说作为一种"效果历史"的意义。当代解构主义大师德里达在其产生重要影响的著作《马克思的幽灵》中,发表了这样的言论:"不能没有马克思,没有马克思,没有对马克思的记忆,没有马克思的遗产,也就没有将来:无论如何得有某个马克思,得有他的才华,至少得有他的某种精神。"[2] 对当代哲学思想产生着重大影响的哲学家,如海德格尔、福柯、利奥塔、杰姆逊、哈贝马斯等,无不对马克思的学说,尤其是马克思的哲学给予高度的重视。需要指出的是,他们所理解的"马克思哲学"与我们概念中的"马克思主义哲学",已经有了很大的,甚至难以进行对话的差异。我们固然不会完全同意他们对马克思及其学说的解读,但只要我们还想真正坚持马克思主义,就不能不对西方学者关于马克思哲学的研究作出回应,就不能不与他们展开批判性的对话。传统斯大林模式的马克思主义哲学,早已被中外马克思哲学研究者指证为远未反映马克思哲学真实内涵的"权力话语"。从哲学的理论层次上讲,在总体上我国的马克思主义哲学还停留在前康德的水平,而没有达到应有的后黑格尔理论水平。传统教科书哲学必须进行改革,这是哲学界早在20世纪80年代就基本形成的共识。事实上,从马

---

[1] 《马克思恩格斯选集》第3卷,人民出版社1972年版,第533页。
[2] 德里达:《马克思的幽灵》,人民大学出版社1999年版,第21页。

思主义哲学被允许当作一种学术来进行研究的时候起,马克思主义哲学在"论坛哲学"领域已实现了一系列重大的突破,取得了许多重要的理论成果,其中把马克思主义哲学理解为"实践的唯物主义"就是其中最具标志性的"事件"。在哲学教育界,"改革"的呼声也一直不绝于耳。但由于没有实现哲学观的转换和哲学思维方式的跃迁,理论准备也不够充分,直到目前为止,这项改革远没有达到人们预期的效果。

哲学如何面向现实,也是我们这里要讨论的问题。我国著名哲学学者孙正聿教授曾发表过一篇题为《哲学如何面向现实》的文章,从"'面向现实'与'拉开间距'"、"'面向现实'与'改变世界'"、"'面向现实'与'反驳实践'"、"'面向现实'与'自我批判'"4个方面,阐发了一个极富启迪的思想,那就是哲学面向现实必须以哲学的方式,亦即以一种"理论的态度"面向现实。

所谓要"拉开间距",就是要体现哲学作为"时代精神的精华"或"思想中所把握的时代"的理论思维面向现实的性质和特点。"正是由于哲学与'现实''拉开间距',才使得哲学能够超越感觉的杂多性、表象的流变性、情感的狭隘性和意愿的主观性,全面地把握'时代精神'、深层地透视'时代精神'、理性地规范'时代精神'、理智地反观'时代精神'理想地引导'时代精神',从而使哲学真正成为'思想中的时代'即'时代精神的精华'"①。

所谓"改变世界",就是强调必须像马克思那样,彻底摆脱哲学的知识论立场,还马克思主义哲学"全部的问题都在于使现存世界革命化,实际地反对并改变现存的事物"②的"实践哲学"本性,恢复马克思主义哲学"批判的、革命的"理论品格,从而"把哲学的目光从对'整个世界'的猜测转向对'人类解放'的关切,从对'普遍规律'的寻求转向对'现存世界'的变革。正是这种传统哲学到现代哲学的革命,实现了哲学'面向世界'的根本方式的变革,这就是从'解释世界'的方式到'改变世界'的方式的变革"⑦。

所谓"反驳实践",就是认为,哲学包括马克思主义哲学同样是以

---

① 孙正聿:《哲学如何面向现实》,《江苏社会科学》2000年第4期。
② 《马克思恩格斯选集》第1卷,人民出版社1995年版,第75页。

"理论"的方式去面向现实、改变世界的。马克思说:"一个本身自由的理论的精神,将会变成实践的力量……不过,哲学上的实践本身就是理论的。"[①] 在承认理论来源于实践,理论又指导实践的前提下,还应看到"理论超越实践"和"理论反驳实践"的互动关系。孙先生运用马克思哲学实践观点的思维方式,合理阐释了当代解释学大师伽达默尔关于"一切实践的最终含义就是超越实践本身"[②] 和"理论就是实践的反义词"[③] 的思想,凸现了马克思主义哲学是内在于人类解放实践中的不竭的精神动力。

所谓"自我批判",就是认为,哲学之所以能发挥上述功能,就在于哲学总是通过自身不断的思想解放来推进社会的解放思想,通过自觉地担当起人类自身固有的生存性矛盾,在提供时代性"统一性原理"和面对人类实践的历史性演进的矛盾中,从新的视角、以新的方式、用新的综合为人类展现新的世界,提示新的理想,推进人类实践活动的自我超越,为人类开启新的可能的生活空间。诚如前文谈到对哲学的自我理解一样,对哲学如何面向现实的理解,也需要转变关于哲学的传统观念,更新哲学的思维方式。

[①] 马克思:《博士论文》人民出版社1961年版,第64页。
[②] 伽达默尔:《赞美理论》,上海三联书店1988年版,第46页。
[③] 同上书,第21页。

下 篇
让哲学亲近生活

十六　人的历史生成与全面发展

中国近十几年来发生的最深刻的社会变革，它已经并正在改变着延续了数千年的中国人的生存方式和存在方式，其重要的标志，就是"个人"的出场。

被社会主义市场经济和现代化进程确立起来的个人，在当代中国不仅成为一种社会现实，而且第一次在理论上得到了确认。

人的全面发展，既不是人的"非历史"本质的实现，也不是人的某种"超历史"本质的获得，而是生活在市场经济和现代化条件下的"个人"基于现实而面向未来的"筹划"。

"人的全面发展"，是一个谈论得多而理解得少的思想。由于缺乏必要的理解和思考，人们在面对这个命题的时候，总是陷入一种悖论性的困境中：要么将"人的全面发展"视为一个理想性的价值目标，看成只有在未来的共产主义社会才能实现的理想；要么将其具体化为现实中人应当具有的科学精神、人文素养、政治自觉和法律意识等。前者因其离人们的现实生活太远，使人感到可望而不可即，失去了作为关乎人的根本生存意义和价值的理论学说所应有的规范和导向作用；后者因其离人们的现实生活太近，或本身就是现实的人理应具备的基本素质和能力，使其丧失了理论与现实应有的间距和张力，而显得平淡乏味。总之，"人的全面发展"变成了人们时刻挂在嘴边但却毫无真实内涵的空洞口号。其实，"人的全面发展"在党的面向 21 世纪的纲领性文件中被提出来，具有深远的历史意义和现实价值：它既是对当代中国人生存状况的理论确认，又是对当代中国人发展方向的理论引导；它既把人的全面发展诉诸于人的本质的历史地生成和展开的过程，又把人的全面发展作为反观人的现实生存状况和发展状况的理想性尺度。

"人的全面发展",首先理论地表达了当代中国社会这样一个历史进步的现实,这就是个人的出场。被社会主义市场经济和现代化进程确立起来的个人,在当代中国不仅成为一种社会现实,而且第一次在理论上得到了确认。

"人的全面发展",从理论渊源上讲,出自马克思和恩格斯的这样两句经典论述。一是在被称为"共产主义出生证"的《共产党宣言》中,马克思恩格斯写下的那句名言,即"每个人的自由发展是一切人的自由发展的条件。"① 二是马克思在《1857—1858年经济学手稿》中论述人的存在的三大历史形态时的一段话,"建立在个人全面发展和他们共同的社会生产能力成为他们的社会财富这一基础上的自由个性。"② 需要注意的是,马克思和恩格斯使用的词汇是"每个人"或"个人"而非一般意义上的"人"③。在马克思主义创始人那里,"个人的全面发展"是与共产主义联系在一起的。我们还可以引述以下论断作为佐证:共产主义是"个人的联合体",是"联合起来的个人",是"自由人的联合体",换言之,"共产主义所造成的存在状况,正是这样一种现实基础,它使一切不依赖个人的存在状况不可能发生,因为这种存在状况只不过是各个人之间迄今为止的交往的产物"④。又说:"在真正的共同体(指共产主义——引者注)的条件下,各个人在自己的联合中并通过这种联合获得自己的自由。"⑤ 马克思恩格斯的上述论述表明,真正意义上的人的全面发展是"个人"或"每个人"的全面发展,作为理想社会形态和社会关系的"共产主义"只能是全面发展的"个人"所建立起来的"联合体"。换言之,实现共产主义或人的解放(本身是一回事)的前提是确立起具有独立性的个人。

这里引述马克思恩格斯的论断是为了说明,笼统地谈论"人的全面发展"而不注意澄清这里的"人"是特指的"个人",是导致"人的全

---

① 《马克思恩格斯选集》第1卷,人民出版社1972年版,第273页。
② 《马克思恩格斯全集》第46卷上,人民出版社1979年版,第104页。
③ 俞吾金:《"人的全面发展"问题之我见》,《探索与争鸣》2002年第8期。
④ 《马克思恩格斯选集》,人民出版社1972年版,第122页。
⑤ 同上书,第119页。

面发展"这一命题的深刻寓意和内涵被误读、被曲解的重要原因之一。

在我们过去的理论话语中,"个人"往往是被忽略的。在传统马克思主义哲学教科书中,唯一出现的"个人"是"历史人物",而普通的个人只是构成"人民群众"这个总体性概念而无独立存在价值的片段或环节。造成这种情况的有历史和逻辑这两方面的原因,它们本身又是一个问题的两个方面。"个人"受到历史和逻辑的双重"遮蔽",成为现实中隐而不显、理论上讳莫如深的东西。

从历史方面讲,对中国社会来说,"个人"的"出场"是最近一些年,至多是改革开放以后,才逐步出现的重要"事件"。在计划经济条件下,中国社会由于漫长的自然经济历史所造成的本来就"发育"不全的个人,再次被"抛入"某个狭隘的组织或群体里,陷入深深的"人的依附关系"状态中,现实存在的是包括国家在内的各种社会组织,个人除了具有某种工具的价值和用来构成作为整体的"人民群众"概念外,根本不具有独立存在的意义。群体存在的价值不仅远远高于个人存在的价值,而且也是个人赖以存在的基本物质生活条件。"人的生产能力只是在狭窄的范围和孤立的地点上发展着","个人"如果脱离了一定的"群体"或"组织",便失去了赖以生存的基础。放弃个人的独立性是赢得人的现实性的唯一选择。于是,作为历史活动主体的"个人"就消逝在了历史的视野之中。

从理论方面讲,"社会至上"曾经是社会主义在价值观上用来区别资本主义"个人至上"的重要标志。在相当长的历史时期内,我们更多强调的是两种社会制度和两种价值观的根本对立,忽视了人类社会历史发展的共性和阶段性。在理论上侧重于阐述马克思主义关于人类社会发展五种形态更替的学说,而有意无意地回避了马克思关于人类存在方式三大历史形态的学说,使得在现实生活中本来就隐而不显的"个人"进一步受到理论的排挤和遮蔽,于是,谈论个人的全面发展,不仅缺乏现实的根据,因为根本就不存在现实的"个人",而且在理论上也成为充满危险的禁区,因为强调个人的发展就是宣扬个人主义,而个人主义属于资产阶级的意识形态。

随着我国社会主义现代化进程的推进和社会主义市场经济体制的建立,个人的独立性逐步成为中国社会的现实。社会结构和社会关系的变革为个人的存在和发展提供了可能性空间,人们开始走出狭隘的群体和狭窄的地域,逐步摆脱了"单位所有"、"部门所有"、"地区所有"的"人的依附关系",开始"形成普遍的社会物质交换,全面的关系,多方面的需求以及全面的能力体系"。① 这是中国近十几年来发生的最深刻的社会变革,它已经并正在改变着延续了数千年的中国人的生存方式和存在方式,其重要的标志,就是"个人"的出场。

个人的出场和对其理论上的确认,具有重要的社会意义:

首先,它能切实地促进人的解放和发展,将人的存在方式推进到了更高的历史形态。"人的依附关系"的历史形态,本质上是与落后的生产力水平和自然经济形态结合在一起的,它是以让渡人的独立性来换取人的现实性。与此相伴生的社会后果则是,经济上的禁欲主义、政治上的专制主义和文化上的蒙昧主义。社会主义社会作为"全面进步的社会",本来就与上述那种人的存在方式是决不兼容的。但我国的社会主义是在生产力相对落后、商品经济不发达的条件下建立起来的,加之受苏联模式的影响,缺乏对社会主义本质的真正认识和把握,片面地从社会发展的角度来看待人类历史发展的进程,在经济上实行高度集中的计划经济体制,由此在政治上实行高度集权的领导体制,忽视社会主义民主和法制建设,从而导致个人在现实中难以获得独立,理论上就更不能得到承认。"人的全面发展"问题的提出,表明我们不仅正视了"个人"出场的历史必然性,而且将其作为进一步推进社会发展和人的发展的基础和前提。

其次,它使我国的社会发展获得了真实的内涵和现实的力量。全面发展的中国社会主义社会,离不开全面发展的个人。个人的全面发展不仅是衡量中国社会全面发展和进步的重要尺度,也是推进中国社会全面发展和进步的根本力量。社会的发展和进步,固然可以通过不断增长的经济指标和国力来体现,但归根到底应当体现在促进人的解放和人的全面发展上,这既是马克思主义所揭示的评价社会发展的客观尺度,也是对以共产主义为最终目标的共产党人的本质要求。个人发展首先取决于个人的存在。市场经济的发展使个人得以出场,挺立了个人的主体性和独立性,激发起了人们前所未有的创造热情,呼唤和培育出了巨大的生产能力。理论上对个

---

① 《马克思恩格斯全集》第46卷上,人民出版社1979年版,第104页。

人的确认，将使人们更加明确地意识到自己的存在方式，自觉地谋求个人自身的发展和能力的完善，在"追求自己目的的历史活动"中，为中国社会的发展作出更大的贡献。离开了作为历史活动主体的个人的全面发展，就没有社会的全面发展。

再次，它不仅理论地表达了当代中国个人出场的现实，而且开始理论地引导个人的全面发展。市场经济和现代化所确立的人的独立性，是建立在"以物的依赖性为基础的人的独立性"，其最为严重的负面效应是，会导致人的"异化"或"物化"。我国的社会主义制度可以一定程度地遏制市场经济负面效应的扩张和肆虐，但是，当代中国人却不可避免地要经受市场经济"炼狱"的考验。提出"人的全面发展"的问题，不仅是对现实中国社会的个人作为社会主体地位的确认，更是对个人发展的引导。

"人的全面发展"既是人的本质的复归，即"人以一种全面的方式，也就是说，作为一个完整的人，占有自己的全面的本质"[1]，又是人的"全面的本质"历史地展开的过程，是"人的本质客观地展开的丰富性"[2]。"全面发展的个人……不是自然的产物，而是历史的产物"[3]。"人的全面发展"作为"复归"，是人对"异化"的超越，是人对对象化在人的劳动产品和对象物中的自身本质的重新占有，是人在与自然、与他人交换本质的基础上"类本质"的全面实现，"是人向自身、向社会的即合乎人性的人的复归"[4]；作为"展开"，是人的本质的丰富性得到充分展现，人的本质力量，即人的能力得到充分发展和完善，使"人不仅通过思维，而且以全部感觉在对象世界中肯定自己"[5]。作为复归和展开的统一，"人的全面发展"应当合理地理解为人的历史地生成的过程，而且是"自觉的和在以往发展的全部财富的范围内生成的"[6]。

在人们的通常理解中，"人的全面发展"要么被看成是人的既定本质或既成本性的实现，要么被看成是外在于人的存在或活动的某种终极目

---

[1] 《马克思恩格斯全集》第42卷，人民出版社1979年版，第123页。
[2] 同上书，第126页。
[3] 《马克思恩格斯全集》第46卷上，人民出版社1979年版，第108页。
[4] 马克思：《1844年经济学—哲学手稿》，人民出版社2000年版，第81页。
[5] 同上书，第87页。
[6] 同上。

标，总之，人的本质不是内在于现实的人而是属于"非人"或"超人"的东西。这样来理解"人的全面发展"，即人的本质的全面实现，必然带来的后果就是：或者"向后看"，让人回归到某种"想象"中的自然、美好的淳朴状态，将人的发展变为人的倒退——现实中，存在的某些恋旧情节、尚古情怀，总是抱怨"世风日下"、"人心不古"的言论，就是这种以"本质主义"为特征的人的发展观的具体表现；或者"向前看"，将人的全面发展作为人最终实现自我的目标，将人的发展变为人的"僭越"，将人与自身本质的统一置于现实中可望而不可即的彼岸世界，最终放弃"全面发展"的追求——生活中，人们"拒斥传统、躲避崇高、耻言理想、蔑视道德、不要规则、怎么都行"的"存在主义"生存方式和生活态度，就是这种人的发展观的真实写照。其实，"人的全面发展"既不是向某种既定的人的本质的复归，也不是某种外在于现实的人的本质的最终实现，它是人的本质的历史的生成，是人的自我完成和自我实现，是向人的全面的本质的不断接近，因而，它只能存在于人的历史发展的进程之中。

"人的全面发展"根源于人的独特的存在方式，而人的有目的的对象性活动，即人的"生活活动"本身是一个历史展开的过程。人的全面发展最深刻的人类学根据在于人的"生活活动"。与自己的"生命活动直接同一"、"没有自己和自己的生命活动之间的区别"[1]的动物，是无所谓"全面发展"的，或者说，它的生命活动就是它的"本质"的全部现实。而只有"使自己的生命活动本身变成自己的意志和自己意识的对象"、"具有有意识的生命活动"[2]的人，由于将自己的"生命活动"提升为有意义的"生活活动"，而且"懂得按照任何物种的尺度来进行生产，并且随时随地都能用内在固有的尺度来衡量对象；所以，人也按照美的规律来构造"[3]，这才产生了以超越自己现实存在为本质特征的"人的全面发展"。因而，如果人没有以有目的的对象性活动的存在方式实现对动物的跨越，用"有意识的生活活动直接把人跟动物的生命活动区别开来"[4]，

---

[1] 马克思：《1844年经济学—哲学手稿》，人民出版社2000年版，第57页。
[2] 同上。
[3] 同上书，第58页。
[4] 同上。

那么,"人的全面发展"的问题就不会产生出来。而人的"生活活动"本身是一个历史的展开过程,是人用自己的"意志"和"意识",按照"任何物种的尺度"和自己"内在固有的尺度"生产和塑造自己的生活亦即人本身的过程。因此,人的全面发展只能存在于人的历史的生成过程之中。

"人的全面发展"是直接针对人的"异化"而提出来的,其基础和前提是"个人"或人的"独立性"的存在,因此,人的全面发展只有人的存在方式进入到了"第二大历史形态"的时候,才成为一个现实的问题。在"最初的社会形态",由于人处在"人的依赖关系"状态,根本就没有具有独立性的个人,或者根本就没有个人的独立性,个人的全面发展自然无从谈起。只有在"以物的依赖性为基础的人的独立性"的"第二大形态",由于"在这种形态下,才形成了普遍的社会物质交换,全面的关系,多方面的需求以及全面的能力的体系",才使人的全面发展成为可能。因此,人的全面发展的问题不是从来就有的,它是伴随着现实的"个人"的出现,并且,在现实生活条件中不仅产生了人的全面发展的可能性,而且出现人的"异化"或"物化"的情况下,才被提出来的。在这个意义上,"异化"也是构成人的全面发展的内在环节。"市场经济所形成的'以物的依赖性为基础的人的独立性',既尖锐地暴露了人的'异化'状态,又为人走出这种'异化'状态提供了前提条件"[①]。"自我异化的扬弃同自我异化走的是一条道路"[②]。因此,人的全面发展既是人追求自己"理想性目标"的过程,也是人顺应"历史必然道路"的过程。那种将人的全面发展问题视为是从来就有的,或只是在未来社会才存在的理解是肤浅、错误的。人的全面发展根植于"现实的人及其历史发展"之中。

"人的全面发展"是人与自然、人与社会相互生成的过程,是在人与自然、人与他人进行"本质交换"的一定阶段才凸现出来的问题。人和世界的关系,包括人和自然、人和他人(社会)的关系等,是一种历史

---

① 孙正聿:《人的解放的旨趣、历程和尺度——关于马克思人的全面发展学说的思考》,《学术月刊》2002年第1期。

② 马克思:《1844年经济学—哲学手稿》,人民出版社2000年版,第78页。

的否定性的统一关系。从人和自然的关系来讲，人是不断地将自己的非现实性（目的性要求、理想性图景）变为现实性，同时又把现实性（自然界的客观存在）转化为非现实性。"工业的历史和工业的已经生成的对象性的存在，是一本打开了的关于人的本质力量的书"①，人实际上是在自己的对象性的存在物中，不断自觉到自己的本质和能力的，而人的全面的本质，是在工业化的进程中逐步形成并展现出来的，是人在意识到自然界是"人的无机的身体"、人可以凭借"理性的狡计"化自然力为"为我所用之力"的时候，才形成并日益被人自觉意识到的。再从人与他人（社会）的关系来讲，人是社会性动物，人必须与他人结为一体才能生存。社会是人们生活的共同体，是人的生存方式和存在方式。马克思说："人的本质并不是单个人所固有的抽象物，在其现实性上，它是一切社会关系的总和。"②然而社会关系并不是一成不变的，它本身也处在与人的相互生成的过程中。当着人还从属于某个狭隘的群体和狭窄的地域的时候，不可能形成人的"全面的关系"，因而，也就不会有人的全面的本质，自然也就无所谓人的全面发展。人的全面发展只有在市场经济突破了原来的地域、国家、民族的严格界限，全球逐渐连成一体，人们开始了广泛的交往和交流，人的"类本质"即"全面的本质"得以逐步展开的时候，才成为一个现实的问题。

所以，人的全面发展是人的本质在人的对象性的存在方式中复归和展开相统一的过程。人的全面发展，既不是人的"非历史"本质的实现，也不是人的某种"超历史"本质的获得，而是生活在市场经济和现代化条件下的"个人"基于现实而面向未来的"筹划"。

马克思关于"人的全面发展"的学说，其巨大的"道德感召力"是包括当代西方学者在内的思想家都予以充分肯定的，尽管他们否认马克思为人类解放所揭示的"历史必然道路"。他们认为："马克思对于我们今天的吸引力乃是一个道德的预言"，"作为我们选择世界观时的一位有影响的预言家的马克思永世长存，而作为经济学家和历史必然道路的预言家

---

① 马克思：《1844年经济学—哲学手稿》，人民出版社2000年版，第88页。
② 《马克思恩格斯选集》第1卷，人民出版社1972年版，第18页。

的马克思则已经降到只能引起历史兴趣的被人遗忘的地步。"① 我们当然不同意他们否认马克思关于"历史必然道路"的观点，但从他们对马克思学说"吸引力"的肯定中，我们可以得到这样一个有价值的启示，这就是，马克思的学说是一种"永世长存"的批判现实的力量。

其实，马克思主义创始人从来也不曾为人们设定某种脱离人的现实存在的理想目标，而是"在批判旧世界中发现新世界"，"对实践的唯物主义者，即共产主义者说来，全部的问题都在于使现存的世界革命化，实际地反对和改变事物的现状"②。"共产主义对我们说来不是应当确立的状况，不是现实应当与之相适应的理想。我们所称为共产主义（在马克思那里与人的解放、人的全面发展是同义词——引者注）的是那种消灭现存状况的现实的运动"③。人的解放和人的全面发展的学说，是马克思基于人的"以物的依赖性为基础的人的独立性"的现实，对这种人的存在方式的历史必然性的承认和对其历史局限性的揭露与批判。"建立在个人全面发展和他们共同的社会生产能力成为他们的社会财富这一基础上的自由个性，是第三个阶段。第二个阶段为第三个阶段创造条件"④。

一方面，"人的全面发展"是在人"以物的依赖性为基础的人的独立性"的前提下被现实地提出来的，相对于"人的依赖关系"的存在方式来说，它的出现具有历史的必然性和进步性。马克思并不用一种道德的义愤来看待人在市场经济条件下的"异化"状态，相反，在他看来，这是人类实现自身全面发展的不可逾越的阶段。"实际上，只有通过最大地损害个人的发展，才能在作为人类社会主义结构的序幕的历史时期，取得一般人的发展"⑤。马克思认为，人类历史的发展总是要付出代价的，历史往往以某种"退步"的形式而实现自身的"进步"，以至于"人类不得不作为奴隶来发展自己的能力"⑥。对人类这种"异化"的存在方式的否定，不是"对整个文化和文明的世界的抽象否定"，不是"向贫穷的、需求不

---

① 宾克莱：《理想的冲突》，商务印书馆1983年版，第106页。
② 《马克思恩格斯选集》第1卷，人民出版社1972年版，第48页。
③ 同上书，第40页。
④ 《马克思恩格斯全集》第46卷上，人民出版社1979年版，第102、104页。
⑤ 《马克思恩格斯全集》第47卷，人民出版社1979年版，第190页。
⑥ 《马克思恩格斯选集》第1卷，人民出版社1972年版，第258页。

高的人——他不仅没有超越私有财产的水平,甚至从来没有达到私有财产的水平——的非自然的简单状态的倒退"①。"全面发展的个人……不是自然的产物,而是历史的产物"②。可见,马克思充分地承认了人的"异化"的历史必然性和进步性,封闭了人们试图以某种向"简单状态"复归的方式来否定人的现实存在状态的可能性,并且强调,"第二个阶段为第三个阶段创造条件"。

另一方面,"人的全面发展"更是对人的"以物的依赖性为基础的人的独立性"的存在方式的批判和超越,它给人们打开了一扇面向更高发展阶段的窗口,敞开了通向"自由个性"存在方式的空间。马克思也许不是最早对商品货币关系以及所伴随的人类现代化进程进行批判的人,但无疑是进行这种批判最深刻、最彻底的人。马克思认为,现代社会的形成是与"分工"结伴而行的,而"现代社会内部分工的特点,在于它产生了特长和专业,同时也产生了职业的痴呆"③。"分工使工人越来越片面化和从属化"④,"使工人成为高度抽象的存在物,成为旋床等等,直至变成精神上和肉体上畸形的人"⑤。"在现代制度下,如果你的弯腰驼背,你的四肢畸形,某些肌肉的片面发展和加强等,使你更有生产能力(更有劳动能力),那么,你的弯腰驼背,你的四肢畸形,你的片面的肌肉运动,就是一种生产力。如果你的精神空虚比你充沛的精神活动更富有生产能力,那你的精神空虚就是一种生产力"⑥。不仅如此,市场经济和现代性造成的最为严重的后果在于人的"物化","物的世界的增值和人的世界的贬值成正比"⑦,人的"独立性"被物的"独立性"所取代,"个人现在被抽象统治"⑧,而这种抽象来自于"商品经济及其所固有的市场逻辑,因为商品的交换本身就是一种实际的抽象过程,它意味着商品的价值

---

① 马克思:《1844年经济学—哲学手稿》,人民出版社2000年版,第79—80页。
② 《马克思恩格斯全集》第46卷上,人民出版社1979年版,第108页。
③ 《马克思恩格斯选集》第1卷,人民出版社1972年版,第135页。
④ 《马克思恩格斯全集》第42卷,人民出版社1979年版,第53页。
⑤ 同上书,第29页。
⑥ 同上书,第261页。
⑦ 同上书,第90页。
⑧ 《马克思恩格斯全集》第46卷上,人民出版社1979年版,第111页。

(同一性)和使用价值(差异性)之间的分离"①。人的"物化"是现代社会人类面临的普遍问题。我国社会主义制度的建立,为一定程度地克服旧式分工和市场经济的负面影响提供了有利的条件和可能,但并不能完全消除上述现象在现实生活中的存在。任何敢于直面生活的人,都无法否认人的"物化"也是我们面临的严峻现实。马克思关于人的全面发展的学说,正是对这种"以物依赖性为基础的人独立性"的存在方式的历史局限性的揭露和批判,其重要意义不仅在于揭示了人类发展的"自然历史进程",而且还为人类反观自己的历史活动提供了根据、标准和尺度。它作为人类对自身存在方式进行自我批判的维度,对人类的历史发展具有"永世长存"的价值。

"人的全面发展"既关照了人的现实存在,承认了现阶段人在一定程度上"片面发展"的必然性和现实性,更为人超越这种存在方式确立了应然性和可能性。对于具有自主自为性的人来说,应然性高于必然性,可能性高于现实性。将理想和现实在当代中国人的生活实践中辩证地统一起来,是迈向新世纪的中国人和中国社会应当作出的自觉选择。

---

① 何中华:《人的全面发展与当代语境》,《学术月刊》2002年第1期。

十七 《哲学通论》与当代中国马克思主义哲学

这样的理论进入方式，激发起了人们强烈的理论兴趣和求真欲望，使思维逐步跳出了经验常识和知性逻辑的局限而变得"不再淳朴"，感受到了哲学与常识和科学的区别，体会到了哲学特有的奥妙和魅力。

他的哲学观是建立在对马克思哲学革命的深刻领悟和理解的基础上；他对西方传统哲学和现当代哲学的评析和借鉴是以马克思的新世界观为理论地位；他对一系列重要哲学问题的全新阐发无不浸润着马克思哲学的思想底蕴；他对"哲学究竟是什么"的当代诠释本质上是对马克思哲学的当代价值的敞开。

如何真正地确立马克思主义哲学在当代中国的基础理论地位，如何激发起人们特别是广大干部和青年学生学习马克思主义哲学的理论兴趣，如何使我们的理论教育走出目前徘徊不前的困境，关键的问题是要恢复马克思主义哲学的理论威信，展现马克思主义哲学的理论魅力。如果仍然在自然本体论或知识论哲学观的解释模式下阐释马克思主义哲学，甚至将马克思主义哲学变为冠以哲学名词的经验常识，那么，是很难确立马克思主义哲学在当代思想背景下的理论地位的。改革开放以来，在推动我国社会解放思想的同时，中国的哲学也在不断地进行自身的思想解放。随着对教科书哲学的深入反思，人们逐渐自觉到一个更具根本性的理论问题，那就是，要真正理解马克思主义哲学，就必须首先弄清楚哲学究竟是什么？"重新理解哲学是当代中国哲学的一个根本的事件。"[①]

[①] 孙正聿：《哲学通论》，复旦大学出版社2007年版，第498页。

十七 《哲学通论》与当代中国马克思主义哲学

孙正聿先生初版于10多年前,之后还不断有新版面世的《哲学通论》,以哲学思想发展史为背景,在当代哲学的语境下,不仅透彻地阐释了哲学的当代意蕴,完成了对"自然本体论"和"知识论"哲学观的根本超越,而且深刻地开掘了马克思主义哲学的思想内涵,彰显了马克思主义哲学的当代价值。《哲学通论》作为20世纪90年代中国哲学思想解放的重要理论成果之一,在哲学观念变革方面所发挥的作用已赢得学界普遍认同,但它对于当代中国马克思主义哲学的理论贡献却没有得到应有的关注。而这方面的意义,同样是不可低估的。相信随着时间的推移,《哲学通论》之于当代中国马克思主义哲学理论形态建构的重要价值,将愈益鲜明地呈现出来。

孙正聿先生在讲授《哲学通论》课程的时候,经常爱说一句话,"如果同学们听了我的课,能够下去多读几本马克思的书,那就是我最大的满足。"听过孙正聿教授讲课或者看过他书的人都应该知道,他说这样的话,是有其深刻的思想背景和学理渊源的。在我看来,他的哲学观是建立在对马克思哲学革命的深刻领悟和理解的基础上;他对西方传统哲学和现当代哲学的评析和借鉴是以马克思的新世界观为理论地位;他对一系列重要哲学问题的全新阐发无不浸润着马克思哲学的思想底蕴;他对"哲学究竟是什么"的当代诠释本质上是对马克思哲学的当代价值的敞开。细心一点的读者还会发现,一部《哲学通论》,大多数注释都出自《马克思恩格斯选集》、《马克思恩格斯全集》或《列宁全集》,这一文本学根据本身也是一个很好的佐证。

我国的几代哲学工作者都是从那本大家所熟悉的教科书开始学习哲学的。在这个意义上,"教科书"的贡献功不可没。诚实的学者都会带着几分敬意来对教科书进行反思和批判。《哲学通论》之所以能够取得远高于其他同类著作的认可和成功,首先就在于它不是简单地跨过了"教科书",或者像某些学者一样完全将"教科书"撇在一边而"另起炉灶",而是以极大的理论勇气和执着的求真精神,直面"教科书"存在的诸多理论问题和困难,以深厚的文本研究为基础,诟病"教科书"的逻辑矛盾,直逼"教科书"的理论症结。例如,对"哲学基本问题"的辨析,对大哲学家为什么会成为唯心主义者的追问,如此等等。这些千百次为教哲学的人所遇到但都回避了的问题,在《哲学通论》中却成为了撞击人们理论思维的巨大冲击力和变革人们哲学观念的逻辑起点。正是这样的理论进入方式，激发起了人们强烈的理论兴趣和求真欲望，使思维逐步跳出了经验常识和知性逻辑的局限而变得"不再淳朴"，感受到了哲学与常识和科学的区别，体会到了哲学特有的奥妙和魅力。《哲学通论》的重要贡献之一，就是在人们已有教科书哲学理论背景的前提下，还哲学、进而还马克思主义哲学应有的哲学本性和品格，展现了哲学，尤其是马克思主义哲学应有的思想价值和社会功能。由于《哲学通论》始终关照了教科书哲学的"效果历史"，不仅使这部具有原创性的专著性教材在进入人们的阅读视野后没有显得唐突和生疏，相反却是那样的熟悉和亲切，而且它还充分地调动了人们原有的哲学知识贮备，自然而然地引导读者完成由素朴实在论或知识论哲学观向马克思生存实践论哲学观的跃迁。

人们过去习惯将马克思主义哲学简称为"哲学原理"。所谓学习哲学就是记住这些基本原理，然后，再将其套在任何需要论说的问题上，似乎就万事大吉了。这种对马克思主义哲学简单化、庸俗化的理解，不仅过去大行其道，值得深思的是，直到今天依然还有很大的市场。更为可悲的是，许多大谈"学好哲学终身受用"的人，很大程度上也就停留在这样的对哲学理解的水平上。如此理解和对待马克思主义哲学，不仅严重背离了马克思主义哲学的基本精神，而且注定只会败坏马克思主义哲学的形象和威信。那么，如何才能恢复和重现马克思主义哲学"在批判旧世界中发现新世界"[①]的理论本性和实践精神呢？这个看似简单的问题，在理论上解决起来却要大费周折。《哲学通论》的作者并没有在其著作上冠以马克思主义哲学的字样，然而却几乎倾注其全部的心血和智慧，以哲学的方式为马克思主义哲学作为哲学在当今时代的强势存在作了极富说服力的论证和辩护。众所周知，在这个思想日趋多元化，马克思主义在一定程度被边缘化的时代，为马克思辩护绝不是一件容易的事。然而，读懂了《哲学通论》的人不难得出这样一个结论：马克思主义哲学作为现代哲学，在理论的深刻性上不仅丝毫不逊色于被学界奉为圭臬的海德格尔、维特根斯坦等现代大哲学家的哲学，而且在理论的现实性和实践性上还大大地优于这些哲学家的哲学。《哲学通论》没有采用任何不作论证的断语，更不是在理论的外围制造一些似是而非的论据，而是真正切入哲学理论的内

---

① 《马克思恩格斯全集》第1卷，人民出版社1956年版，第416页。

部，秉持马克思主义哲学固有的反思、批判精神，以"批判的革命的"辩证法为基本理论武器，深入客观地评析了现代哲学的理论贡献，鞭辟入里地揭露了其理论局限，在马克思主义哲学与现代西方哲学的批判性对话中，一方面探明了现代哲学发展的基本路径，那就是，"人的自我异化的神圣形象被揭穿以后，揭露具有非神圣形象的自我异化，就成为了为历史服务的哲学的迫切任务"[①]；另一方面，张扬了马克思主义哲学作为"时代精神精华"和"文明的活的灵魂"的思想价值和实践功能，那就是，"哲学家们总是用不同的方式解释世界，而问题在于改变世界"[②]。孙正聿先生曾这样说道："在'重读马克思'和'阐释马克思'的过程中，我们会越来越深切地体会到，当我们把马克思哲学'神化'和'僵化'的时候，马克思哲学只能是离我们越来越远，而当我们'回到'关于人类解放和人的全面发展的马克思哲学'学说'的时候，并且把这个'学说'作为'学术'进行研究的时候，把这个'学说'内化为我们每个人的'学养'的时候，马克思的哲学与我们越来越亲近了。"[③]《哲学通论》正是在把马克思主义哲学作为"学术"进行研究、作为"学养"进行培养的过程中，完成了、至少是相当程度地完成了对马克思主义哲学的当代辩护。这岂能不看作是对当代中国马克思主义哲学的一大贡献？

马克思主义哲学是一种唯物主义哲学，这是毋庸置疑的。但是，这种唯物主义哲学与旧唯物主义（包括费尔巴哈的唯物主义）到底有何本质区别？为什么马克思要在被恩格斯称为"包含了新世界观的天才萌芽的第一个文件"的《关于费尔巴哈的提纲》中，劈头就对"从前的一切唯物主义"展开批判呢？如果不能划清马克思主义哲学与旧唯物主义的界限，不能真正从西方哲学和马克思哲学的内在逻辑关联中澄明马克思所发动的哲学革命，那么，马克思主义哲学的"当代性"就会变得晦暗不明，马克思主义哲学的性质和"定位"就很难被真正说清，坚持马克思主义哲学的指导地位，也很可能成为一句空洞的口号。事实上，现实中已经出现了理论与实践难以对接的问题。例如，在谈论"和谐社会"的时候，

[①] 《马克思恩格斯选集》第1卷，人民出版社1995年版，第2页。
[②] 同上书，第61页。
[③] 孙正聿：《思想中的时代》，北京师范大学出版社2004年版，第417页。

人们只能从中国传统文化中去寻找和挖掘理论资源，似乎马克思主义哲学与"和谐"无关。的确，如果按照过去对马克思主义哲学的理解，"革命"、"斗争"才是马克思主义哲学的词汇，而"和谐"却很难进入马克思主义哲学的话语系统。为了消除这个显著的矛盾，人们采取的通常做法是，以所谓理论的"发展"来"兼容"现实中提出的问题。殊不知，在理论前提中没有蕴含的东西，无论如何是塞不进理论结论中的。严肃的学者必须直面这些貌似简单，实则触及理论"硬核"的问题。

《哲学通论》对当代中国马克思主义哲学的又一理论贡献，就是它在当代哲学的宽广视域下，以西方哲学，尤其是德国古典哲学的逻辑发展为理论背景，深刻地阐发了马克思哲学在本体论意义上所完成的革命，那就是，把作为"法国革命的德国理论"的德国古典哲学、特别是黑格尔哲学所追问的人的理性、人的自由、人的崇高何以可能的问题，推进到了"人的解放何以可能"。通过对这一根本问题的深入分析和开掘，《哲学通论》最后将马克思主义哲学定位为"关于人类解放的哲学"，形成了关于哲学、首先是马克思主义哲学使命的一个"最基本的共识"，"那就是马克思说的把资本的独立性和个性变成人的独立性和个性"[①]。在这样的关于马克思主义哲学的阐释框架中，"每个人的自由发展是一切人的自由发展的条件"[②]和"建立在个人全面发展"基础上的"自由个性"[③]的共产主义理想就不再显得与当代人无关，甚至成为了以"资本"（抽象）为基本存在方式的现代人的普遍追求和向往；对现代性的反思批判，不再是当代西方哲学家的"发明"和"专利"，而是马克思早在其哲学革命中就已经开启的基本哲学进路；人与他人、人与社会、人与自然、人与自身（存在与本质）的和谐统一，不仅是人类的普遍价值，更是马克思主义哲学矢志不移追求的目标。在《哲学通论》中有这样一段饱含深情的文字："卡尔·马克思和弗里德里希·恩格斯是人类的骄傲。他们终生恪守的'始终如一'的目标，是'为全人类而工作'。他们为之奋斗终生的崇高目标是人类自身的解放，他们所创造的马克思主义是关于人类自身解放的

[①] 孙正聿：《哲学通论》，复旦大学出版社2007年版，第505—506页。
[②] 《马克思恩格斯选集》第1卷，人民出版社1995年版，第294页。
[③] 《马克思恩格斯全集》第46卷上，人民出版社1979年版，第104页。

学说。"① 没有对马克思主义哲学的深度理解和认同,没有在当代中国的历史条件下推进和发展马克思主义哲学的强烈的使命感和责任感,没有对马克思、恩格斯人格和学识"体味真切的情感",是写不出这样富有感染力的语句的。

关于《哲学通论》与当代中国马克思主义哲学的内在关联及其理论贡献,远不止这里所涉及的这些方面,相信对《哲学通论》有深入研究的人还会有更加深刻的洞见。这里的意图仅在于引发同仁们对这个问题的关注和思考,同时避免对这部具有强烈时代感和现实关怀的论著作自言自语、自作高深的引申和曲解。

---

① 孙正聿:《思想中的时代》,北京师范大学出版社2004年版,第414页。

十八　敞开马克思主义哲学的和谐思想

理论的发展有着自己的内在逻辑，在理论前提中没有的东西，是不可能在理论结论中出现的。

完成了哲学思想变革的马克思主义哲学，已经超越了思维和存在、主体和客体等二元对立的"知识论"哲学立场，确立了以现实的人的感性活动，即实践为基础的世界观。

在马克思那里，没有脱离历史观的世界观，没有关于人和世界关系的抽象议论，亦即没有与人的现实实践活动无关的关于人与世界关系问题的"哲学"。

和谐文化只能产生于对现实生活的批判性反思中，而不是现实生活的简单反映。

马克思主义不仅是建设和谐文化与社会主义核心价值体系的重要内容，而且是实施这一重大思想文化工程的指导思想。马克思主义哲学是马克思主义的灵魂和核心，是科学社会主义的理论基石。建设社会主义和谐社会以及作为题中应有之义的和谐文化，必须以马克思主义哲学为指导，这就需要从马克思主义哲学本身中找到和谐思想的理论渊源。然而，在现实中，我们的确遇到了这样的理论难题：从通行的马克思主义哲学体系中很难获得必要的理论支持，甚至常常出现"原理"和"结论"的矛盾。于是，我们在谈论和谐的时候，往往只能从我国传统文化中去寻找理论资源，仿佛和谐与马克思主义无关。我们固然可以用马克思主义理论的发展来达成理论与现实的和谐，但是这又会带来理论自身的不和谐。因为，理论的发展有着自己的内在逻辑，在理论前提中没有的东西，是不可能在理论结论中出现的。这是现实对理论的严峻挑战。其实，马克思主义哲学作为人类解放的学说，本身蕴含着丰富的和谐思想，只是由于传统解释模式的遮蔽，妨碍了其和谐思想的探索。因此，应当在重新理解马克思主义哲学的基础上，敞开马克思主义哲学的和谐思想。

在以苏联模式为蓝本的传统马克思主义哲学教科书中，是很难发现马克思主义哲学的和谐思想的。这种以"思维和存在"、"主体和客体"、"主观和客观"、"人与世界"等两极对立为思想前提、以抽象的"自然本体论"为理论硬核、以知性辩证法为论证手段、以决定论为历史观核心——总之，以脱离现实的人的"感性活动"，即实践为基础的哲学理论，所展示的是一个人与自然、人与社会、人与自身尖锐对立、非此即彼的世界图景，蕴含着以两极对立为前提寻求单极统一的思维方式，昭示着以对立、斗争、"革命"为生活取向的价值观。难怪有人把马克思主义哲学片面地理解为"斗争哲学"、"革命哲学"（这里的革命主要指暴力革命）。这种解释模式下的马克思主义哲学的确难以与和谐调适起来。

事实上，完成了哲学思想变革的马克思主义哲学，已经超越了思维和存在、主体和客体等二元对立的"知识论"哲学立场，确立了以现实的人的感性活动，即实践为基础的世界观。在1845年《关于费尔巴哈的提纲》中，马克思写道："从前的一切唯物主义（包括费尔巴哈的唯物主义）的主要缺点是：对对象、现实、感性，只是从客体的或者直观的形式去理解，而不是把它们当作感性的人的活动，当作实践去理解，不是从主体的方面去理解。因此，和唯物主义相反，能动的方面却被唯心主义抽象地发展了，当然，唯心主义是不知道现实的、感性的活动本身的。"[①]很明显，在这里马克思既批判了一切唯心主义，也批判了旧唯物主义，并且认为，唯心主义和旧唯物主义共同的失足之处就在于，它们都不理解"感性的人的活动"，即实践活动的意义。因此，它们在看待人和世界的关系问题时，要么固执于单纯的、自在的客体性原则，坚持以抽象的自然本体论为基础的唯物主义立场；要么偏执于单纯的、自为的主体性原则，固守以抽象的精神本体论为核心的唯心主义主张，形成"唯物"和"唯心"的僵硬对立，本质上是人和世界的尖锐对立。可见，如果坚持这种

---

① 《马克思恩格斯选集》第1卷，人民出版社1995年版，第54页。

唯物主义的立场，不仅不能获得对人与世界关系的正确理解，而且还会造成人与世界的二元对峙。

在同一个提纲中，马克思进一步指出："全部社会生活在本质上是实践的。凡是把理论引向神秘主义的神秘的东西，都能在人的实践中以及对这个实践的理解中得到合理的解决。"① 一旦回到实践上，思维和存在、主体和客体、人与世界的关系立即呈现出全新的面貌：它既不是黑格尔的"无人身的理性"同其"逻辑规定"的关系，也不是费尔巴哈的"抽象的个人"与其"感性的直观"的关系，而是"感性的人的活动"与"现实的世界"的关系。在这种关系中，既不存在人和世界的抽象对立，也不是让人以还原论的方式与自然达成统一，而是以人的历史性展开的实践活动为基础所实现的人与世界的否定性统一。在马克思看来，人不同于动物就在于，人的现实世界不是直接给予的世界，而是经人自己的活动参与创造的世界。"在这种活动中，人以物的方式从事活动，换来的则是物以人的方式的存在。实践活动不但创造了人和人的生活，也创造了人的生活世界和对象世界"②。因此，在实践活动中内在地包含着人与世界的和谐，即思维与存在、主体与客体、主观与客观的具体的、历史的统一。"在人类历史中即在人类社会的形成过程中生成的自然界，是人的现实的自然界；因此，通过工业——尽管以异化的形式——形成的自然界，是真正的、人本学的自然界。"③ 可见，在马克思那里，没有脱离历史观的世界观，没有关于人和世界关系的抽象议论，亦即没有与人的现实实践活动无关的关于人与世界关系问题的"哲学"。"理论的对立本身的解决，只有通过实践的方式，只有借助于人的实践的力量，才是可能的；因此，这种对立的解决绝对不只是认识的任务，而是现实生活的任务，而哲学未能解决这个任务，正是因为哲学把这仅仅看作理论的任务"④。"关于现实的人及其历史发展"的历史唯物主义才是马克思主义的世界观，亦即马克思主义哲学。在这种学说中，人与自然、人与社会、人与自我的关系只能在实践中展开并在实践中得到解决。因此，作为以人类解放为价值指向的马

---

① 《马克思恩格斯选集》第1卷，人民出版社1995年版，第56页。
② 高清海：《找回失去的"哲学自我"》，北京师范大学出版社2004年版，第142页。
③ 马克思：《1844年经济学—哲学手稿》，人民出版社2000年版，第89页。
④ 同上书，第88页。

克思主义哲学,不仅包含着丰富的关于人与世界(人与自然、人与社会、人与自我)和谐的思想,而且,甚至可以说,马克思主义哲学就是以实现人与世界的和谐、统一为旨趣的学说。

人的自由解放和全面发展是马克思主义哲学矢志不移的价值追求。人的解放的本质,是把"人的世界和人的关系还给人自己"[①];是"每个人的自由发展是一切人自由发展的条件"[②];是人与自然、人与社会、人与自身矛盾的真正解决,也就是和谐世界的全面实现。因此,和谐是马克思主义哲学的核心思想之一。诚如胡锦涛同志指出:"马克思主义经典作家认为,未来理想社会是社会生产力高度发达和人的精神生活高度发展的社会,是每个人自由而全面发展的社会,是人与人和谐相处,人与自然和谐共生的社会。"[③]

共产主义思想本质上蕴含着深刻的和谐理念。马克思在其被誉为他的哲学的诞生地的《1844年经济学—哲学手稿》中,对共产主义作过这样的表述:"共产主义是私有财产即人的自我异化的积极扬弃,因而是通过人并且为了人而对人的本质的真正的占有;因此,它是人向自身,向社会的即合乎人性的人的复归,这种复归是完全的、自觉的和在以往发展的全部财富的范围内生成的。这种共产主义,作为完成了的自然主义=人道主义,而作为完成了的人道主义=自然主义,它是人和自然之间、人和人之间的矛盾的真正解决,是存在与本质、对象化和自我确证、自由和必然、个体和类之间斗争的真正解决。它是历史之谜的解答,而且知道自己就是这种解答。"[④] 这是马克思关于共产主义的一个著名论断。尽管后来在有些表述上发生了一些变化,但马克思关于共产主义的基本思想是前后一贯的。从这段论述中可以看到,共产主义作为人类所追求的理想目标,就是要最终消除人的自我异化,即人与自己的劳动产品、与自身的劳动活动、与人的类本质以及与他人的异化,使人从自己的创造物(私有财产)的奴役中解放出来,把"物"(商品、货币、资本)的独立性和个性变为人的独立性和个性,实现人对自己本质的真正占有,从而克服人与自然、人

---

① 《马克思恩格斯选集》第1卷,人民出版社1995年版,第435页。
② 同上书,第294页。
③ 胡锦涛:《切实做好构建社会主义和谐社会的各项工作,把中国特色社会主义伟大事业推向前进》,《新华文摘》2007年第5期。
④ 马克思:《1844年经济学—哲学手稿》,人民出版社2000年版,第81页。

与人、人与自身的对立,达到自然主义和人道主义的统一,完成人与世界矛盾的和解。如果说我们从中国儒家的"大同世界"思想中也能看到这种思想的影子,那么,这不仅表明马克思主义哲学与人类共同的终极价值诉求有着深层一致性,而且,还应当看到,马克思主义关于共产主义的思想是基于对人的现代性存在方式,即资本主义存在方式的揭露和批判,为人类未来所指明的方向,因而,它具有更强的现实针对性和指导性,包含着更加深刻、更具现实意义的和谐思想。

在直接论述人的解放问题的重要文献《论犹太人问题》中,马克思针对资产阶级革命所带来的政治解放,深刻地指出:"政治解放当然是一大进步,"但是"政治解放本身还不是人类解放,"[①] 因为,政治解放只是把市民社会从政治中解放出来,但人仍然是异化了的人,社会对人来说也是异化了的"社会",人依然处于市民社会和国家政治生活的双重异化中。在深刻指证政治解放的局限性后,马克思强调指出:"任何一种解放都是把人的世界和人的关系还给人自己。"也就是说:"只有当现实的个人同时也是抽象的公民,并且作为个人,在自己的经验生活、自己的个人劳动、自己的个人关系中间,成为类存在物的时候,只有当人认识到自己的原有力量,并把这种力量组织成为社会力量,因而不再把社会力量当作政治力量跟自己分开的时候,只有到了那个时候,人类解放才能完成。"[②] 由此可见,马克思把人的解放理解为个人与社会对立的消除,即个人成为真正的类存在物,亦即社会的人,社会成为真正的人的社会,亦即和谐的社会。因此,马克思恩格斯在《共产党宣言》中,对未来理想社会作了这样的描述:"代替那存在着阶级和阶级对立的资产阶级旧社会的,将是这样一个联合体,在那里,每个人的自由发展是一切人的自由发展的条件。"[③] 在马克思看来,随着人与人(社会)矛盾的彻底解决,人与自然的矛盾也就随之得到解决,因为"需要和享受失去了自己的利己主义性质,而自然界失去了自己的纯粹的有用性,因为效用成为了人的效用。"[④]

马克思主义辩证法蕴含着深刻的和谐思维。马克思主义辩证法是在批

[①] 《马克思恩格斯选集》第1卷,人民出版社1995年版,第435页。
[②] 同上书,第443页。
[③] 同上书,第294页。
[④] 马克思:《1844年经济学—哲学手稿》,人民出版社2000年版,第86页。

判黑格尔概念辩证法的基础上形成的,马克思为了与黑格尔辩证法的"神秘方面"相区别,把自己所采用的方法称为"合理形态"的辩证法。但是,长期以来,我们却把马克思对黑格尔辩证法的批判或"颠倒",简单化地理解为只是把辩证法从唯心主义体系中拯救出来,并建立在唯物主义的基础之上。且不说这种脱离内容而孤立存在的辩证法在黑格尔那里根本不存在,关键是这导致了对辩证法知性化的理解,使辩证法成为了"可以用来套在任何论题上的刻板公式"或"在缺乏思想和实证知识的时候及时搪塞一下的词汇语录。"① 于是,辩证法成为了"变戏法":需要强调斗争的时候,矛盾的斗争性就居于主导地位;需要强调稳定的时候,矛盾同一性又被提升到事实上的主导地位。虽然口口声声大谈对立统一,但实际上只有对立,没有统一。脱离人的生命活动的知性辩证法本质上是形而上学的。因此,它只能遵循两极对立、"非此即彼"的思维逻辑。在这样的"辩证法"中,自然找不到对立面的统一,找不到"相异者或对立者之相济相成的结聚"(张岱年语),即找不到和谐。即使牵强地用这种"辩证法"来附会和谐,那也不过是一些空洞无物的概念游戏而已。

理解马克思主义辩证法,首先要关注马克思在《1844年经济学—哲学手稿》中对黑格尔辩证法的评价。马克思这样写道:"黑格尔的《现象学》及其最后成果——辩证法,作为推动原则和创造原则的否定性的伟大之处首先在于,黑格尔把人的自我产生看作一个过程,把对象化看作非对象化,看作外化和这种外化的扬弃;可见,他抓住了劳动的本质,把对象性的人,现实的因而是真正的人理解为他自己的劳动的结果。"② 马克思认为,《现象学》是黑格尔哲学真正的诞生地和秘密。《现象学》的最后成果是辩证法,即作为推动原则和创造原则的"否定性"。黑格尔深刻地洞察到这种"否定性"存在于人的自我产生的过程中,亦即人的劳动中。人不过是自己劳动的结果。辩证法不过是这种劳动的观念表达。黑格尔的根本错误不在于他的概念辩证法所具有的"唯心主义"性质,而在于他"唯一知道并承认的劳动是抽象的精神的劳动"③,现实的物质生产

---

① 胡锦涛:《切实做好构建社会主义和谐社会的各项工作,把中国特色社会主义伟大事业推向前进》,《新华文摘》2007年第5期。

② 马克思:《1844年经济学—哲学手稿》,人民出版社2000年版,第101页。

③ 同上。

活动还没有进入他的视野。马克思对辩证法的改造就是把这种充满神秘色彩的思想方法，理解为人对自己生命活动，首先是物质生产活动的理论自觉。辩证法本质上是人的"生命活动的内涵逻辑"，[①] 即人通过实践活动去实现与世界的否定性统一。马克思说："动物和自己的生命活动是直接同一的。……人则使自己生命活动本身变成自己意志的和意识的对象。"[②] 由于动物和自己生命活动是直接统一的，决定了动物只能是同一性的、无矛盾性的存在，而人由于把自己的生命活动变成自己意志的和意识的对象，决定了人永远是一个充满矛盾的统一体。因而，人的追求不在于消除矛盾、否定矛盾，而是通过自己的活动在对立中寻求统一，在差异中创造和谐。辩证法就是人对自己生命活动本性的理论表达，或者说，是转化为思维方式的人的存在方式。

马克思主义辩证法不仅是一种和谐思维，而且是一种反思、批判和引导现实的思维。强调和谐不是否认矛盾、粉饰太平。和谐作为一种价值取向和文化精神，应当是对现实的批判性反思和理想性引导。马克思主义辩证法所具有的批评、否定精神，是促进和谐社会和和谐文化建设的强大思想武器。作为对人不断超越、否定和扬弃自然给定性的生命本性的自觉体认，马克思主义辩证法始终致力于促进人的自由解放和全面发展。为此，马克思认为，"辩证法在对现存事物的肯定的理解中同时包含对现存事物否定的理解，即对现存事物的必然灭亡的理解；辩证法对每一种既成的形式都是从不断的运动中，因而也是从它的暂时性方面去理解；辩证法不崇拜任何东西，按其本质来说，它是批判的和革命的。"[③] 如果把马克思这段关于辩证法的经典论述，放到人的"生命活动的内涵逻辑"的意义上去理解，那么，马克思对人的资本主义存在方式和生存状态的批判，无外乎就是要引导人们去超越目前"以物的依赖性为基础的人的独立性"的存在状态，去实现"建立在个人全面发展和他们共同的社会生产能力成为他们的社会财富这一基础上的自由个性"的理想社会。马克思在其巨著《资本论》中，运用辩证法对商品拜物教、货币拜物教、资本拜物教

---

① 贺来：《辩证法的生存论基础》，人民大学出版社 2004 年版，第 174—214 页。
② 马克思：《1844 年经济学—哲学手稿》，人民出版社 2000 年版，第 57 页。
③ 马克思：《资本论》节选本，人民出版社 1998 年版，第 49 页。

的深刻批判、对资本主义社会内在矛盾的深刻分析、对资本主义必然灭亡，社会主义必然胜利客观规律的深刻揭示，对于我们今天建设中国特色社会主义，加快社会主义和谐社会建设仍然具有重要的指导意义和启发价值。和谐文化本质上是和谐生活在人们观念中的反映。"意识在任何时候都只能是被意识到了的存在，而人们的存在就是他们的现实生活过程"①。因此，和谐文化只能产生于对现实生活的批判性反思中，而不是现实生活的简单反映。在这个意义上，马克思主义辩证法不仅是和谐思维，更是促进和谐的思维。

---

① 《马克思恩格斯选集》第1卷，人民出版社1995年版，第72页。

十九　亲近生活的《大众哲学》

　　相对于其他学科强烈的"入世"取向来说，哲学似乎选择了自我隐退的道路。生活对哲学的呼唤和哲学对生活的疏远形成了巨大的反差。

　　"新哲学"不是以现成真理的面貌呈现在人们的面前，而是真正作为一种世界观和思想方法融入到对现实生活和重大问题的解析和批判中，因而，才征服了无数普通的民众，以至于蒋介石都不得不承认："一本《大众哲学》，冲垮了三民主义的思想防线。"

　　哲学通俗化决不是哲学的庸俗化，而是让本身来自现实生活的哲学重新回到生活之中，也就是把人们在生活中产生的自发意识，经过理论家的转换上升为自觉的意识。

无论哲学工作者如何自期自许、自我估量，哲学在现实中被"边缘化"，甚至被生活遗忘都已成为一个不争的事实。哲学在当代中国社会生活中曾扮演过十分显赫的角色，它几乎占据了全部文化的中心地位，成为裁决一切、评判一切的根据、标准和尺度。那种用哲学而且是某种教条主义的哲学代替和挤兑其他文化样式的做法自然不值得肯定和提倡，而且今天依然应当对此作出深刻的反省。但是，矫枉过正倒像目前这样，哲学对现实生活几近失语，恐怕也非哲学应取的态度。相对于其他学科强烈的"入世"取向来说，哲学似乎选择了自我隐退的道路。生活对哲学的呼唤和哲学对生活的疏远形成了巨大的反差。没有哲学的生活是肤浅的生活，脱离生活的哲学是空洞的哲学。如果哲学在现实生活中长期"缺位"，将导致生活和哲学的双重硬伤。

十九 亲近生活的《大众哲学》

在促进哲学亲近现实生活方面，艾思奇为我们树立了光辉的典范。他的《大众哲学》是马克思主义哲学中国化、大众化、现实化、通俗化的成功尝试。在既无任何政治权威的强制推行，也无任何学术权威的强力推荐，更无任何商业包装的情况下，一部不足10万字的《大众哲学》降生于国难当头的乱世环境，竟然在十余年时间内发行了32版之多，赢得读者数万之众，不仅在中国创造了单部哲学论著发行量的奇迹，而且也昭示了哲学之于大众的巨大魅力。在马克思主义中国化已经取得几次重大历史性成就，并正在新的历史条件下不断发展和创新的今天，我们更加敬重和钦佩艾思奇同志所做的开创性工作，也更能深切地体会这一理论事业的艰难和价值。但是，为什么会出现前面提及的哲学被"边缘化"情形，却又不是没有道理和缘由的。马克思主义哲学在中国的传播和普及，由于有了以艾思奇为代表的一批杰出的理论家所做的艰苦卓绝的工作，取得了巨大的成就，这是毋庸置疑的。然而，在新中国成立后相当长的一个时期，由于受极"左"思潮的影响，在哲学的大众化、生活化方面，又发生过严重的偏颇：在通俗化的同时不同程度地出现了庸俗化的倾向，在大众化的同时产生了日益严重的教条化现象，以至于酿成了人们对哲学的厌倦、反感和拒斥，贻害直至今天尚未得到根本的消除。如是看来，让哲学亲近生活，不仅是一件十分困难的事情，而且还极易导致偏差。

哲学离生活究竟有多远？在很多人的心目中，哲学作为"少数人的事业"不仅高深玄妙，而且几乎与人的现实生活无关，它只是少数养尊处优的精神贵族在衣食无虞的前提下对世界产生的"惊异"和"玄思"，它所谈论的"世界的本质"、"宇宙的规律"等，对于成天忙于生计、苦于生存的人来说，不仅百无一用，而且简直可以看作是无病呻吟的精神奢侈。这种情形不仅在市场经济条件下的今天甚为普遍，在艾思奇撰写《大众哲学》的时候也同样存在。正像在《大众哲学》的开头部分所说："提起哲学，有的人会想到旧社会大学校教室里的一种难懂的课程，也有的人会想到那些算命先生。许多人总以为哲学是一种虚无缥缈的学问，或者是一种谈命运说鬼神的神秘思想，以为哲学和我们的日常生活是隔得天地一般的远，普通人决难过问。"[1] 那么，艾思奇是如何做到把"隔得天

---

[1] 艾思奇：《大众哲学》，人民出版社2006年版，第1页。

地一般远"的哲学与生活拉近的呢?这其中的奥妙到底在哪里?我认为,这既取决于他所传播的哲学本身,也取决于他传播这种哲学所采取的方式。

艾思奇《大众哲学》所传播普及的哲学本身就是"大众的哲学"。诚如李公朴先生在为《哲学讲话》(《大众哲学》的前身)所作的编者序中所说:"新哲学本来是大众的哲学,然而过去却没有一本专为大众而写的新哲学著作。"① 艾思奇正是国人急需一种科学理论来指导人们的思想和行动的时候,为人们奉献了"辩证法唯物论"的新学说。马克思主义哲学对于当时的国人来说,还是一种全新的外来思想,但是,其中所包含的真理已为当时中国先进的知识分子所了解。艾思奇作为较早接受马克思主义新思想的人之一,深谙这一具有鲜明无产阶级党性和革命性的学说对于中国革命和中国人民争取自由解放斗争所具有的指导作用和实践意义,并自觉担当起了实现这一学说中国化、大众化、现实化的理论使命。马克思曾经深刻指出:"理论在一个国家实现的程度,总是决定于理论满足这个国家的需要的程度。"② 经由日本和苏俄传入中国的马克思列宁主义,作为一种立足于无产阶级和广大劳苦人民争取解放的革命理论,正好满足了正在进行一场深刻社会变革的中国社会的需要,因此,《大众哲学》的出版可谓适逢其时、应运而生。以至于它所产生的影响,超过了作者本人的预期,不仅为街头市井的人们所欢迎,还成为了广大青年学生人生的"指南针"。

《大众哲学》虽然是一本通俗读物,但却准确传达了马克思主义哲学的精神实质。读《大众哲学》给人最深刻的印象,是它强烈的现实感和鲜活的生活气息。如果把《大众哲学》拿来与我们后来传播宣讲的马克思主义哲学作一比较,就会发现,它较少教条主义和公式化、僵死化的东西。这不仅体现在《大众哲学》极其贴近普通人生活的文字表述中,而且更反映在它对唯物辩证法思想内容的阐释上。例如在阐述辩证唯物论的时候,艾思奇专辟一节批判了"公式主义",指出:"公式主义是一种客观唯心论,它以为世界上有一种客观存在的死的思想公式,能够支配一切

---

① 艾思奇:《大众哲学》,人民出版社2006年版,第2页。
② 《马克思恩格斯选集》第1卷,人民出版社1995年版,第11页。

事物，因此只要我们仅仅抓着这一个死的公式，就能够当做万应灵药，来对付一切事物。"① 回顾极"左"思潮占统治地位的时期，马克思主义哲学，而且是以苏联教科书为标准范式的马克思主义哲学，几乎成了"放之四海而皆准"的万能公式，成了恩格斯所说的"不过是可以用来在缺乏思想和实证知识的时候及时搪塞一下的词汇语录"②，它不仅远离了人们的现实生活，而且俨然成为了艾思奇指证的凌驾于现实生活之上的"客观存在的死的思想公式"。其实，马克思主义哲学本身就是一种根植于"现实的人"以及"他们的活动和他们的物质生活条件"，从"人间升到天国"，"使现存的世界革命化，实际地反对并改变现存的事物"③ 的学说。马克思那段关于辩证法的经典表述，更是集中概括了"新哲学"的精神实质，"辩证法在其合理的形态上，引起资产阶级及其夸夸其谈的代言人的恼怒和恐怖，因为辩证法在对现存事物的肯定的理解中同时包含对现存事物的否定的理解，即对现存事物的必然灭亡的理解；辩证法对每一种既成的形式都是从不断的运动中，因而也是它的暂时性方面去理解；辩证法不崇拜任何东西，按其本质来说，它是批判的革命的。"④ 站在今天的理论背景下，撇开《大众哲学》的具体内容，我们可以这样说，艾思奇《大众哲学》的成功，很大程度上，就仰仗于他以其深厚的马克思主义理论造诣，准确而精要地传达了马克思主义哲学作为一种"批判的革命的"学说的真精神。

艾思奇还找到了传播马克思主义哲学的合理方式。后来的"教科书哲学"之所以越来越受到人们的怀疑和拒斥，很大程度不是因为它所表述的内容，而是它所采用的表述方式。这种方式不仅一般地不适宜用来表述黑格尔以后的现代哲学，而且特殊地更加不适宜于用来阐发马克思主义哲学。马克思主义哲学作为反叛和颠覆以黑格尔哲学为巅峰的西方传统哲学的现代哲学，具有完全不同于传统形而上学的理论本性和品格。对此，恩格斯在《路德维希·费尔巴哈与德国古典哲学的终结》中已经作了深刻的论述。他指出，马克思所创立的历史观（本质上就是马克思主义的

---

① 艾思奇：《大众哲学》，人民出版社2006年版，第58页。
② 《马克思恩格斯选集》第1卷，人民出版社1995年版，第40页。
③ 《马克思恩格斯选集》第4卷，人民出版社1995年版，第75页。
④ 马克思：《资本论》，人民出版社1998年版，第49页。

世界观)"结束了历史领域内的哲学,正如辩证的自然观使一切自然哲学都成为不必要的和不可能的一样"①,它们"必定会由关于现实的人及其历史发展的科学来代替"②。传统哲学最显著的特点是它的抽象性、思辨性和实体性,它总是试图在人们的现实生活过程之上或之外,去构建一个终极的、超验的实体世界,并以此来说明和规范经验世界中的一切现象。马克思恩格斯在首次系统阐述他们的"历史观"的论著《德意志意识形态》中,对思辨哲学进行了彻底的清洗,指出:"在思辨终止的地方,在现实生活的面前,正是描述人们实践活动和实际发展过程的真正的实证科学开始的地方。关于意识的空话将终止,它们一定会被真正的知识所代替。对现实的描述会使独立的哲学失去生存环境,能够取而代之的充其量是对人类历史发展的考察中抽象出来的最一般的结果的概括。"③ 艾思奇是否研读过这部论著,我们不得而知,但艾思奇的确是在用马克思恩格斯所主张的方式研究哲学和阐述哲学。例如在回答"什么是我们的生活和思想"的时候,他深刻地揭示了当时人们社会生活的本质,并指出:"我们的生活,就是广大人民在无产阶级领导下对帝国主义、封建主义和官僚资本主义势力的斗争的生活,是在今天争取新民主主义革命的彻底胜利,以便将来更进一步争取过渡到社会主义社会的生活。"④ 这种对现实生活的认识,既抓住了当时社会生活的本质,又没有脱离当时人们的生活实际,因此很能打动大众,并给予人们深刻的思想启迪。总之,在《大众哲学》中,看不到任何空洞的理论说教,"新哲学"不是以现成真理的面貌呈现在人们的面前,而是真正作为一种世界观和思想方法融入到对现实生活和重大问题的解析和批判中,因而,才征服了无数普通的民众,以至于蒋介石都不得不承认:"一本《大众哲学》,冲垮了三民主义的思想防线。"⑤

《大众哲学》的成功,表明现代哲学,尤其是马克思主义哲学,远不像人们所想象的那样离生活那么遥远,其实它就内在于人们的现实生活之

---

① 《马克思恩格斯选集》第1卷,人民出版社1995年版,第257页。
② 同上书,第241页。
③ 《马克思恩格斯选集》第2卷,人民出版社1995年版,第73—74页。
④ 艾思奇:《大众哲学》,人民出版社2006年版,第6页。
⑤ 同上书,第16页。

中，是根植于社会实践中的自我反思、自我批判和自我超越的力量，是能够转化为"武器的批判"的"批判的武器"。只要能够像艾思奇那样，把握理论的精神实质，并将其融入到如火如荼的生活世界中，哲学就能对生活发挥重大而积极的作用。

哲学由于其自身的性质和特点，往往给人以"高处不胜寒"的印象。许多从事哲学研究的人，也或多或少感染了一种不屑于与大众为伍的毛病，仿佛哲学的通俗化必然导致哲学的庸俗化。其实，艾思奇本人在刚刚开始撰写《大众哲学》时，也曾有过一些顾虑。他在《我怎样写成〈大众哲学〉的》一文中坦陈：在对待理论的通俗化上，"老实说，我自己就多少有点偏见，把理论的深化看得比通俗化更重要"①。毫无疑问，不断深化理论、创新理论，是理论家的责任和使命，理论家往往也更能够从这样的活动中确认自己的价值和找到工作的乐趣；但这并不等于说理论家就只应过这种"不食人间烟火"的生活。他们的理论无论多么高深，如果仅仅只是"锁在深闺无人知"，那么这样的理论也就很难实现它的价值，甚至其理论本身的价值也是颇为可疑的。看来问题不在于理论该不该通俗化，关键是如何实现理论的通俗化，换言之，理论，尤其哲学理论的通俗化何以可能？

用于通俗化的哲学理论本身必须具有说服人的威力。哲学作为理论化、系统化的世界观，是人们对于人与自然、人与社会、人与自身，即人与世界关系的理论把握和表达。然而，并非任何一种哲学学说都能做到对这些关系的正确理解和把握，相反，大量的哲学，有如艾思奇在其著作中提到的作为抗战期间"亡国论"和"速胜论"主张之理论基础的哲学，就没有能够正确反映事物的发展规律，因而，就不能成为人们心悦诚服地加以接受，并用于指导认识和实践的思想。一种理论或思想如何能够赢得群众，首先要看理论本身是不是一个抓住了问题的根本，亦即是不是揭示了事物本质和规律的学说。马克思曾经指出："理论只要说服人，就能掌握群众；而理论只要彻底，就能说服人。所谓彻底，就是抓住事物的根本。但是，人的根本就是人本身。"② 艾思奇加以通俗化的马克思主义哲

---

① 艾思奇：《大众哲学》，人民出版社2006年版，第248页。
② 《马克思恩格斯选集》第1卷，人民出版社1995年版，第9页。

学，正是这样一种抓住了事物根本的学说，只要在通俗化的过程中不要损害理论的基本精神，只要能够哪怕只是部分地传达出理论所揭示的人的存在的本质，它就必然是一个能够打动人、抓住人的理论。艾思奇正是掌握了这样一种深刻彻底的理论及其内在的思想方法，在阐发理论的时候，每时每刻都紧紧扣住人们的生活现实，围绕实现国家独立、人民解放这个当时关乎每一个人的生活价值，深入浅出地帮助人们从自己的生活实践中去发现真理。因此，源于现实生活的新哲学便如溪水般地流淌进了人们的心里。

哲学的通俗化与其说是哲学思想的浅显化，不如说是哲学思想的深化。《大众哲学》之所以具有长久的生命力，甚至直到今天依然不失为一部马克思主义哲学的经典之作，显然不全是因为它通俗易懂，而是它在马克思主义哲学中国化的道路上迈出了开创性的一步。它不仅把一个"舶来品"的理论有机地融入到了中国的现实社会和文化土壤中，而且使这一揭示了人类历史发展一般规律的学说真正成为了内在于中国革命实践中的强大思想武器。换句话说，就是实现了马克思主义普遍原理和中国革命具体实践的结合。今天看来，这也许是理所当然的事情，然而，在当时的条件下，这不能不是一项极富挑战性的工作。熟悉马克思主义哲学体系的人不难发现，《大众哲学》其实构建了中国马克思主义哲学阐释体系的雏形。用当代解释学的话说，理解是被理解东西的存在，任何理论都离不开理解和解释，任何解释本质上都是一种再创作。艾思奇的《大众哲学》作为中国最早传播马克思主义哲学的著作之一，更是具有开创性的理论价值。从一定意义上讲，产生于西欧的马克思主义哲学，正是通过艾思奇等人的工作才如此这般地向当代中国人显现出来。我们很难想象，离开了《大众哲学》等一批阐释马克思主义哲学的著作，这种学说还会以我们熟悉的面貌向我们呈现。理论的深化，并不完全表现为理论自身在逻辑层面上的拓展，深刻的深化应当是对实践的指导并接受实践的检验。正是在这个意义上，我们认为《大众哲学》作为影响了几代中国进步青年和哲学工作者，并对中国革命和建设产生了积极作用的一部理论著作，其价值远不是"通俗"二字所能涵盖的，应当说它是马克思主义哲学在中国的深化与发展。由此可见，哲学的通俗化不仅是可能的，而且还是哲学发展的方式之一。

哲学通俗化的本质是让源于生活的理论重新回到鲜活的生活中。在马克思看来，哲学是最懂生活的，因为"人民最精致、最珍贵和看不见的精髓都集中在哲学思想里。"① "不是意识决定生活，而是生活决定意识。"② 哲学通俗化决不是哲学的庸俗化，而是让本身来自现实生活的哲学重新回到生活之中，也就是把人们在生活中产生的自发意识，经过理论家的转换上升为自觉的意识。马克思早在《莱茵报》时期，就对哲学的生活化、通俗化作了大胆的尝试，不仅让自己主持的报纸全面地介入到人们的宗教生活和政治生活中，还对"林木盗窃案"、报刊检查制度等现实问题进行了尖锐的揭露和批判。艾思奇在《大众哲学》中所做的工作，就是对马克思所开创的哲学理路的继承，他不是把哲学看作放在理论家书桌上的"烤松鸡"，凡夫俗子只需要张着嘴接受就完事，而是把哲学视为人们生活的重要组成部分；不是把哲学强加给人们的生活，而是引导人们在自己的生活中去"显现"哲学的道理和规律。我们常见的运用哲学的做法，例如关于什么什么的哲学思考，其实，名曰哲学思考，实际不过是把现成的哲学"公理"拿来到处乱套。把具体的东西抽象化，把常识哲学化。这种哲学通俗化的结果，最后导致了对哲学和生活的双重伤害：哲学不再是哲学，而是冠以哲学名词的常识；生活不再是真实的生活，而变成了一些空洞抽象的原则。艾思奇的做法恰恰相反，它不是用生活去论证哲学，而是用哲学去服务生活，在开显生活哲理的同时，把哲学变成人们自觉的生活。这项看似简单的工作，却是最见功力的事情。难怪艾思奇感叹："如果我用同样的精力来做专门的学术研究，我想至少也可以有两倍以上的成绩了吧。"③ 正因为他"用力"来做这项工作，所以取得了巨大的成功。相反，同时期那些自认为在做高深学术的人，却被生活远远地抛在了身后。

美国当代哲学家巴雷特在其名著《非理性的人》中，针对一些沉迷于"纯学术"研究的哲学家说过这样一段话："如果今天的哲学家是正直而老实的，他们就会承认，他们对自己周围人的思想的影响越来越小。随

---

① 马克思：《资本论》，人民出版社1998年版，第120页。
② 《马克思恩格斯选集》第1卷，人民出版社1995年版，第73页。
③ 艾思奇：《大众哲学》，人民出版社2006年版，第250页。

着他们的存在日益变得专业化和学院气,他们在大学幽静校园之外的重要性就日益下降。他们的争论不过是他们自己之间的争论;他们不仅得不到形成一个强大的得人心的运动所需要的那种充满热情的支持,恰恰相反,他们和那些处在校园之外的无论什么样的一般知识界精英之间的联系都微不足道。"① 这段并非针对某一特殊哲学群体的话,同样值得当代中国的哲学工作者深思。而对照艾思奇早年所开创的事业及其所取得的成就,更应当引起哲学工作者的自省。

新中国成立后我们在推进哲学大众化方面的确走过一些弯路。因此,今天来谈论这个问题,不能不关注因为进行哲学大众化、通俗化过程中所发生的偏差,而导致马克思主义哲学在中国被严重地教条化、庸俗化的事实。如何在当代历史条件下继承艾思奇开创的理论事业,并结合当代中国的实际实现马克思主义哲学的理论创新,是当前理论工作者面临的艰巨而紧迫的任务。

马克思指出:"一个时代的迫切问题,有着和任何时代在内容上有根据的因而也是合理的问题共同的命运:主要的困难不是答案,而是问题","问题"的重要意义在于,"问题"是"公开的、无所顾忌的、支配一切个人的时代之声。问题是时代的格言,是表达时代自己内心状态的最实际的呼声"②。当时的中国正面临着向何处去的问题,国家的前途、民族的命运,直接关乎每一个中国人的现实生活。对于这些问题的解答,绝非某一门具体的科学所能承担,急需一种新的世界观、方法论学说,亦即一种新的哲学。艾思奇找到了马克思主义哲学,坚信这种哲学能够启迪人们的心智、开阔人们的视野、树立人们正确的世界观和人生观,并能培养人们认识世界的正确的思想方法。《大众哲学》就是这样由被动到主动地承担起了向人们传授新哲学的使命。由于它顺应了时代的要求,回应了时代的问题,反映了人民的心声,因而,它也取得了巨大的成功。胡愈之先生说:"这本书,是青年们认识世界的一盏明灯!"邹韬奋先生说:"《大众哲学》哺育了大众!"二位先生可谓言真意切。《大众哲学》在当时的中国,不仅给予了人们智识上的满足,更重要的是,为处在迷茫中的

---

① 威廉·巴雷特:《非理性的人》,商务印书馆1995年版,第7页。
② 《马克思恩格斯全集》第1卷,人民出版社1956年版,第203—204页。

人们指明了生活的方向和道路。

哲学亲近生活不是用哲学去范导生活，而是用哲学去启迪人们的生活智慧。马克思主义哲学不是教条，不是现成的公式或结论，而是行动的指南和分析问题、解决问题的思想方法。马克思一生没有写过一本称之为"原理"的著作，甚至他自己曾预报过的关于辩证法的"小册子"，最终也没有成型。读过马克思主义创始人原著的人都知道，马克思从来没有把哲学当作哲学来制造，而是把哲学融入到对现实生活重大问题的反思和批判中。列宁说，辩证法也就是（黑格尔和）马克思主义的认识论，这充分揭示了马克思主义哲学作为一种新哲学的本质。从《大众哲学》对马克思主义哲学的阐发来看，艾思奇深谙马克思主义哲学的精神实质。表面看来，他似乎只是为了通俗起见，较少对所谓原理进行正面阐述，而是尽量将理论化解在各种事例之中；深层来看，这恰是艾思奇深刻和高明的地方，他没有像后来的教科书哲学那样，把哲学变成一个"原理加例子"的僵化体系，他也没有把唯物辩证法当作既成的真理，去向人们灌输，而是运用唯物辩证的世界观和思想方法，结合人们的生活实际，引导和启发人们从自己的生活实践中发现生活的真谛和智慧。人们常说，哲学是一门教人聪明、使人智慧的学问。然而，哲学一旦变成一种现成的知识体系，它就不仅丧失了这样的功能，而且往往还会成为人们获取真知识的障碍。这样的哲学最终只会被人们所唾弃。艾思奇的《大众哲学》见不到任何说教，它始终以一个对话者的面貌出现，把一切深奥的道理转化为生活本身的逻辑，并帮助人们自觉到这种逻辑。因此，它无须借助任何别的力量，而是依靠理论本身的逻辑威力去征服所有的读者。

要使一种哲学走进生活，必须要求哲学家有深厚的生活基础和很高的理论造诣。尽管艾思奇本人谦虚地认为，自己在写《大众哲学》时"生活经验尝得极少"，"不能够运用自如地把材料装进作品里去"，但是，读了《大众哲学》，你却不能不为艾思奇贯穿全篇的生活气息所感染，也不能不为他对现实生活敏锐的观察力和深刻的洞察力所叹服。今天来看，中国革命的逻辑已成为人们普遍了解的常识，懂得一部毛泽东思想就是中国革命实践在理论上的再现。然而，在艾思奇撰写《大众哲学》的时候，系统的革命理论还远远没有形成，因此，如何从理论上把握中国革命的任务、进程和规律，是一件十分困难，甚至是个人难以胜任的事情。艾思奇借助唯物辩证法的世界观和方法论，以其对国家民族命运的深刻关切，很好地实现了历史和逻辑的统一，使一部面向大众的哲学著作，几乎成为了一部简明的中国人民反帝、反封建、反官僚资本主义的斗争史。这是极其难能可贵的。黑格尔说，哲学是思想中把握到的时代。马克思说，哲学是时代精神的精华。任何真正的哲学都是用民族性的形式、个体性的风格所把握到的时代性的问题，是以理论的方式所表达的人民的心声。正是因为艾思奇具有深厚的马克思主义理论修养，才能在纷繁复杂的现实中把握中国革命的主线，并把它上升为一种理论逻辑。这样，一个外来的新哲学经过中国人民革命斗争生活的中介以后，就成为了中国人自己的生活逻辑和思想逻辑。

哲学需要生活，就像生活需要哲学一样。"生活世界转向"是20世纪哲学发展的普遍趋势。马克思主义哲学作为现代哲学的开拓者，早在一个多世纪以前就自觉完成了这个转向，尽管在后来的发展中发生过一些逆转和偏差，但随着对马克思主义哲学研究和理解的深化，随着中国特色社会主义事业的不断推进，把马克思主义哲学把握为一种面向生活世界的哲学已成为学者们普遍的共识，问题是要找到回归生活世界的合理路径。

二十　艾思奇与马克思主义哲学的时代化

"妄想一种哲学可以超越它那个时代，这与妄想个人可以跳出他的时代，跳出罗陀斯岛，是同样愚蠢的。如果它的理论确实超越时代，而建设一个如其所应然的世界，那么这种世界诚然是存在的，但只存在于他的私见中，私见是一种不结实的要素，在其中人们可以随意想象任何东西。"

"理论在一个国家实现的程度，总是决定于理论满足这个国家的需要的程度。"

在读艾思奇哲学论著的时候惊喜地发现，不仅看不到任何类似"世界是物质的"这种抽象的议论，而且关于人们现实生活过程的辩证法唯物论的真谛在他那里得到了淋漓尽致的表达。

哲学在现实问题上的失语几乎成为一个当今中国不争的事实。相对于经济学、社会学、法学等应用学科，甚至一度沉寂的政治学所表现出的活跃与强烈的入世取向，哲学简直可以视为"缺席"或者"自我放逐"。汹涌澎湃的现实生活与宁静孤寂的哲学研究形成了巨大的反差，尽管这一事实也许并不为专注于"追求体系的完美，喜欢冷静的自我审视"的"学院派"哲学家所觉察或自省，然而，只要对身边的世界稍加留意，便不难发现，人们除了对一些貌似哲学的"政治话语"嗤之以鼻之外，几乎遗忘了哲学在现实中的存在。在这个追求功利和崇尚实效的时代，哲学被边缘化并不是没有其可以理解的社会经济背景和文化心理氛围，然而，现实也同样不是没有对作为"时代精神精华"的哲学的热切呼唤和渴求。我们的社会在经历了几十年高速发展、深刻变革和重大转型之后，面临着重新整合和重建规则的迫切任务，而这离不开"从后思索"的"密涅瓦的猫头鹰"的智慧；我们的国家在获得一系列骄人业绩、雄厚实力和崇高威望之后，面临着来自国内外各种势力的政治压力，须臾不能为已经取得的成绩冲昏头脑，而必须保持高度沉静的理性思维；我们的人民在经受了体制转轨、市场经济和相对富裕的考验之后，面临着生活和精神的多重迷惘，亟待从时代的哲学理性中寻求生活的路标和精神的家园。时代需要哲学的担当，哲学需要时代的滋养。但是，我们的哲学似乎还依然游离于时代的洪流之外。公允地说，这并不完全是哲学工作者的主观意愿，而是因为始终没有找到介入现实世界的合理进路。与其用一些既无思想又无实证材料，既缺乏哲学的"原则高度"，又缺少科学的经验基础的"语录词汇"和抽象话语来敷衍搪塞，还不如对暂时无力或无法言说的东西保持沉默。须知，人们对哲学曾经过度干预生活而导致哲学和生活双重伤害的记忆仍然心存芥蒂。

那么，如何使哲学以适当的方式融入自己的时代，并发挥应有的反思、批判和引导功能呢？在这里，人们会自然而然地想起一个人，那就是在马克思主义哲学中国化、时代化、大众化方面作出过勇敢探索并取得骄人成就的哲学家——艾思奇。如果说艾思奇在哲学的大众化、通俗化方面的功绩已尽人皆知的话，那么，他在哲学的时代化、现实化方面所进行的理论推进和达到的理论高度，却较少被人注意和提及，但事实上，这是其在理论上所取得的更重大的建树。

在哲学的意义上，时间相对于空间来说是更深邃的东西。"时间是人类发展的空间"。① 哲学思想的时代性，是黑格尔之后的现代哲学，包括马克思主义哲学所达成的理论自觉。黑格尔深刻指出："妄想一种哲学可以超越它那个时代，这与妄想个人可以跳出他的时代，跳出罗陀斯岛，是同样愚蠢的。如果它的理论确实超越时代，而建设一个如其所应然的世界，那么这种世界诚然是存在的，但只存在于他的私见中，私见是一种不结实的要素，在其中人们可以随意想象任何东西。"② 为此，他把哲学理解为"思想中所把握到的时代"。马克思高度认同黑格尔的这一思想，并作了进一步的发展，他认为"任何真正的哲学都是自己时代的精神上的精华，因此，必

---

① 《马克思恩格斯选集》第 2 卷，人民出版社 1995 年版，第 90 页。
② 黑格尔：《法哲学原理》，商务印书馆 1961 年版，序言，第 12 页。

然会出现这样的时代:那时哲学不仅在内部通过自己的内容,而且在外部通过自己的表现,同自己时代的现实世界接触并相互作用。那时,哲学不再是同其他各特定体系相对的特定体系,而变成面对世界的一般哲学,变成当代世界的哲学。"① 我们从马克思一生的理论创作中可以发现,他不仅在理论学说中预见了这个时代,而且还在自己的理论实践中兑现了这个预言。在马克思那里,哲学不再仅仅是"解释世界"的思辨逻辑,而是"改变世界",实现人类自身解放的思想武器,"这个解放的头脑是哲学,它的心脏是无产阶级。哲学不消灭无产阶级,就不能成为现实,无产阶级不把哲学变成现实,就不能消灭自身"②。因此,马克思没有创立与其他特定体系相对的体系哲学,而是将哲学融入到了时代性的人类实践之中,通过对"尘世"、"法"、"政治"、"意识形态"和"经济学"的批判,使哲学成为"在批判旧世界中发现新世界"③ 的革命力量。

艾思奇作为具有深厚理论造诣的马克思主义哲学家,深谙马克思主义哲学的理论品格和精神实质,那就是,"哲学家们只是用不同的方式解释世界,问题在于改变世界"。④ 从接触这一理论的那一刻起,艾思奇就没有将这种哲学当作学院派的书斋哲学来看待和钻研,而是将其作为解决宇宙人生根本问题的思想指南和根本方法。当艾思奇还是一个刚刚20岁的青年的时候,经过艰苦的探索,在困惑中找到了马克思主义"新哲学"。他曾对友人说:"我总想从哲学中找出一种宇宙和人生的科学真理,但都觉得说不清楚,很玄妙。最后读到马克思、恩格斯的著作,才感到豁然开朗,对整个的宇宙和世界的发生和发展有了一个比较明确的认识和合理的解释。"⑤ 从此以后,他便紧紧抓住这个令人信服的理论武器,开始了他终其一身的马克思主义哲学研究、传播、阐发和创新的事业。在1936年6月写成的《哲学研究大纲》中,艾思奇在谈到研究哲学的意义时,明确指出:"在现在中国民众的生活里,最重要的问题是民族解放和民族救亡的问题。中国的人们研究哲学,也得要联系到这个问题。如果哲学在民族

---

① 《马克思恩格斯全集》第1卷,人民出版社1995年版,第220页。
② 同上书,第16页。
③ 同上书,第416页。
④ 同上书,第57页。
⑤ 转引自《艾思奇全书》序,第1卷,人民出版社2006年版,第2页。

救亡的解放的任务上不能起丝毫的作用,那我们还来研究哲学,就没有意义了。……我们研究哲学,就是要根据着世界发展的这一般的法则去考察民族解放运动是怎样发生和发展,去看出它的方向和前途,'哲学的主要问题是在于要改变世界',我们研究哲学,主要的问题也在于改变现状,改变我们的屈辱的被压迫民族的地位。我们的哲学一定要能帮助我们解决民族解放的一切认识上和战略上的问题,这才是它最重要的意义。"[①] 尽管艾思奇这段话是针对非专业的人士说的,但却鲜明地表达了他哲学研究的旨趣,更重要的是,这种对待哲学研究的态度,深刻地体现了马克思主义哲学的历史使命和功能。"辩证法唯物论新哲学"在艾思奇这里,从此成为了剖析时代性重大问题的手术刀和解决民族解放一切认识与战略问题的思想基础。

正像人们时常将"哲学是时代精神的精华"挂在嘴边,却未必真正理解这句名言的内涵一样,大谈哲学的时代化、现实化,也未必真正能够将这一口号付诸实践。理论与现实、思想与时代,毕竟是两个不同性质的东西,尽管它们有着共同的生活基础和深刻的一致性,然而,要自觉到这一点,并将哲学思考融入到时代的重大课题之中,却不是一件容易的事。这首先取决于用于思考现实问题的哲学。

马克思指出:"理论在一个国家实现的程度,总是决定于理论满足这个国家的需要的程度。"[②] 20世纪上半叶,与马克思主义哲学在中国的传播相并行的,还有形形色色的其他来自西方的各种哲学和产生于本土的传统哲学,体用之争、科玄之辩此起彼伏,意志主义、生命哲学、实用主义、新康德主义等纷纷登场,即使在"唯物论"哲学的名目下,也有诸多派系。然而,艾思奇所阐发的马克思主义"新哲学"何以能够赢得如此众多的读者,并最后成为那个时代哲学的主流,无疑应从其传播和阐发的哲学理论本身中去找原因。

由马克思恩格斯创立,并经过列宁发展的"新哲学",诚如艾思奇所说:"第一,它是全世界哲学史上发展的最高成果。它批判地包摄了过去一切哲学家所贡献的最积极的东西和精华,而除去了它们的毒害和渣滓;

---

① 《艾思奇全书》第1卷,人民出版社2006年版,第678页。
② 《马克思恩格斯选集》第1卷,人民出版社1995年版,第11页。

第二，它是跟着现代最前进的人们的实践活动而发展起来的，这些人们在近代历史舞台上几十年的斗争经验，构成它的理论内容，使它成为无比具体的现实的真理；第三，近代自然科学的发展也是辩证法唯物论哲学的'试金石'，自然科学界新发现的不断出现，也不断证明着新哲学的真理性。"① 艾思奇在当时的条件下既无必要也无可能学究般地去指证马克思主义"新哲学"与旧哲学以及同时代其他各派哲学在本质上的不同，论证马克思在哲学史上实现的伟大变革，但是，他看到了这种"新哲学"并不是脱离人类文明大道的某种宗派主义的东西，而是建立在全世界哲学史上发展的最高成果。因此，必须在哲学史的深厚理论背景下来认识和理解"新哲学"。黑格尔认为，哲学是历史性的思想，哲学史是思想性的历史。不理解哲学发展的历史，就不可能真正理解当代的哲学，包括马克思主义哲学。恩格斯也曾针对那些对哲学史不了解，却总是跟着某种时髦的哲学跑的自然科学家不无嘲讽地说，正是由于对哲学史的不熟悉，所以"在哲学中几百年前就已经提出了的、早已在哲学上被废弃了的命题，常常在研究理论的自然科学家那里作为全新的智慧出现，而且在一个时候甚至成为时髦的东西"。② 艾思奇在谈到如何研究哲学的时候，特别强调了研究哲学史的重要性。可见，在艾思奇看来，"辩证法唯物论"之所以能成为指导民族解放运动的"正确的哲学"，并不是任何人主观的偏好或选择，而是由这种"建立在通晓思维的历史和成就的基础上的理论思维"③本身所决定的。此其一。

其二，也是最重要的一点，就是这种新哲学是跟着现代最前进的人们的实践活动而发展起来的哲学。马克思主义哲学从创立之初就明确地表明了自己的阶级立场，强调"哲学把无产阶级当作自己的物质武器，同样，无产阶级把哲学当作自己的精神武器，"④ 把"人的解放"和实现人的自由全面的发展，即将建立一个"每个人自由发展是一切人的自由发展的条件"⑤ 的"联合体"作为自己理论的终极价值指向。因此，这种新哲学

---

① 《艾思奇全书》第2卷，人民出版社2006年版，第56页。
② 《马克思恩格斯选集》第3卷，人民出版社1995年版，第466页。
③ 同上书，第533页。
④ 《马克思恩格斯选集》第1卷，人民出版社1995年版，第15页。
⑤ 同上书，第294页。

是有鲜明的阶级属性的，是"新的前进人们的哲学"。① 不仅如此，辩证法唯物论的理论内容是由几十年最前进人们的斗争经验所构成的，因此，它是无比具体现实的真理。指出新哲学的理论内容是由最前进人们的斗争经验所构成的，这是艾思奇一个极为深刻的思想洞见。马克思主义哲学最基本最重要的理论原理，就是社会存在决定社会意识。然而，长期以来虽然我们嘴边无时无刻不挂着这句话，但却没有深入地理解作为马克思主义唯物论的真实意义和内涵，相反却将这一从根本上超越了旧哲学的观点重新拖回到形而上学"自然本体论"上加以把握。这或许就是我们的某些哲学老是脱离实际、崇尚空谈，而难以切入现实生活的深层的思想根源。马克思恩格斯在第一次系统阐述其历史唯物论思想的《德意志意识形态》中，就这一观点作过明确表述："意识在任何时候都只能是被意识到了的存在，而人们的存在就是他们的现实生活过程。""我们的出发点是从事实际活动的人，而且从他们的现实生活过程中还可以描绘出这一生活过程在意识形态上的反射和反响的发展。""不是意识决定生活，而是生活决定意识。"② 注意，所谓社会存在，就是人们的现实生活过程，而不是那些与人的实践活动无关的"存在着的无"，即抽象的物质和自然。

我们在读艾思奇哲学论著的时候惊喜地发现，在他那里，这个问题却解决得很好，不仅看不到任何类似"世界是物质的"这种抽象的议论，而且关于人们现实生活过程的辩证法唯物论的真谛在他那里得到了淋漓尽致的表达。我们且以艾思奇《民族解放与哲学》一文中对唯物论原则的阐发为例，来看他对马克思主义唯物论的把握和理解。艾思奇在这里没有就所谓的"原理"作任何空泛的表述，而是直截了当地切入到民族解放运动这一当时最现实最重大的现实问题之中，以爱国运动的高涨来说明社会存在决定社会意识的道理，反驳观念论（唯心主义）认为爱国运动只是因为受了某些党派或少数人的蛊惑的谬论。艾思奇这样写道："现实的事实决不会替观念论帮忙。如果不是丧心病狂或受到侵略者豢养的人，看见了目前严重的民族危机，还能够冷然地、没有一点自发的救国热情么？如果不是丧心病狂或受到侵略者豢养的人，你能够忍心说全国民众的爱国

---

① 《艾思奇全书》第 1 卷，人民出版社 2006 年版，第 118 页。
② 《马克思恩格斯选集》第 1 卷，人民出版社 1995 年版，第 72—73 页。

二十 艾思奇与马克思主义哲学的时代化　　　185

运动不是他们自身的要求么？全国人民难道都是木头？在这样残暴的侵略下，在不顾一切国际信义的华北增兵的事实之前，在无耻的武装走私的经济打击之下，他们会一点痛痒、一点感觉也没有么？对这些问题，谁都应该要答一个'不'字的！眼前全国爱国运动的高涨，民族意识的强化和普遍化，是由于民族危机进入了新的阶段；是由于半殖民地的中国将要陷入全殖民地化；是由于敌人不单要侵略中国，而且要独吞中国；是由于大多数的民众都明白：投降就是死路，只有抵抗才有方法图存的缘故。是在这一切事实基础上产生的。"艾思奇接着得出了这样的结论："这就证明了唯物论的原则：'不是人的意识决定他的存在，而是人的社会存在决定他的意识。'民族意识的强化和普遍化，是中国民众的艰苦为难的社会存在所决定的，不是任何少数人的意思可以左右的事。"① 这就是艾思奇所把握到的马克思主义唯物论，这种唯物论的逻辑形式是"社会存在决定社会意识"，但是它的思想内容却是由活生生的社会现实以及绝大多数人们奋起抗战的爱国行动所构成的。哲学的时代性和现实感在这里鲜明地凸显了出来。

　　要将哲学融入到时代之中，除了用于思考现实问题的理论，还离不开进行哲学思考的主体。艾思奇能够在马克思主义哲学传入中国不久的时候，实现马克思主义哲学的时代化和现实化，还取决于他具有从事哲学研究的强烈的主体意识和时代的责任感。

　　艾思奇站在时代的大众立场上来研究和阐发马克思主义哲学。我们常说要站在马克思主义的立场、观点和方法看问题，但是否真正做到了却是另外一回事。马克思主义哲学区别于旧哲学的一个重要标志，就是它的立足点。在《关于费尔巴哈的提纲》中，马克思明确强调："旧唯物主义的立脚点是'市民'社会；新唯物主义的立脚点则是人类社会或社会化的人类。"② 这里我专门引用经恩格斯加了着重符号的文字，就是为了突出"市民社会"与"人类社会"的差别。"直观的唯物主义（即旧唯物主义——引者注）即不是把感性理解为实践活动的唯物主义，至多也只能

---

　① 《艾思奇全书》第 2 卷，人民出版社 2006 年版，第 61 页。
　② 《马克思恩格斯选集》第 1 卷，人民出版社 1995 年版，第 61 页。

做到对'市民社会'的单个人的直观。"① 而"实际上,而且对实践的唯物主义者即共产主义者来说,全部的问题都在于使现存的世界革命化,实际地反对并改变现存的事物。"② 马克思主义哲学不是,至少不主要是"解释世界"的哲学,而是"改变世界"的哲学,而"改变世界"的哲学是离不开物质力量的,这个物质力量就是处于一定历史阶段从事现实活动的人。"批判的武器当然不能代替武器的批判,物质力量只能用物质力量来摧毁;但是理论一经掌握群众,也会变成物质力量"③。

艾思奇深刻领会了马克思主义哲学的精神,始终把"新哲学"的立足点置于"前进的人们"之上,把自己的哲学研究定位于"普通的民众"立场。在《如何研究哲学》一文中,艾思奇在透彻地分析了哲学与普通民众生活的关系之后,指出:"为什么要研究哲学呢?这问题现在解决了:因为从哲学的研究中,我们要找到正确的世界观,这世界观可以作为我们认识现实的根本方法。我们借此可以得到正确的认识,变革自己的意识,更进而建立起健全的、合理的生活实践。"④ 正是基于这样的立场,艾思奇写出了《大众哲学》这样的脍炙人口的传世名著,成为被蒋介石视为冲破了"三民主义"的思想利器,并且教育和影响了一代甚至几代人的思想;写出了被一代伟人毛泽东称为"更深刻的书,我读了得益很多",并且作了长篇摘录的《哲学与生活》,该书结合当时中国的现实,探讨并回答了人们生活中一系列重大而紧迫的问题。

艾思奇始终将马克思主义哲学研究与时代的重大问题结合起来。艾思奇说:"第一不离开现实的问题,第二要有前进民众的立场,是辨别正确哲学的标准。"⑤ 找准现实问题,将哲学的思考融入到时代之中,是马克思主义哲学的一贯原则。但是现实是纷繁复杂的,甚至是零碎杂乱的。哲学的思考不能纠缠于琐碎的问题,而是要抓住时代的迫切问题。马克思说:"一个时代的迫切问题,有着和任何时代在内容上有根据的因而也是合理的问题共同的命运:主要的困难不是答案,而是问题","问题"的

---

① 《马克思恩格斯选集》第1卷,人民出版社1995年版,第60页。
② 同上书,第75页。
③ 同上书,第9页。
④ 《艾思奇全书》第2卷,人民出版社2006年版,第88页。
⑤ 同上书,第98页。

主要意义在于,"问题"是时代的格言,是表达时代自己内心状态的最实际的呼声。①

那么,艾思奇所面临的时代问题是什么呢?毫无疑问,就是在国家、民族生死存亡面临巨大威胁的时候,中国向何处去的问题。今天来看,这个问题是十分明朗的,然而,在当时却不是这么简单。不仅各种观念论(唯心主义)的观点、主张甚嚣尘上,亡国论、投降主义的阴霾笼罩着人们的心理,而且还有各种打着"唯物论"旗号的学说,尤其叶青之流的论调不绝于耳,纷扰着普通民众的思想。在这种情况下,找准问题已然不易,更不要说还要在多条战线上展开理论斗争。由于艾思奇有着坚定的马克思主义哲学信仰,又具有自觉的"前进人们"即广大劳苦大众的阶级立场,任何迷雾都遮盖不了他哲学斗争的方向,任何问题都可以纳入到时代的"迫切问题"中加以把握。一部《哲学与生活》,全部是在回答各方人士向艾思奇提出的问题,问题之广几乎涉及了哲学中的一切重要方面,如世界观问题、真理问题、内因与外因的问题、形式逻辑与辩证逻辑的问题、认识论问题,甚至恋爱的问题、宗教的问题等等。艾思奇不仅通过透彻的理论分析对问题作出了正面的解答,并借以阐述了辩证唯物论的基本观点,而且,更为难能可贵的是,几乎对所有问题的解答都同时代的重大问题结合起来,赋予所解答的问题以鲜明的时代感和现实感。例如,他在回答"人生究竟是为什么?"这个问题时,他首先否定了对这个问题的抽象提法,认为应当结合时代、社会和阶级来谈论。"'人生为什么?'这问题是太空洞了。人的目的,是随着时代、社会,以及阶级的不同而不同的。"接着,他以商店老板、20年前的"读书人"为例,说明了在不同时代,不同社会和阶级条件下,人的目的的不同。最后将问题归结为,"我们的问题只是:'我们生在世界上的任务是什么?'要明白我们的任务是什么,就要认识我们周围的现实。所以,如果你要了解人生是为什么,你就先得要认识,我们的生活是什么?例如对于中国的认识,我们已决定第一是处在半殖民地的国家,第二是现在已临到民族危机更尖锐的时代了。那么,我们的任务,至少也可以确定这一点,我们要努力抗争,求民族的

---

① 《马克思恩格斯全集》第1卷,人民出版社1956年版,第203—204页。

自由解放！这就是我们的为什么了！"① 短短几句话，言简意赅，把一个本来十分抽象的问题首先带回到现实生活之中，赋予其真实的意义，然后将其置于时代的大背景下加以辨析，鞭辟入里，令人口服心服。这就是艾思奇独到的理论"功力"，他凭借这种"功力"，为实现马克思主义哲学时代化、现实化作出了重大的理论贡献。

《中共中央关于加强和改进新形势下党的建设若干重大问题的决定》明确提出了推进马克思主义中国化、时代化、大众化的理论任务，指出，"坚持运用马克思主义立场、观点、方法准确把握当今世界发展大势，准确把握社会主义初级阶段基本国情，准确把握改革发展实际，及时总结党领导人民创造的新鲜经验，围绕什么是马克思主义、怎样对待马克思主义，什么是社会主义、怎样建设社会主义，建设什么样的党、怎样建设党，实现什么样的发展、怎样发展等重大问题，不断作出新的理论概括，增强理论的说服力和感召力，丰富发展中国特色社会主义理论体系，为进一步改造世界、推动党和国家事业发展提供强有力的理论指导。"这是对当代中国时代性问题的深刻揭示和准确把握，是向中国马克思主义理论工作者提出的重大理论课题。伟大的时代理应造就伟大的理论和理论家；波澜壮阔的生活和实践势必孕育气势恢宏的思想和学说。让我们以艾思奇为榜样，不辜负时代的使命和马克思主义哲学的理论本性，将哲学思考融入到时代的重大问题之中，使马克思主义哲学在中国特色社会主义建设实践中放射出应有的时代理性光芒。

---

① 《艾思奇全书》第2卷，人民出版社2006年版，第350—351页。

二十一　艾思奇哲学研究方法的当代意义

在艾思奇那里，马克思主义"新哲学"既不是专业学者用来进行学术研究的文献资料，更不是实用主义者为我所用的语录词句，而是经过他"思维着的头脑"建构起来的严密的思想体系，其中包含了他对马克思主义哲学理论本性和精神实质的独特理解。

一方面，为了拉近哲学与普通民众的距离，他把哲学安置在了粗糙的大地上，让每一个人只要愿意都可以和它亲密地接触；另一方面，他又有着高远的哲学志向，他要把他所信服的"新哲学"——马克思主义哲学——按照它固有的本性，转化为中国广大人民大众用于"改变世界"的世界观和方法论。

艾思奇是中国马克思主义哲学大众化的第一人，同时也是马克思主义哲学中国化、现实化的重要倡导者和实践者。一部《大众哲学》既给他戴上了"通俗哲学家"的桂冠，同时也遮蔽了他在哲学理论上的其他建树，使人们不同程度地忽略了他作为一位哲学家在中国化马克思主义哲学演进中的特殊贡献和作用。能用最浅显的语言表达出最深刻的哲学思想，这本身就是以坚实的学术功底和不俗的理论见解为支撑的。其实，在早中期的哲学创作中，艾思奇写下了一系列关于如何研究哲学的文章，表达了他对哲学，尤其是马克思主义哲学的深刻理解。在当前推进马克思主义哲学中国化、时代化、大众化的新的历史条件下，重新审视他的哲学，无疑具有重要的方法论意义。他的治学态度和他的研究方法使我们确信，要想担当起马克思主义哲学大众化的时代重任，首先需要将其中国化、时代化，以时代精神的当代把握重新诠释马克思主义哲学，使理论真正成为教育群众的武器。

艾思奇是一位具有深厚理论造诣的哲学家。但凡能够写出某一学科通俗读物或概论性著作的人，往往都是相关领域的大师。因为，没有对某一学科的整体性了解和融通性把握，是很难胜任这样的工作的。深入阅读艾思奇的论著，不难发现，他不仅对那个时代苏联学者编著的马克思主义哲学论著非常熟悉，对日本学者的研究成果也甚为了解，更为重要的是，他对马克思主义哲学的认识和把握，还是建立在他对马克思、恩格斯、列宁等经典作家原著的深入研读的基础上。在艾思奇那里，马克思主义"新哲学"既不是专业学者用来进行学术研究的文献资料，更不是实用主义者为我所用的语录词句，而是经过他"思维着的头脑"建构起来的严密的思想体系，其中包含了他对马克思主义哲学理论本性和精神实质的独特理解。

马克思主义哲学作为一种产生于西方国家的哲学学说，如何让它被处于半殖民地半封建社会条件下的中国人民所理解和接受，如何使其能够在中国人民革命和民族解放斗争中发挥作用，首先面临的问题，就是要把这种学说与中国社会的现实需要结合起来，全面准确地把握其精神实质。艾思奇与当时许多接受和研究马克思主义哲学的人最大的不同，就是他坚定不移地把这种哲学认定为"改变世界"的哲学和大众的哲学。在他看来，作为"改变世界"的哲学，它不能停留在学者的书斋里或大学的讲坛上，而必须融入到轰轰烈烈的现实生活中，成为推动中国革命事业的精神力量；作为"大众哲学"，它不能只是为少数知识精英所认识和了解，而应当成为普通民众都能掌握和运用的科学世界观和方法论。

为此，在20世纪30—40年代，艾思奇面向非专业人士写下了一系列讨论如何研究哲学的论文，如《哲学研究大纲》（1936年6月）、《如何研究哲学》（1936年8月）、《思想方法论》（1936年11月）、《哲学"研究提纲"》（1939年）、《怎样研究辩证法唯物论》（1939年8月）、《关于研究哲学应注意的问题》（1941年5月）等。除了这些直接讨论哲学研究方法论的论文外，艾思奇还写下了诸如《大众哲学》、《哲学与生活》、《哲学是什么？》、《哲学的现状和任务》等涉及哲学一般问题的著作。这些著作比较集中地反映了艾思奇关于哲学、马克思主义哲学以及如何研究哲学的思想，其中不乏一些独到而深刻的见解，不仅在当时，即使在今天也值得哲学工作者悉心体会和理解。

二十一　艾思奇哲学研究方法的当代意义

艾思奇为了将"辩证法唯物论""新哲学"传播普及到普通民众之中，首先需要向普通民众解答哲学是什么这个看似简单实则十分困难的问题。艾思奇认真地思考了哲学与普通民众生活的关系。他深知，对于普通民众来说，"与生活无关的东西，我们是不需要的。哲学如果应该学，那必定因为它对于我们的生活有重要的意义。也必须要能够帮助我们合理地生活，我们才有学哲学的必要"①。艾思奇通过回归哲学最本质的意义，对哲学作出了一种全新的解释，不仅切实拉近了哲学与普通人生活的距离，使人们真切地体会到了哲学与人生的关系，而且还催生了一种新哲学观的形成。可以说，当代中国人对哲学的理解，很大程度上是受益于艾思奇。

艾思奇联系现实中最普通人们的生活，把哲学解说为个人的"生活态度"或"世界观"。如果说人的生活可以与"哲学"无关，但无论如何不能说与"生活态度"无关。一个人有什么样的生活态度，就决定了他（她）将选择什么样的人生道路。艾思奇通过列举当时人们面对艰难的生活处境所作出的不同的人生选择，说明了哲学与人生的关系。他写道："在同一现实、同一社会之下，生活的形象却有这种种的不同，这是为什么呢？从一个人的生活形象里，不是可以看出他对于生活所抱的态度，他对世界所抱的观感了么？而一个人的生活态度或世界观，不正是他自己的哲学么？"② 艾思奇把哲学理解为人们的"生活态度"，甚至生活"感想"，无疑是为了消除人们对于哲学的神秘感，但这确实又是他对于哲学的基本理解。他随时注意把自己同书斋里的哲学家区别开来，并做好了被这些人嘲笑的准备。他对自己的观点充满了信心和底气，坚信自己说的"总是很真实的道理"。有意思的是，时至今日，人们已经把艾思奇这个关于哲学的观点变成了不言而喻的常识，总是说世界观人皆有之，因而人人都有自己的哲学，却常常遗忘了这个观点的发明人。

哲学是人们用于指导生活的意识，学习哲学就是为了把握正确的意识。生活决定意识，是马克思主义哲学的基本观点。艾思奇认为："把握正确的意识，找寻正确的生活道路，这正是我们所以要学哲学的目的。"③

---

① 《艾思奇全书》第2卷，人民出版社2006年版，第82页。
② 同上书，第97页。
③ 同上书，第98页。

他告诫人们,哲学既有"正确的哲学",也有"骗人的哲学"。那么,什么是正确的哲学呢?他认为,正确的哲学必须"是要能够说真话的哲学"。这又包括两个方面,一是"所谓说真话的哲学,就是对于今日世界的现实问题,能够指示我们去作正确的认识,对于所不满意的现实社会机构,能够指示真正的改革的道路。哲学的'重要问题是在于改变世界',正确的哲学,就是要真正能够担负起改变世界的任务的"①。二是"说真话的哲学,是要有说真话的立场的。因为人绝不是谁都能说真话的,而能说真话的人,至少是他所处的地位或立场要使他有这样的可能"②。好一个"说真话的哲学"!语言是这样的亲切朴实,然而其中的寓意却是非常深刻的。强调哲学要说真话,是因为的确存在一些不说真话的哲学。这些哲学有如马克思所批评的那样,"爱好宁静孤寂,追求体系的完美,喜欢冷静的自我审视"③,而现实的问题,尤其是现实人们的苦难,却不在它们的视野之内。这样的哲学只能成为少数人自我把玩的精神游戏,对大众的生活没有任何裨益。在艾思奇眼中,只有把"改变世界"作为自身使命的马克思主义哲学,才是能够指导人们认识世界、改变现实的哲学,因而,也才是"说真话的哲学"。他还深刻地指出,并不是每个人都能说真话,说真话需要说真话的"地位"和"立场",也就是要有说真话的"存在论"基础。作为理论形态社会自我意识的哲学,必须立足于要求变革的立场,人们才有可能直面生活的现实,道破世界的真相,因而,也才是正确的哲学。

哲学是人们对于世界的根本认识和根本态度,它既是世界观又是方法论。艾思奇认为,人们在面对生活中不同事物的时候,会有各种不同的认识或态度,但并不是所有的认识和态度都是哲学,哲学思想是人们的根本思想,也可以说是人们对于世界一切的根本认识和根本态度。艾思奇哲学观上的一大突破,当说是他把哲学既把握为世界观,又把握为方法论。有学者认为,从方法论,特别是思想方法的角度去阐发马克思主义哲学,是艾思奇对马克思主义哲学中国化的一大贡献,毛泽东从这一思想中受益最

---

① 《艾思奇全书》第2卷,人民出版社2006年版,第184—185页。
② 同上书,第721页。
③ 《马克思恩格斯全集》第1卷,人民出版社1995年版,第219—220页。

多。"艾将辩证唯物主义理论当做思想方法论来认识所进行的理论命题的转换，以及所阐释问题的视角，对于实现马克思主义哲学的'中国化'起了重要的作用；同时，对毛泽东结合中国革命实际深入研究思想方法问题、大力倡导马克思主义思想方法论起了直接的推动作用。"① 艾思奇关于世界观和方法论相统一的思想，建立在他对列宁关于辩证法、认识论、论理学（逻辑学）三者一致观点深刻理解的基础上，正是由于达到了这样的思想高度，他才能克服长期以来形成的将本体论、认识论、辩证法以及逻辑学看成是相互独立的理论体系的肤浅认识，从而在"后黑格尔哲学"的意义上把握马克思主义哲学。在《思想方法论》的后记中，艾思奇写道："因为在新哲学里，不论是本体论也好，认识论也好，辩证法的许多法则也好，都同时兼有世界观和方法论的两种意义。辩证法不单只是方法论，同时也是世界观。本体论、认识论也不单只是世界观，同时也是方法论。"② 不要说在当时，即使是在今天，也可以说是一个非常深刻的见地。

不难发现，艾思奇的哲学观中存在着巨大的思想张力：一方面，为了拉近哲学与普通民众的距离，他把哲学安置在了粗糙的大地上，让每一个人只要愿意都可以和它亲密地接触；另一方面，他又有着高远的哲学志向，他要把他所信服的"新哲学"——马克思主义哲学——按照它固有的本性，转化为中国广大人民大众用于"改变世界"的世界观和方法论。

艾思奇的哲学观，本质上也就是他的马克思主义哲学观，在他那里，"正确的哲学"，就是马克思主义"新哲学"，亦即"辩证法唯物论"。他关于一般哲学的理解，是以他对马克思主义哲学的理解为前提的。

艾思奇对马克思主义哲学的阶级属性和理论本质，有着深刻的领会和自觉。"哲学把无产阶级当作自己的物质力量"，同样，无产阶级也把哲学当作自己的精神力量"。无产阶级革命的目标就是要实现"人的解放"。"这个解放的头脑是哲学，它的心脏是无产阶级"③。这是马克思主义哲学形成之初就表明的观点。艾思奇对此作了这样的发挥："无产阶级的任务

---

① 石仲泉：《延安时期的艾思奇哲学与毛泽东哲学》，《理论视野》2008 年第 6 期。
② 《马克思恩格斯全集》第 1 卷，人民出版社 1995 年版，第 16 页。
③ 《艾思奇全书》第 2 卷，人民出版社 2006 年版，第 721 页。

（一般地说）是改革世界，而辩证法唯物论哲学的'重要任务'也正是'在于改变世界'。哲学要能担负起改革世界的任务，就必须与革命的实际行动结合，成为指导革命行动的观点，必须'把握大众，成为物质力量'。……因此，真正的辩证法唯物论，存在于无产阶级与广大人民的革命行动的正确指导中，如果脱离了实际问题的解决，那么，无论说千百万个辩证法唯物论的名词，也不能成其为真正的辩证法唯物论。"① 在谈到何为哲学，何为正确的哲学的时候，艾思奇引用最多的是马克思在《关于费尔巴哈的提纲》中的那句名言："哲学家们只是用不同的方式解释世界，问题在于改变世界。"② 可见他是从这句话中去理解和把握马克思主义哲学本质精神的。在他看来，辩证法唯物论作为一种哲学，与其他哲学有着本质的不同，这种哲学须臾不能与实际的革命行动相脱离，它的全部生命力就存在于指导无产阶级和广大民众变革世界的实践中，因此，它是无产阶级的世界观，也是最彻底的革命世界观。

马克思主义是一个有机的整体。艾思奇认为："辩证法唯物论是马克思主义的哲学基础，也就是科学的共产主义的方法基础。"③ 它的哲学和它的整个共产主义理论是不可分离地联系在一起的。"没有辩证法唯物论，也就不会有马克思的科学的共产主义。"同样，"离开了马克思主义的整个的科学理论，就不会有活的辩证法唯物论"④。把马克思主义把握为一个整体，这既是马克思主义理论本身的内在要求，也是把握马克思主义学说必须遵循的一个原则。正像艾思奇所指出那样，离开了辩证法唯物论，这个理论就失去了它的哲学基础，也就失去了一个理论不可或缺的世界观和方法论原则；而离开了马克思主义的整个理论，只是把它的哲学像科学定理或者公式那样抽取出来到处套用，那它就变成了僵死的东西，也就不再是真正的辩证法唯物论了。遗憾的是，在相当长的一个时期里，甚至直到今天，我们还有很多自认为懂得马克思主义哲学的人，还在把"辩证法唯物论"当作万能的公式到处套用，使其变成了恩格斯所说的"不过是用来套在任何论题上的刻板公式，不过是可以用来在缺乏思想和

---

① 《艾思奇全书》第 2 卷，人民出版社 2006 年版，第 721 页。
② 《马克思恩格斯全集》第 1 卷，人民出版社 1995 年版，第 57 页。
③ 《艾思奇全书》第 2 卷，人民出版社 2006 年版，第 727 页。
④ 同上。

实证知识的时候及时搪塞一下的词汇语录"①。这样做的结果，不仅对解决任何思想认识问题或现实实践问题没有任何补益，甚至会适得其反，而且还扼杀了"在批判旧世界中发现新世界"亦即"改变世界"的马克思主义哲学的生命力，损害了这种哲学在人们心目中的理论威信。

艾思奇深刻地看到，马克思恩格斯作为辩证法唯物论的发现者，"他们的哲学上的发现和他们的整个的革命理论，以至革命实践，是分不开的"②。他强调指出，辩证法唯物论的研究，首先就不能离开唯物史观。"要解决社会历史的问题，不是简单用辩证法唯物论的公式来一套，或把它的一些哲学名词硬装到历史事实上去，就可以成功的，首先要就社会历史本身去找出它自己的具体的辩证法。"③ 他还认为："辩证法唯物论之所以和其他任何唯物论不同，也正在于它的唯物史观。"④ 由此，他作出了这样的论断："读辩证法唯物论的人尽管怎样多，如果他丢开了唯物史观，我们就可以判断，他已经失去了真正把握辩证法唯物论的起码条件。"⑤

马克思主义哲学，就是辩证唯物主义和历史唯物主义，在今天这已成为常识。倒是究竟马克思有没有独立于历史唯物主义之外的辩证法唯物主义，反而成为了学术界争论的一个热点话题。可以想见，在20世纪30年代的时候，能够如此强调历史唯物主义（唯物史观）的重要性，足以表明艾思奇深厚的马克思主义哲学理论修养。把唯物史观看成是马克思主义哲学不可或缺的组成部分，甚至是最重要部分，强调把握辩证法唯物论，必须同时研究唯物史观，对于在中国形成完整的马克思主义哲学观，帮助人们全面准确地理解马克思主义哲学具有重要的意义。

如果说艾思奇实现了马克思主义哲学大众化，已经是一件难能可贵且功德无量的事情的话，那么，这其实只是他在中国传播马克思主义哲学工作的第一步，他并没有因此就止步不前，而是随着形势的发展和斗争的需要，进一步提出了马克思主义哲学中国化、现实化（时代化）的任务。

---

① 《马克思恩格斯选集》第2卷，人民出版社1995年版，第119页。
② 《艾思奇全书》第2卷，人民出版社2006年版，第727页。
③ 同上。
④ 同上书，第490页。
⑤ 同上书，第491页。

在1938年撰写的《哲学的现状与任务》一文中，艾思奇分析了当时中国的哲学"空气"，指出存在忽视哲学和书斋哲学两种错误倾向，并对貌似用哲学来关注现实的"公式主义者"试图"用一部分公式来支配抗战的问题"，进行了深刻的揭露和批判。他认为，哲学空气沉寂，固然与抗战期间人们生活艰难紧张而无暇顾及哲学有关，但哲学工作者没有担负起自己的责任也是一个重要原因。"我们在哲学岗位上的人没有把工作做得好，没有把哲学的工作在抗战的情势中具体化起来，也就是还没有作出一些值得爱国的民众们来加以理会的工作，我们还没有能供给他们适当的很好的粮食。"① 他呼吁必须来一场哲学研究中国化、现实化的运动。"现在需要来一个哲学研究的中国化、现实化的运动。过去的哲学只做了一个通俗化的运动……这也就是中国化现实化的初步……然而在基本上，整个是通俗化并不等于中国化、现实化。"② 艾思奇实际上是将马克思主义哲学通俗化（大众化）与中国化、现实化看作一个整体，大众化是"中国化现实化的初步"，而如果没有做到中国化现实化，也不可能做到充分的通俗化（大众化）。大家知道，毛泽东在大致相同的时期，也发表了这样的言论："离开中国特点来谈马克思主义，只是抽象的空洞的马克思主义。因此，使马克思主义在中国具体化，使之在其每一表现中带着必须有的中国的特性，即是说，按照中国的特点去应用它，成为全党亟待了解并亟须解决的问题。洋八股必须废止，空洞抽象的调头必须少唱，教条主义必须休息，而代之以新鲜活泼的、为中国老百姓所喜闻乐见的中国作风和中国气派。"③

艾思奇的马克思主义哲学观对于中国化马克思主义哲学产生了持久而深远的影响，一方面，它对于中国人民了解马克思主义哲学的基本精神，尤其将这种精神贯穿到人民革命和民族解放运动的实践中，发挥了十分积极和重要作用，同时，对毛泽东思想的形成和发展也产生了不可低估的影响；另一方面，它也不可避免地带有那个时代、那种情势下的某些简单化、实用化的印迹，客观上遮蔽了马克思主义哲学之于现代资本主义批判

---

① 《艾思奇全书》第2卷，人民出版社2006年版，第88页。
② 同上。
③ 《毛泽东选集》第2卷，人民出版社1991年版，第534页。

的深邃意蕴和理论抱负，一定程度上，在反对教条主义、公式主义的同时，又事与愿违地制造了某种新的教条主义。探讨艾思奇的马克思主义哲学观，既要学习他深入到理论的精神实质之中去理解和阐发马克思主义哲学的可贵做法，又要从中总结理论研究和传播过程中可能出现偏差的经验教训。

一种哲学观内在地包含着一种哲学研究的方法论。艾思奇不是一个书斋里的哲学家，他强调要把马克思主义哲学转化为"改变世界"的世界观和方法论。

艾思奇坚信，正确的哲学能够树立人们正确的世界观，找到认识现实的根本方法，从而帮助人们建立起健全合理的生活，这就是要明确哲学研究的目的。他说："因为从哲学的研究中，我们要找到正确的世界观，这世界观可以作为我们认识现实的根本方法。我们借此可以得到正确的认识，变革自己的意识，更进而建立起健全的、合理的生活实践。"① 在艾思奇那里，哲学，尤其马克思主义"新哲学"，没有脱离生活而独立存在的意义；应该把哲学同现实生活结合起来，在变革客观世界的同时，变革自己的主观世界。

哲学的世界派别林立、观点纷呈，对于一般民众来说，很难从中区别良莠、甄别真伪。艾思奇从事哲学事业，有他自己明确的理论目的，他深谙马克思关于"理论一经掌握群众，也会变成物质力量"的思想，致力于把一种在当时真正有利于推动民族救亡和人民解放运动的"新哲学"传播普及到广大民众之中。然而，正像马克思所说的那样，能够掌握群众的理论，必须是一种彻底的、抓住了问题根本且有说服力的理论。艾思奇凭借马克思主义"新哲学"自身固有的理论征服力和自己对这种理论的娴熟掌握与深刻领悟，以近乎拉家常或谈心的方式，把人们对哲学的兴趣和关注引到了辩证法唯物论之上，学会辨别不同的哲学，并以是否"说真话"为标准，帮助人们去识别"正确的哲学"和"骗人的哲学"。

艾思奇认为，学习哲学史和哲学概论不过是进入哲学世界的一个入口，更重要的是要建立起自己的哲学。当然，这不是要像某些学究们那样，去刻意"创立新哲学"，建立自己的哲学与创立新哲学是不同的。他

---

① 《艾思奇全书》第 2 卷，人民出版社 2006 年版，第 89 页。

说:"创立新哲学,是等于书本上的理论的空把戏。而说到建立自己的哲学,目的却是要给我们自己建立正确的哲学思想。"① 总之,"我们要建立的哲学,就是能指导自己的生活,和自己的生活密切结合着的哲学,它要能够始终一贯地贯串在我们的生活里,所以它也可以成套成系统,但并不是空理论空逻辑的系统,也不一定要挂起新哲学的招牌"②。强调哲学与生活的结合,是艾思奇哲学研究方法论的一大特色,也是他自己毕生坚持的治学原则。

把握辩证法唯物论,必须强调在实践中的运用。艾思奇认为研究辩证法唯物论跟研究一般哲学存在根本的不同,研究其他哲学,只要能够著书立说,满足于讲出一套"说明世界"的理论,也就算有了成就。"而研究辩证法唯物论则不然。要评判辩证法唯物论的研究是否有成就,并不在于(至少是不完全在于)纯理论本身讲的多么熟练,而要看这研究的人在遇到革命的实际问题(或与革命有联系的问题)的时候,能否在辩证法唯物论观点上给予正确的解决。能够常常正确解决问题时,才算是达到研究的目标,才算是把握了辩证法唯物论"③。为了达到这样的研究效果,艾思奇批判了两种不正确的倾向,一是书呆子式的专门从名词公式上推敲的倾向;二是主张"哲学无用论"的事务主义或实际主义倾向。这可以说是在我党历史上开启了从理论上反对教条主义和经验主义的先河。艾思奇还具体讨论了把握辩证法唯物论的步骤,认为:"第一步,要把握辩证法唯物论本身的基本观点,……第二步,就要暂时丢开哲学公式,把所遇到的现实事物的本身作具体的考察。第三步,在辩证法唯物论的指导下,分析事实材料的各方面,并把握着一切方面的联系,这就是要把握辩证法唯物论法则的具体表现。"④ 这里潜含了一个重要的思想,就是让辩证法唯物论的法则在研究现实事物的过程中自己显现出来,而不是将这些法则生硬地套在现实事物之上。

艾思奇的哲学观和哲学研究方法论,在今天看来,或许不少观点已经成为人们关于哲学的常识和对待哲学习以为常的态度,然而,人们并未用

---

① 《艾思奇全书》第 2 卷,人民出版社 2006 年版,第 102 页。
② 同上书,第 102 页。
③ 同上书,第 721—722 页。
④ 同上书,第 724 页。

反思的方式去追问这些思想的来源。了解艾思奇提出这些思想的时代背景和思维逻辑，"还原"其思想中应有的鲜活成分和丰富内涵，有利于我们自觉到真实的理论起点，从而以具有当代水平的理论眼光去把握时代提出的新课题，进一步推进马克思主义哲学的中国化、时代化、大众化，开创这一富有强大生命力的理论学说的新境界。

二十二　张力中的马克思主义哲学大众化

我们存在一个很大的误区，那就是，一说到"哲学大众化"，立刻想到的就是，如何让哲学变得通俗易懂，变得素朴浅显，甚至变成各种似是而非的例子的堆砌，而有意无意地忽视了用"抓住事物的根本"的理论去"说服人"的问题。

一种理论，尤其是哲学理论，其征服人的奥妙，不在于，至少主要不在于它是否通俗易懂，是否浅显具体，而在于它是否抓住了"人"这个根本。

马克思主义哲学大众化既是一个伴随中国革命、建设和改革的思想理论发展历程，也是我国马克思主义哲学理论界历史弥新的一项重要理论事业。以 20 世纪 30 年代，艾思奇出版《大众哲学》并取得巨大成功为标志，马克思主义哲学大众化，一方面，以思想理论为武器，武装了一代又一代中国共产党人和追求进步的革命青年，用"批判的武器"有力地支持了"武器的批判"，以至于蒋介石在退到台湾后总结国民党失败的原因时，都不得不提到，"一部《大众哲学》搞垮了我们的思想防线"；另一方面，这一思想运动秉承了马克思主义哲学的本真精神，体现了这种学说的理论本性，开启了一条让马克思主义哲学在进入现实人们生活的过程中不断得到丰富和发展的有效进路。这是马克思主义哲学保持自身生命力和创造力的必由之路，也是当代马克思主义哲学理论工作者必须坚持的正确方向。但是，又必须看到，由于我们所生活的时代与艾思奇写作《大众哲学》时所处的时代已经发生了深刻的变化，人们的生活境遇和所面对的问题，受众的受教育程度和阅读兴趣，以及获取信息和知识的方式及渠道等，与那个时代完全不可同日而语。如果还只是停留在某种表面的形式上学习艾思奇把马克思主义哲学这种在当时还是一种全新的外来哲学变为中国普通民众所接受的哲学的做法，可能很难再收到预期的效果。因此，必须基于时代的问题、条件和要求，对如何推进马克思主义哲学大众化作进一步探索和思考。

艾思奇《大众哲学》所创造的奇迹，深刻地影响和启发了许多马克思主义哲学理论工作者，激励一批又一批学者在这条路上继续探索，以期再造辉煌。然而，我们不能不正视的现实是，那种一部哲学普及读物在短短十余年时间里就再版30多次，被成千上万的人奉为圭臬，视为宝典的情形再也没有，可以说也不太可能出现了。对此，应该怎么看？我以为，这不是坏事，这是时代进步，民族文化素质提升的必然结果。它不是终结了马克思主义哲学大众化这一依然任重而道远的理论事业，而是对这项理论工作提出了更高的期待和要求。在马克思主义哲学大众化问题上，我们首先应该正视的是，现实中马克思主义哲学学术化和大众化研究形成了巨大的张力。

从"学术化"方面来讲，一方面，是马克思主义哲学学术研究出现了空前的繁荣，研究领域不断拓展，学术观点不断创新，研究理路日益多元，话语形式时常翻新，在取得一系列研究成果的同时，也成就了一批以马克思主义哲学学术研究为志业的学者；另一方面，是马克思主义哲学在现实中的失语，哲学理论研究的高度专业化和学术化与现实人们的真实关切严重脱节，"哲学话语"和"生活话语"失去了应有的联系，某些哲学研究似乎成为少数专业人士自言自语、自娱自乐的智力游戏，又回到了马克思所批判的"哲学，尤其是德国的哲学爱好宁静孤寂，追求体系完美，喜欢冷静的自我审视"的研究状态，不仅现实人们在物质生活和精神生活上的苦恼、迷惘和困惑，进入不了某些研究者的视野，甚至与国家民族前途命运休戚相关的重大理论和实践问题，也被有意无意地忽略和回避。致使迫切需要哲学智慧滋养的普通人们，要么只能在一些貌似深刻实则肤浅的"心灵鸡汤"中去获取精神养分，要么直接从各种宗教信仰中去寻求灵魂的慰藉。这不能不说是承载着为人们提供"安身立命之本"的哲学的缺位和失职。

从"大众化"方面来讲，一方面，是关于现实问题的哲学研究，包括较为贴近普通大众的"讲坛哲学"，很大程度上还停留在用非哲学的方式进行思维和言说。很多运用马克思主义哲学对现实问题的分析阐释，不同程度地存在把马克思主义哲学当着"在缺乏思想和实证知识的时候及时搪塞一下的词汇语录"，或者以知性思维的方式，将马克思主义哲学原理当作可以用来到处套用在任何论题上的万能药方和公式。诚如吴晓明教授借用黑格尔的批评所指证的那样："按照黑格尔的说法，抽象的外部反思'通常是以主观的意义被认为是判断力的运动'。这种反思是作为忽此忽彼地活动着的推理能力，它仅仅知道把一般原则运用到任何内容之上，却完全不知道如何深入到特定的内容之中，如何在此一深入中切中内容的真正的客观性。因此，作为外部反思的主观思想从来不可能触动并揭示社会现实，相反却使之完全被掩盖起来。"另一方面，就是把马克思主义哲学当作某种永恒"在场"的东西，遗忘了恩格斯的告诫，即"每一个时代的理论思维，从而我们时代的理论思维，都是一种历史的产物，在不同时代具有非常不同的形式，并因此具有非常不同的内容"；无视这种哲学不过是一种内在于人们的现实生活，并不断随着实践的发展和历史的进步而持续发挥反思、批判和超越作用的思想力量，总是试图让人们"张开嘴来接受绝对科学的烤松鸡就得了"，不仅哲学观念和思维方式僵化凝固，而且表达方式和话语体系也迂腐陈旧，致使对教条主义深恶痛绝，对肤浅哲学和生硬说教拒斥反感的人们很难认同和接受。导致马克思主义哲学对现实人们的影响力和感染力不是在上升，而是在下降。现实人们对哲学的寻求，与其说是在诉诸于马克思主义哲学，毋宁说是非马克思主义哲学。这不能不说是马克思主义哲学大众化面临的现实窘迫与困境。

在马克思主义哲学大众化问题上，我们存在一个很大的误区，那就是，一说到"哲学大众化"，立刻想到的就是，如何让哲学变得通俗易懂，变得素朴浅显，甚至变成各种似是而非的例子的堆砌，而有意无意地忽视了用"抓住事物的根本"的理论去"说服人"的问题。其中有两点特别值得深思：

其一，是内容深刻与形式通俗的问题。哲学贵在高明，不高明就算不上真正的哲学。马克思主义哲学如果不是实现了对传统形而上学的根本性颠覆，不是"思入到了历史的深处"，揭示了人的资本主义存在方式的本质性特征和内在矛盾，从而"发现了人类历史的发展规律"和"资产阶级社会的特殊的运动规律"，那么，它是不可能赢得那么多坚定的信众和崇高的科学地位的。然而，高明而深刻的学说，未必就一定难以被人理解、被人接受。不可否认，由于哲学独特的问题意识、思维方式和表述形式，有一些哲学著作的确艰深晦涩，例如康德、黑格尔的著作，包括马克思本人的一些著作。以至于连列宁都感叹，读黑格尔的逻辑学是引起头疼的最好办法。但是，一方面，并不是所有的哲学著作都难以阅读，许多中外哲学著作也可以让人爱不释手；另一方面，我们这里讨论的大众化，还存在一个经过专业哲学工作者转换的环节。所谓转换，就是要把那些隐含在高度抽象化、逻辑化的生僻概念和文字中的哲学道理，用多数人习惯的话语表述出来，给他们道明白、讲清楚。一定意义上讲，做这项工作比做自己专业领域的研究还要难。艾思奇在《我是怎样写成〈大众哲学〉的？》一文中写道："写通俗文章比专门学术文章更难。专门学术的文章，不十分着重写作技术，只要有材料、有内容，即使使用了艰涩的文字和抽象的把握，也不是十分要紧的。通俗的文章却要求我们写得具体、轻松，要和现实生活打成一片。"在哲学表述中，最忌讳的莫过于这样一种情形，那就是，用了一些人人都不明白的话讲了一些人人都知道的简单道理。真正高明的哲学表述正好相反，它应当是用一些人人都明白的话讲出一些未必人人都知道的高深道理。因此，这里的"通俗"、"具体"、"轻松"，是就其表述形式来说的，它不应当损耗和降低哲学的思想高度和理论深度，更不能为了所谓大众化，而走到常识化、经验化，甚至庸俗化的地步。但凡能写出通俗著作的人，往往都是某一领域的大家。艾思奇若不是具有深厚的马克思主义哲学理论修养和积累，并深刻地理解和把握了这种哲学的本质精神和社会功能，是不可能写出能够征服普通读者的著作的。须知，虽然在今天看来，艾思奇在《大众哲学》中所讲的道理几乎已经成为常识，但在当时，他所传播的可是一种全新的、外来的十分深刻的哲学！

其二，是哲学靠什么征服人的问题。马克思在《〈黑格尔法哲学批判〉导言》中有两段话是值得我们深长思之的。一段是，"批判的武器当然不能代替武器的批判，物质力量只能用物质力量来摧毁；但是理论一经掌握群众，也会变成物质力量。理论只要说服人，就能掌握群众；而理论只要彻底，就能说服人。所谓彻底，就是抓住事物的根本。而人的根本就是人本身。"在这段用递进的语气写成的文字中，马克思并没有提到"通俗"、"浅显"这样问题。事实上，马克思面向的读者也不是大学的哲学教授或专业人士，而是正在开展反抗资产阶级斗争的工人阶级，这些人群同样不可能有很高的教育背景和文化程度。然而，马克思一方面坚信理论的威力，认为理论只要能够掌握群众，就能变成物质的力量；另一方面，则强调理论一定要能"说服人"，而理论靠什么"说服人"呢？他认为关键在于理论"要彻底"，"要抓住事物的根本"，"而人的根本就是人本身"。可见，一种理论，尤其是哲学理论，其征服人的奥妙，不在于，至少主要不在于它是否通俗易懂，是否浅显具体，而在于它是否抓住了"人"这个根本。马克思进一步论述道："德国理论的彻底性的明证，亦即它的实践能力的明证，就在于德国理论是从坚决积极废除宗教出发的。对宗教的批判最后归结为人是人的最高本质这样一种学说，从而也归结为这样一种绝对命令：必须推翻使人成为被侮辱、被奴役、被遗弃和被蔑视的东西的一切关系。"抓住"人"这个根本，就是深刻地揭示人的存在方式和生活境遇，就是使人们达成对自己历史命运和未来前途的自觉，就是让"哲学"成为人们（无产阶级）的"头脑"和"精神武器"。

马克思的另一段话是，"理论在一个国家实现的程度，总是取决于理论满足这个国家的需要的程度"。在马克思看来，"哲学家的成长并不像雨后的春笋，他们是自己的时代，自己的人民的产物，人民最精致、最珍贵和看不见的精髓都集中在哲学思想中。"哲学理论如果不能真正满足这个国家人们的现实需要，哲学家不能成为他们自己的时代和自己的人民的产物，不能以哲学家"思维着的头脑"把"人民最精致、最珍贵和看不见的精髓"揭示出来，表达出来，简言之，不能把"问题"作为"时代的口号"，就不可能在现实中得到实现。一定意义上讲，艾思奇的《大众哲学》之所以在当时征服了那么多普通民众，就是他运用马克思主义"新哲学"，深刻地触及了当时身处"三座大山"压迫的中国人民的生存状态和内心渴求，他体悟和把握到了民众的心声。他曾说："与其说是《大众哲学》本身的成功，毋宁说是中国一般大众的智识饥荒是太可怕了。"他所说的"智识饥荒"，显然不是一般知识的缺失，而是对哲学，也就是对理解和把握自身存在以及与周遭世界关系的深刻理论的缺失。可见，一种哲学能不能"大众化"，取决于它能不能"化大众"，亦即它能不能凭借自己深刻的思想或识见，使自己时代的人们从"自发"的生存状态进入到一种"自觉"的生存状态，找到自己"人生的最高支点"或"安身立命之本"。

我们进一步讨论马克思主义哲学学术化和大众化的关系问题。

孙正聿教授在其《亲近我们的马克思哲学》一文的结尾，写下了这样一段话："在'重读马克思'和'阐释马克思'的过程中，我们会越来越深切地体会到，当我们把马克思哲学'神话'和'僵化'的时候，马克思哲学只能是离我们越来越远，而当我们'回到'关于人类解放和人的全面发展的马克思哲学'学说'的时候，并且把这个'学说'作为'学术'进行研究的时候，把这个'学说'内化为我们每个人的'学养'的时候，马克思的哲学与我们越来越亲近了。"中国马克思主义哲学大众化，滥觞于20世纪30年代，在毛泽东"使马克思主义在中国具体化"观点的倡导和引领下，掀起了马克思主义哲学大众化研究的热潮，并形成了毛泽东的《反对本本主义》、《实践论》、《矛盾论》、《新民主主义论》等划时代的光辉著作，以及艾思奇的《大众哲学》、《哲学与生活》，李达的《社会学大纲》等重要理论成果。这次马克思主义哲学大众化运动，不仅进一步夯实了中国共产党的理论基础，从思想上武装了广大党员和人民群众，而且使马克思主义这一外来的"新哲学"在中国这片古老的东方国度得到了广泛普及和传播。由于这次马克思主义哲学大众化运动在理论上的准备比较充分，尤其是以毛泽东为首的一批中国马克思主义理论家，坚持把马克思主义普遍原理与中国的具体实际相结合，主张"洋八股必须废止，空洞抽象的调头必须少唱，教条主义必须休息，而代之以新鲜活泼的、为中国老百姓所喜闻乐见的中国作风和中国气派"，加之马克思主义哲学本身之于中国现实的实践功能和理论魅力，因此，收到了十分显著的传播效果，创造了像艾思奇《大众哲学》那样的理论宣传奇迹。新中国成立后，随着马克思主义作为主导意识形态地位的确立，传播和普及马克思主义哲学成为日常的理论任务。本来这应当成为更加全面深入地理解和阐释马克思主义哲学的历史机遇，但是，由于受当时国内国际环境和极"左"思潮的影响，一定程度上存在把鲜活的马克思主义哲学教条化、经验化、庸俗化和泛政治化的倾向。一方面，出现了人人读"毛选"，个个学哲学，贫下中农登堂入室讲哲学的热闹场面；另一方面，则是马克思主义哲学理论威信和魅力的受损和降低，人们把"辩证法"戏称为"变戏法"，就是这种情形的具体表现。除了政治和历史的原因外，马克思主义哲学学术化研究和大众化普及的脱节，不能说不是一个重要的因素。尤其在20世纪六七十年代，马克思主义哲学被当成了"放之四海而皆准"的"科学"，甚至被割裂为各种"语录"，以黑体字的形式孤立于它自身的理论体系和人类的思想整体之外。其中的经验和教训是十分深刻的，也是直到今天依然值得认真总结和反省的。

改革开放以来，马克思主义哲学学术研究与我们国家的各项事业一样，迎来了前所未有的良好发展环境和机遇，在推动社会实现解放思想的同时，也不断实现着自身的思想解放，一度曾成为中国学术界最活跃，对社会生活最具影响力的学科领域。与此同时，马克思主义哲学研究还在一般理论宣传之外争取到了一块相对宽松的学术空间，开启了作为"学术"的马克思主义哲学（马克思哲学）研究领域，于是，从反思苏联模式的教科书，到"重读马克思"、"回到马克思"，再到与现当代西方哲学、西方马克思主义（包括东欧新马克思主义）的批判性对话；从实践论转向，到存在论（生存论）转向，再到生活世界转向；从价值论凸显，到经济哲学、政治哲学成为显学，再到基于文本研究对马克思历史唯物主义、《资本论》等重要文献的再理解、再阐释，如此等等，不一而足。在这个理论自身的"否定之否定"，亦即自我反思和自我批判的演进过程中，马克思主义哲学研究取得了极为丰硕的理论成果，可以说今日中国的马克思主义哲学理论水平和思想水准，与改革开放前已不能同日而语，无论是哲学观念、思维方式、研究理路、文献积累、话语方式等，都有了长足的进步。毫无疑问，这些成就和进步都是马克思主义哲学学术界共同努力的结果，也是值得欣慰和自豪的。然而，伴随这一过程所出现的前文提及的现象又不能不引起人们的焦虑和关注。马克思主义哲学学术化和大众化研究几乎形成了两种理路和难以对话的两套话语系统，一方面，一些从事马克思主义哲学学术研究的学者越来越专注于"纯粹的学术"，不屑于与从事马克思主义哲学大众化的人为伍，满足于在极小的学术圈子中相互欣赏和自我陶醉；另一方面，一些从事马克思主义哲学大众化研究的学者又外于学术化研究及其成果之外，依然故我地自言自语、自说自话，无视受众的真实需求和欣赏品味，颇有些堂吉诃德似的执拗与悲壮。

如果听任这种状况长此以往，必然对马克思主义哲学学术化研究和大众化研究双方都构成巨大的伤害。一方面，是学术化研究会越来越失去来自火热的现实生活的动力和滋养，逐步迷失研究的目的和方向，从而被现实生活中的人们排斥和遗忘；另一方面，是大众化研究由于缺乏学术的支撑，越来越流于对现实生活的"外部反思"和老生常谈式的说教，在"明知不可而为之"的坚持中逐步被残酷的现实边缘化。更为不能承受的严重后果是，它会逐步地削弱和消解马克思主义哲学的理论本性和社会功能，使这种依然具有强大生命力的哲学陷入虚假繁荣的自悖境地，成为不怀好意者的笑柄。

马克思主义哲学本身就是大众的哲学，是致力于人类解放和人的自由全面发展的学说。普罗米修斯是马克思永恒的哲学形象。诚如恩格斯《在马克思墓前的讲话》所指出的那样，"马克思首先是一个革命家。他毕生的真正使命，就是以这种或那种方式参加推翻资本主义社会及其所建立的国家设施的事业，参加现代无产阶级的解放事业，正是他第一次使现代无产阶级意识到自身的地位和需要，意识到自身解放的条件。"说马克思是革命家，并不排斥马克思同样是一位发现了"人类历史的发展规律"和"资产阶级社会的特殊运动规律"的伟大的思想家、哲学家。从马克思自己所理解的"哲学"，即不仅要"解释世界"，而且要"改变世界"，更确切地说，是在"改变世界"的过程中"解释世界"的"哲学"意义上讲，学术化和大众化本身就是内在统一的。没有无产阶级和广大人民群众追求自身解放的实践，就没有关于这种以"解放"的内在逻辑和实现条件为主要内容的马克思主义哲学；没有"建立在通晓思维的历史和成就的基础上"（恩格斯语），"深入到历史的本质性一度中去了"（海德格尔语）的马克思主义哲学，就没有逐步由"自在"转化为"自为"的无产阶级，也就不会有由"自发"转化为"自觉"的国际工人运动。"哲学的世界化"和"世界的哲学化"是马克思始终怀抱的哲学理想；"哲学把无产阶级当做自己的物质武器，同样，无产阶级把哲学当做自己的精神武器"是马克思主义哲学不变的理论指向和实践诉求。我们没有权利，也不应该将作为"一块整钢"的既是学术化又是大众化的马克思主义哲学人为地割裂开来，而是应当按照马克思的要求，使这种哲学"不仅从内部即就其内容来说，而且从外部即就其表现来说，都要和自己的时代的现实世界接触并相互作用",在马克思主义哲学学术化和大众化研究的"必要的张力"中寻求"微妙的平衡",共同携手,开创当代中国马克思主义哲学的新气象和新境界。

二十三　敞开少数民族文化的哲学意蕴

作为人们为自身存在所构建的意义世界，作为对"此在"的领悟，文化不仅永远是一种基于"前理解"的"视域融合"，即在某种"前见"中显现的人的存在。

作为生存意识的少数民族文化，能够表现出更具始源性的生命本性，更能展示人与世界，即人与自然、人与社会（他人）、人与自身（心灵）的原初关联。

作为超越意识，少数民族文化表现出了强烈的始源性生命冲动和面向未来的生存意向，尽管它更多的是以原始宗教或神话传说的方式表现出来，但正是因为它缺少某种现实或经验的根据，而是基于人的生命活动本身的自由本性和想象，因而更加直接地反映了生命活动本身的特性和指向。

作为生存意识和超越意识的统一，少数民族文化构成了他们安身立命的意义世界。

随着经济全球化的不断推进，文化全球化也日益成为人们关注的重大课题。相对经济全球化来说，由于文化是一个更加关乎人的生存意义、生命价值的概念。因此，面对文化的变迁人们表现出了十分复杂的心态和情感，一方面，作为经济全球化的伴生现象，文化全球化正在变为一种不争的事实，强势文化的"非领土扩张化"无时无刻不发生在人们的身边，好莱坞、麦当劳、可口可乐、迪士尼等外来文化日益渗透到了全球的每一个角落，马克思、恩格斯早年预言的"地方文学"向"世界文学"的转变，已经或正在成为人们的生活经验；另一方面，文化作为与人的存在意义休戚相关，并长期以"地方性"知识存在的现象，在遭遇全球化挑战的情势下，必然会显现出顽强的生命力和抵御外来文化冲击的自觉意识。因此，人们在谈论文化全球化的时候，远不像言说经济全球化那样轻松和肯定，相反却表现出了应有的审慎和有所保留。

其实，对于文化来说，全球化决不可能像经济那样几乎是完全的趋同或同质化，作为人们为自身存在所构建的意义世界，作为对"此在"的领悟，文化不仅永远是一种基于"前理解"的"视域融合"，即在某种"前见"中显现的人的存在，而且，随着"西方中心主义"的消解和对"启蒙理性"的质疑，作为"地方性知识"的文化，其存在的合法性获得了前所未有的确认。大多数的人们已经接受了不在异质的文化间比较优劣，不对不同的话语系统进行通约的观念，而是本着某种"商谈伦理"的原则，努力在主体间展开对话，寻求理解，既不简单地接受总是具有一些文化霸权主义色彩的普遍主义，也不固执己见地坚守多少带有一点保守主义痕迹的特殊主义。因此，在这个意义上，文化全球化与其说是指认文化内容的趋同化，不如说是搭建了一个全球性文化交流和对话的平台，唯其因为背景的相似性，反而更加凸显了各种文化的奇光异彩、绚丽多姿。

我们正是在这样的时代条件下来理解和考察少数民族文化。无视全球化的历史背景，看不到人类文化正在走向融合的某种征兆和趋势，一味地夸大某种文化的特殊性和异质性，有意无意地制造文化的疏离和隔阂，无疑不是对待文化现象的合理方式；同样，无视不同人类共同体之间文化的差异，试图用某种"先进文化"或"普世文化"来急于消融和同化各种异质文化的做法，也是我们要坚决反对的。

如何对待少数民族哲学研究，首要的是要转变哲学观念，超越知识论的哲学立场，把少数民族哲学理解为他们关于自身存在的社会自我意识，通过对少数民族文化的深度解读和透彻理解，去敞开蕴含在其中的独具个性的人类性生存智慧和别样的生活旨趣，从而给予已经"被连根拔起"，失却了精神家园的现代人以某种参照和启迪。

在当代，功利主义的价值体系、工具理性的思维方式、"以物的依赖性为基础的人的独立性"[①] 的存在方式，使人总是要借助某种"中介"才能与世界联结、照面，而"中介"后的世界已不再是人们真实生活于其

---

① 《马克思恩格斯全集》第46卷上，人民出版社1979年版，第104页。

中的世界,它往往表现为可以计量的"价值"(商品、货币、资本)、被定义了的"概念"和仿佛游离于世界之外的"原子式"的个人存在。人的眼睛不再是一个能够发现美、欣赏美、创造美,并且本身就很美的生命器官,而变成了酷似"孔方兄"的东西,经过它的"注视"(萨特意义上的)之后,一切都变成了某种商业价值,甚至是一组抽象的数字;人的心灵不再是一个怀揣神圣和敬畏,并且本身就很谦逊和高贵的精神殿堂,而成为被物欲所奴役并正在日益被物化的东西,在它那里似乎一切都被"祛魅"了,一切都被虚无化了。在这种情况下,关注一下依然具有某种异质性特征,带有更多原生态痕迹的少数民族文化,无疑会使我们在浮躁中感受一种沉稳,在喧嚣中获得一份宁静,在狂妄中领悟生命的孱弱,在荒诞中觉解人生的真谛。作为与现代文化存在巨大反差的少数民族文化,所能给予我们的当然不可能是走出人类"现代性"困境的现成答案,也不可能成为现代人可以直接效仿的生活样态,它所能给予我们的只能是那种更加贴近生命活动本身的生存意识和超越意识。

所谓生存意识,就是不同的人类共同体对自身生命活动的感悟和自觉。马克思、恩格斯指出:"意识在任何时候都只能是被意识到了的存在,而人们的存在就是他们的现实生活过程。"[①] 由于地域和历史的原因,少数民族的生产力和经济发展水平总体上相对滞后,在他们的生活中保留了更多的前现代社会的印迹,人与自然和始源生命之间还没有拉开太大的距离,尤其是还没有或较少受到现代科技和商品经济的侵蚀。因此,作为生存意识的少数民族文化,能够表现出更具始源性的生命本性,更能展示人与世界,即人与自然、人与社会(他人)、人与自身(心灵)的原初关联。

作为生存意识的少数民族文化展示了人与自然的本然关系。人本身是自然的产物,是自然而然的存在。科技无论发展到什么程度,人无论怎样远离自然,其实都仍然存在于自然之中,而且永远是自然的一部分。现代人很容易产生一种幻觉,仿佛人已经跳出了自然之外,成为凌驾于自然之上的存在。其实人永远也走不出自然,就像人永远走不出自己的皮肤一样,即使在人身上所表现出来的力量,又有哪一样不是来自自然的力量

[①] 《马克思恩格斯选集》第1卷,人民出版社1995年版,第72页。

呢？马克思早在100多年前就深刻地指出："自然界，就它自身不是人的身体而言，是人的无机的身体。人靠自然界生活。这就是说，自然界是人不致死亡而必须与之处于持续不断交互作用过程的人的身体。所谓人的肉体生活和精神生活同自然界相联系，不外是说自然界同自身相联系，因为人是自然界的一部分。"[①] 少数民族文化以其充满个性的方式，以创世神话、图腾崇拜、原始宗教、祭祀禁忌、节庆礼仪等形式表达了人与自然的本然联系，提示人们不要遗忘了自己自然的出身和力量的源泉，要像敬畏自己的对象性本质一样敬畏自然，与自然保持全面的沟通，让自然所蕴含的丰富的意义（包括某种神秘性和神圣性）充分显现出来，而不再把自然和人本身仅仅当作一种纯工具、纯手段的对象；它以各种神话的形式所表达的生命意向，唯其因为它们还带着诗意的灵光，幻化的思绪，审美的魔力，所以能够给予现代人以某种生命意义的启迪；而它们以某种原始的形式所表达出来的人与自然和谐的观念，虽然是以低下的生产力水平为前提的，但在工业化持续了200多年的今天，在人们痛切地感到生存条件的恶化和生态系统的脆弱的情况下，又能够引发现代人深刻的反省。

作为生存意识的少数民族文化确认了人与人之间的原始"共在"。今天的人们都强烈地意识到了自己作为个体的存在，都自觉不自觉地将自己视为与"他者"无关的"原子"，在特立独行、张扬个性的同时感受到的是一种"生命中不能承受之轻"的存在主义的焦虑。一方面在"存在论"的层面上，全球化使人们的相互依赖不断加深，任何人都不能成为可以"独善其身"的鲁滨孙；另一方面，在"意识论"的层面上，人却前所未有地感受到了人与人之间的隔膜和疏离。其实，这并不是人本真的存在状态。人本真的存在状态应当是海德格尔所说的"共在"，即"他人即是自我"的始源关联。正像人从来没有离开过自然一样，人也从来没有离开过他人、社会。地域性历史向"世界历史"的转变，不仅没有松懈和瓦解人与人之间的依存关系，而是不断地在加深和加强人与人之间的依赖。"全球化"被一些学者表述为一种"复杂的联结"（complex connectivity）（汤姆林森），本身就说明了这一点。然而，由于就像马克思在《资本论》中所揭示的"拜物教"产生的缘由一样，人与人的关系被物与物的关系

[①] 马克思：《1844年经济学哲学手稿》，人民出版社2000年版，第56–57页。

所遮盖，离开了商品和货币，人们似乎无法发生联系，致使人们感到越来越与他人无关，以至于走在喧嚣的大街上感受到的却是无尽的孤独与寂寞。人与人的关系几乎只剩下了相互作为"物"来需要的利害关系。少数民族文化以其素朴的道德观、价值观等形式，敞开了人与人之间的本然联系，它通过"还原"人与人之间的自然交往，绽露了存在于人与人交往中的某些"天然"的法则，凸现了人与人之间有如亲情、爱情、友情这样的永恒价值，对身陷"存在主义焦虑"的现代人，无疑是一种深刻的唤醒，它提示人们与他人和谐相处是生命活动得以延续的条件和生命本身的意义。

　　作为生存意识的少数民族文化显现了人与自身的原初状态。人的形成的标志，一定意义上讲是意识到了自身的存在。用马克思的话说，就是人使"自己的生命活动本身变成了自己意志的和意识的对象。"① 然而，在节奏不断加快，诱惑日渐增多的现代社会，直面自己的心灵，反观自身的存在，对于现代人来说，已经成为一件十分困难的事情，诚如巴雷特在《非理性的人》中所指证的那样："生活的节奏加快了，但对于新奇事物的贪婪随之开始了。通讯设备使得新闻可以在几乎一瞬之间从地球的一点传到另一点。……新闻事业就这样造成一种心理状态——克尔凯郭尔一个多世纪以前就以令人惊奇的非凡洞察力预言它会遮掩似的，人们越来越间接地与生活打交道。信息往往是半真半假的，而'消息灵通'取代了真正的知识。……那些外部情况所造成的结果是人本身——在其独特方面，在其整体方面——缩成一个影子，一个幽灵。"② 人们已经习惯于在自身之外去寻找取舍行为和评判行为的各种根据和尺度，唯独不愿诉诸自身作为人的存在以及对这种存在的领悟。原因是我们生命的意义已经外在化了，财富、地位、名誉等成为人们衡量生活品质的标准，而人自身的生命感受却变得极为迟钝和麻木。于是，各种物质攀比不断升级，有限的财富和无限的需求、短缺的资源和贪婪的欲望、膨胀的肉体和虚弱的心灵等等之间形成尖锐的矛盾；对交换价值的占有完全取代了使用价值的效用，最后演变成了对标志价值的纯粹数字的追求；人被符号所取代，个性被同质

---

① 马克思：《1844年经济学—哲学手稿》，人民出版社2000年版，第57页。
② 巴雷特：《非理性的人》，商务印书馆1995年版，第31页。

化，与其说人们在乎的是人本身，不如说在乎的是附加在他（她）身上的某种社会"标识"。少数民族文化作为从自然而简单的生活中所获得的对生命活动的直接领悟，不仅彰显了十分丰富的生命内涵，开启了许多已被现代的人们遗忘的生命向度，而且，还以某种"原型"的形式提示了人与自身的本然关系，告诉人们生活原来并不复杂，生活本身也没有那么多的需要，而是可以这样简单！但并不因为简单而缺失了生命的意义和价值，相反，正是因为让人回归到了自身的本真存在，真正把自己的生命活动作为自己意志的和意识的对象，在自己所"编织"的意义世界（神话、宗教、艺术、历史、伦理、语言、哲学等）中，与自己的灵魂"照面"，从而获得对人的生命活动的真实意义的理解。

所谓超越意识，就是不同人类共同体对自身否定性存在方式的感悟和自觉。马克思在评论黑格尔《精神现象学》时，曾说过这样一段话："黑格尔的《现象学》及其最后成果——辩证法，作为推动原则和创造原则——的伟大之处首先在于，黑格尔把人的自我产生看作一个过程，把对象化看作非对象化，看作外化和这种外化的扬弃；可见，他抓住了劳动的本质，把对象性的人、现实的因而是真正的人理解为他自己的劳动的结果。"在同一著作中，马克思还说道："因为黑格尔理解到——尽管又是通过异化的方式——有关自身的否定具有的积极的意义，所以同时也把人的自我异化、人的本质的外化、人的非对象化和非现实化理解为自我获得、本质的表现、对象化、现实化。"[①] 实践是人的存在方式而实践最本质的特性就是否定性，人与世界的关系不是直接统一的，正如列宁所说："世界不会满足人，人决心以自己的行动来改变世界。"[②] 人是通过否定性的方式去实现与世界统一。人全部生命活动的指向就是要把世界变成对人来说的真善美的世界。这种存在本性在观念上的自觉和再现，就是所谓超越意识。从一定意义上讲，超越意识就是最本质的哲学意识。作为超越意识，少数民族文化表现出了强烈的始源性生命冲动和面向未来的生存意向，尽管它更多的是以原始宗教或神话传说的方式表现出来，但正是因为它缺少某种现实或经验的根据，而是基于人的生命活动本身的自由本性和

[①] 马克思：《1844年经济学—哲学手稿》，人民出版社2000年版，第101—103页。
[②] 《列宁全集》第38卷，人民出版社1979年版，第229页。

想象，因而更加直接地反映了生命活动本身的特性和指向。

　　作为超越意识的少数民族文化，如同生存意识一样，由于它在少数民族文化中与人的生命活动存在着更为直接，更为本真的关联。因此，透过这些文化现象，我们可以获得对于人的生命活动超越向度的更加深切的感受和理解。

　　作为超越意识的少数民族文化彰显了人的"双重生命"的"本性"，即人是自然生命和文化生命的统一。"动物只是按照它所属的那个种的尺度和需要来构造，而人懂得按照任何一个种的尺度来进行生产，并且懂得处处都把内在的尺度运用于对象。因此，人也按照美的规律来构造。"[①]在少数民族文化中，无处不表现出人以"两种尺度"，即任何物种的尺度和人的内在尺度与世界打交道的"本性"。或许因为他们离自然很近，而且生命活动本身也比较自然。因此，这种超越透露出了更多人本身的东西。例如，在诸多少数民族原始宗教和神话传说中，人所固有的"神性"就得到了大胆的表现，人们在真实的想象中去获得想象的真实，借助各种"符号系统"所显现的生命意象，使精神摆脱物质的禁锢，灵魂脱离肉体的羁绊，达到了某种知行合一、情景合一、天人合一的境界。这种按"美的规律"来构造生活的态度，恰恰是现代人所稀缺的东西。现代人不缺乏科学思维和技术操控，很擅长周密的计划和精确的算计，但却不幸成为马尔库塞意义上的"单向度的人"，不仅缺乏起码的对待现实的反思和批判精神，尤其缺失一种对待生命和生活的超越态度。伽达默尔的这段话，是值得我们深思的："对于那种显然应归功于科学的工业文明的进步，人们大概不得不处在一种忧虑下看待之：人类对自己施加于自然和他人的力量熟视无睹，这种情况又越来越诱使人们滥用这种力量。想一想大规模的屠杀或战争机器，仅仅推动一个按钮，它就被开动起来进行毁灭性的活动。也想一想增长着的全部社会生活的自律作用，想一想计划的作用，如果它的本质就是做出长期的决策，那就意味着，我们所支配的许多自由决定权将脱离我们，转变为决策的权力；或者想一想增长着的行政机关的权力，这种行政机构将一种任何人也不想要，但是所有的人都无法逃避的权力，交付到一些官僚的手中。我们越来越多的生活领域，就这样落

[①] 马克思：《1844年经济学—哲学手稿》，人民出版社2000年版，第58页。

入了自律过程的强制性结构,而人性对自己以及对处在这些精神的对象化中的人性的精神越来越缺乏认识。"① 开启人生命的多元向度唤起人生命的原始冲动,"使人的世界和人的关系回归于人自身"② 是现代人日益强烈的精神渴望,也是我们开展少数民族文化哲学研究的一个重要旨趣。

作为超越意识的少数民族文化体现着人们对小我世界、无情世界和有限世界的超越。这种超越意识主要体现在少数民族的伦理思想、艺术形式和宗教信仰中。由于体现在这些文化样式中的超越意识,更加直接地关乎着人们的社会生活,具有强烈的人文特性,展现的是对生命意义、内涵和终极价值的追寻和理解,因而,对当代人具有更加直接的启迪意义。当代美国哲学家瓦托夫斯基曾对神话作过这样的解说:神话作为"一种最早的解释形式是按照人类和个人的行动和目的说明自然界的各种现象,或把各种自然力描绘成活的、有意识的和有目的的力量。在对人类性的和感情的具体形象描述中,诗歌和戏剧的想象力重新塑造出我们经验中的畏惧、惊奇和异常情况;而神话则唤起我们与自然界的亲密感,即一种使我们对自然界和我们自身二者之中的未知事物产生亲切自如的感情的方法。这种神话对经验的重新塑造当然足以说明人类想象力的创造力、人类精神的自由审美的发明能力;不过它也起着解释的作用,即作为理解和说明那些要不然就是模糊的、威胁人的和不可控制的现象的方法。"③ 其实何止是神话,多样性的生活孕育了多形态的文化,在各种文化样式之间我们不可能找到一个可以通约的"公分母",但是,它们都承载着人们实现自我超越的功能,而且"所有这些功能都是相辅相成的。每一种功能都开启了一个新的地平线并且向我们展示了人性的一个新的方面。"④ 这里的意思当然不是说要把少数民族文化,包括宗教、伦理等直接运用于现实生活。不少研究民族文化的人的确天真地抱着这样一个幻想,试图用存在于少数民族文化中的"善良"、"美好"和"幸福"、"快乐"来改造现代人的生活。这种愿望不可谓不好,但却是不现实的。事实上,这些以民族文化存在的"生活方式",在孕育这些文化的少数民族那里也已经或正在发生着

---

① 伽达默尔:《科学时代的理性》,国际文化出版公司1988年版,第12—13页。
② 《马克思恩格斯全集》第3卷,人民出版社2002年版,第189页。
③ 瓦托夫斯基:《科学思想的概念基础》,求实出版社1982年版,第61页。
④ 卡西尔:《人论》,上海译文出版社1985年版,第288页。

深刻的变化。研究它们的真实意义在于，一方面，为现代人的自我理解和相互认同提供一种有益的参照或借鉴，使人们有可能不借助财富和科技去体验一种自然而然的人生超越方式；另一方面，通过异彩纷呈的少数民族文化去展现人生丰富的意义和多种生活的可能性，让人们去感受一种没有被商品异化或科技物化的生命意象。

最后，作为生存意识和超越意识的统一，少数民族文化构成了他们安身立命的意义世界。文化哲学家卡西尔指出，"作为整体的人类文化，可以被称之为人不断自我解放的历程。语言、艺术、宗教、科学，是这一历程的不同阶段。在所有这些阶段中，人都发现并证实了一种新的力量——建设一个自己的世界、一个'理想'世界的力量。"① 人有如蜘蛛，他必须要为自己编织一张意义之网，并在其中获得赖以生存的生活世界，找到自己行为的根据、原则和尺度。这张网既是人生存的基础和前提是其生命活动的积极界限，因为人是历史文化的产物，人只有在文化中才能确立自己的位置；它又是人生存的限制和边界，是其生命活动的消极界限，因为，文化为了实现其代际传承，必须具有一定的稳定性和凝固性，它会对人的生命活动形成强有力的限制和约束。人既要依存这张网，又要不断冲破这张网，不断向各个可能的方向延伸自己的经纬线。因此，透过这张意义之网，我们可以洞察少数民族的生存方式和发展方式，开启一扇别样的认识世界、了解世界的窗户，感受一种独特的理解世界、把握世界的方式，体味一种不同的生活意义和情趣。更为重要的是，我们可以从中发现文化与生活的关联，文化样式与生活样式的同构，以及文化演进与生活变迁内在一致的规律，从而自觉地保护少数民族的文化生态，合理地开发利用少数民族的文化资源，科学地引导少数民族文化实现"返本开新"，让作为中华文化重要组成部分的少数民族文化为和谐社会、和谐文化，乃至和谐世界建设发挥应有的作用，作出更大的贡献。

---

① 参看卡西尔：《人论》，上海译文出版社1985年版。

二十四　民族文化的哲学基础

　　人能够以对象世界和人自身互为中介获得对世界和人自己及其相互关系的理解，因而也就获得了关于自身存在的自我意识。哲学不过就是以某种文化样式对这种自我意识的表达。从这个意义上讲，只要有人的存在，就会有某种形态的哲学存在。

　　由于民族学研究中缺乏哲学的维度或视角，研究目的和方法中缺乏哲学"前提批判"的理论自觉，研究者缺乏必要的哲学理念和素养，导致对少数民族文化的研究总是滞留在"搜集材料"的阶段，就事论事或者在某种"前见"的强制下对少数民族文化作简单价值判断的现象甚为突出。

　　受传统哲学观的影响，在少数民族哲学研究问题上存在着本质上相同的两种简单化倾向：一种是不加"批判"地承诺少数民族拥有自己的哲学，然后用传统马克思主义哲学原理的理解模式和概念框架，按照世界观、辩证法、论识论、历史观等构成要素，从"哲学"的角度对少数民族文化（包括神话传说、民间故事、诗歌民谣、文化典籍等）进行分类整理，牵强附会地贴上"唯物主义"或"唯心主义"、"辩证法"或"形而上学"的标签。另一种是从教科书关于哲学的定义出发，否认少数民族拥有自己的哲学，放弃从哲学的意义上对民族文化进行探究。这两种倾向虽然出发点不同，但存在的弊端却是相同的，在基本观点和思维方式上都带有浓厚的教条化、简单化、外在化的痕迹，都没有达到对少数民族文化哲学意蕴的真正理解。这两种倾向对少数民族文化研究造成的消极影响是值得认真反省的。

　　无论是承认还是否认少数民族拥有本民族的传统哲学，都是基于传统教科书哲学知识论的哲学观所作出的判断，而这种哲学观是不适宜于观照少数民族哲学的。我们知道，严格意义的科学知识，是近代西方社会的产物。我国的少数民族由于历史和地缘等方面的原因，新中国成立前与以科技理性为核心的现代工业文明是完全隔绝的，因而，在总体上根本不存在教科书哲学意义上的"知识"，当然也就无所谓对这些知识加以概括和总结的"哲学"。如果硬要用这种哲学观去套，那么必然是，要么削足适履地将一些少数民族文化素质纳入纯粹外在概念框架，并对之作一些毫无意义的"哲学"性质判断；要么因为狭隘的"哲学"视野，而无法把握少数民族文化中的哲学维度，从而简单地否认少数民族哲学的存在。

从这种哲学观出发去看待少数民族哲学，即使从积极的方面展开研究，其研究的理论意义和现实意义也是值得怀疑的。研究少数民族哲学是为了开掘蕴藏在少数民族文化中的人生智慧，求解某一少数民族独特的生活意义和价值，获取对某一少数民族生存方式和发展方式的理解，寻求适合于该民族文化性格的面向未来的发展模式和途径。然而，由于受知识论哲学观和两极对立的思维方式的制约，正像过去理解的"世界观"是人在世界之外"观"世界一样，对少数民族哲学的研究实际是在少数民族文化之外制造关于少数民族的"哲学话语"，既领悟不了少数民族文化中包含的哲学智慧，也难以获得对某一民族文化的总体的把握和理解，所谓哲学研究很大程度上成为了贴标签的文字游戏。

上述原因导致民族学和哲学研究领域出现了干脆放弃从哲学视域对少数民族及其文化进行研究的倾向。如果依然是上述意义上的少数民族哲学研究，那么放弃是十分明智的。但是，这不应当成为"拒斥"具有真实意义的少数民族哲学研究的理由。相反，正是由于民族学研究中缺乏哲学的维度或视角，研究目的和方法中缺乏哲学"前提批判"的理论自觉，研究者缺乏必要的哲学理念和素养，导致对少数民族文化的研究总是滞留在"搜集材料"的阶段，就事论事或者在某种"前见"的强制下对少数民族文化作简单价值判断的现象甚为突出。当然，还要注意问题的另外一面，那就是，不进行自觉的哲学反思，并不意味着不受某种哲学"范式"的影响。正像恩格斯当年针对一些鄙视和侮辱哲学的自然科学家所指出的那样，"不管自然科学家采取什么样的态度，他们还是得受哲学的支配。问题只在于：他们是愿意受某种坏的时髦哲学的支配，还是愿意受一种建立在通晓思维的历史和成就的基础上的理论思维的支配。"① 这里并无反对借鉴和吸取现当代西方有价值的哲学理论和方法的意思,前面对传统教科书哲学的某些微词,本身就是在呼唤哲学观的变革以及对体现"时代精神精华"的哲学观念和方法的引入。但是,借鉴或引入必须有批判、有鉴别,必须与研究对象相适应,必须是一种内在的运用而不是外在的套用,否则依然走不出上述提及的那种研究方式的窠臼。要指出的是,目前一些话语系统颇为新颖的民族文化研究,其潜含的哲学观念和方法依然是非批判的。因而其研究的意义和价值同样是值得怀疑的。

少数民族到底有没有自己的传统哲学?如果有,它的形态和特点如何?这是开展少数民族哲学研究必须首先解决的问题,也是克服前面提到的两种对待少数民族哲学简单化倾向的关键所在。这里的核心问题是建立一种判别少数民族哲学的标准,亦即确立一种哲学观。什么是哲学这个看似简单,实则最难回答的问题,几乎每一个从事哲学研究的人都有不同于别人的关于哲学的理解。尤其是在经历整个20世纪西方哲学界对哲学的"消解"之后,哲学更是呈现出一种开放性的理解态势。因而,我们在讨论这个问题时,如果想跳出教条主义的理解模式,就不可避免地要陷入一种"解释学循环";不首先说清少数民族哲学是什么,便不知道到底哪些少数民族文化应当纳入哲学思考的范畴,但是,在没有弄清少数民族哲学的性质和存在的样式之前,又根本不能确认什么是"少数民族哲学"。走出这个"怪圈"的最好办法,是诉诸于当代马克思主义哲学所构建的关于哲学的生存论理解模式。

所谓生存论理解模式,就是把对哲学理解诉诸于对人的存在方式和发展方式的理解。"人是哲学的奥秘"。② 而人的奥秘又在于他是一种以实践为存在方式的悖论性的存在。在人的生存实践活动中,人与世界形成了一种否定性的统一关系,使世界二重化为"自在的世界"和"自为的存在","人以物的方式去同物交道,换来的却是物以人的方式存在的结果"。③ 而且,人由于这种"有意识的生命活动",使自己的生命活动与动

---

① 《马克思恩格斯选集》第3卷,人民出版社1972年版,第533页。
② 高清海:《高清海哲学文存》第2卷,吉林人民出版社1997年版,第43页。
③ 同上书,第65页。

物的生命活动区别开来,"动物和自己的生命活动是直接同一的。动物不把自己同自己的生命活动区别开来。它就是自己的生命活动。人则使自己的生命活动变成自己意志的和自己意识的对象。"① 从而,人能够以对象世界和人自身互为中介获得对世界和人自己及其相互关系的理解,因而也就获得了关于自身存在的自我意识。哲学不过就是以某种文化样式对这种自我意识的表达。从这个意义上讲,只要有人的存在,就会有某种形态的哲学存在。

哲学的形态和特点是与创造这种哲学或者这种哲学所表征的人的生存方式联系在一起的。马克思曾经把人的生存状态归结为三个发展阶段或三种历史形态:一是自然形成的"人的依赖关系"形态;二是"以物的依赖性为基础的人的独立性"形态;三是"建立在个人全面发展和他们共同的生产能力成为他们的社会财富这一基础上的自由个性"的形态。② 马克思这段论述不仅对于我们理解人的历史生成过程具有一般的指导意义,同样也可以指导我们解读和把握少数民族哲学的形态和特点。我国少数民族的生存方式在新中国成立前基本都处于自然形成的"人的依赖性"的历史形态,从经济形态上讲,是以自然经济乃至"前"自然经济为主;在文化形态上,则表现为神学文化甚至原始宗教文化。因而,作为其存在方式自我意识的哲学,自然不会表现为一种自觉的理论形态,而只能是以"知识总汇"的形式存在于人们的生产方式、生活方式的实践智慧中,存在于各种口传或文字、符号的文化样式中。由于生产力水平低下,人对自然的依赖性极大,主体意识不可能真正确立起来,人们的意识总体上仍处于物我不分、万物一体的状态。因此,对生活意义的寻求,对人与自然、人与世界关系的求解,往往是通过"附会"的方式来实现,即"用人的行为来解释宇宙事件的'意义',或者反过来,用宇宙事件的意义来解释人的行为的'意'"。③ 从而形成各民族独具特色的"前主体性的天人合一"的生存智慧——哲学。

一般说来,少数民族哲学的"文本"形式主要包括以下方面:

---

① 马克思:《1844年经济学—哲学手稿》,人民出版社2000年版,第57页。
② 参阅《马克思恩格斯全集》第46卷上,人民出版社1980年版,第104页。
③ 孙正聿:《哲学通论》,辽宁人民出版社1998年版,第48页。

一是生产方式和生活方式。哲学作为反思，原是对"思想的思想"或"认识的认识"。然而，由于我国一些少数民族始终未创立自己的民族文字，或者有些创立了文字却很不普及，导致一些民族将思想和行为看成是完全一致的。例如佤族，他们关于本民族在外国传教士编创文字之前没有形成自己的文字的解释就是，他们把"天神"赐予的、书写在牛皮上的文字吃进了肚里，因此，他们的文字就是行为，"心"和"行为"是统一的，"做"即是"想"和"说"。① 其实，即使一些拥有本民族文字的民族，其"概念"和"表象"之间的界限往往也是比较模糊的，他们表现在行为层面的文化，依然是理解他们生活意义和人生价值的重要依据。因此，对于少数民族来说，对他们的生产方式和生活方式的"从后思考"，即是对一种特殊的哲学"文本"的解读。

二是神话传说和民间故事。无论是有文字还是没有文字的少数民族，民间文学一般都是比较发达的。有的以文字的形式记载，有的以口头的形式传承，这是研究少数民族哲学的主要"文本"。它们涵盖的内容十分广泛，从关于本民族起源的传说到关于本民族英雄的传奇、从关于本民族的历史故事到在本民族中普遍传诵的寓言、诗歌、民谣等，不一而足。这些或者以文学、民间艺术，或者以历史、原始宗教等形式反映该民族生存方式的"文本"，内含着该民族对人与自然、人与社会、人与他人、人与历史等关系，本质上亦即思维与存在关系的把握和理解，对之进行"反思"，揭示潜含在这些文化样式中的根据、标准和尺度，即可获得对该民族哲学的领悟，从而深化对该民族总体文化的认识。

三是宗教典籍和信仰活动。哲学和宗教本质上都是以超验的存在为追求对象。在没有形成较为系统化的哲学的少数民族那里，人们对现实的超越，对理想生活的追求只能借助某种信仰来实现。"宗教是那些还没有获得自我或再度丧失了自我的自我感觉和自我意识"。② 宗教信仰在我国少数民族中是相当普遍的，有的民族几乎全民信教。世界几大宗教在我国少数民族中都有信众。对流传在这些民族中被不同程度"民族化"的宗教典籍，特别是对少数民族现实信仰观念和行为的研究，是少数民族哲学研

---

① 高发元主编：《云南民族村寨调查——佤族》，云南大学出版社 2001 版。
② 《马克思恩格斯选集》第 1 卷，人民出版社 1972 年版，第 1 页。

究的重要组成部分，这不仅因为宗教在学理的层面上可以纳入哲学的范畴，而且，一定程度上对少数民族宗教信仰从哲学的视域进行研究，可以最为集中地揭示和把握一些少数民族的宇宙观、历史观、人生观和价值观。

四是器物文化和审美观念。器物是人们劳动成果的凝结，是人的本质力量的现实化。其表现形式是多种多样的，民族建筑、民族服饰、民族生产生活器具等等。审美则是人对存在于物象中的本质力量的感性直观，审美观念就是经过某种条理化梳理的审美情感。对器物文化和以自觉或不自觉的方式表现出来的审美观念的反思，也是获取对少数民族生存方式超越性和理想性维度把握的重要路径。

对少数民族哲学的研究尽管既无必要也不可能建立一种统一的"范式"，但既然名曰哲学研究至少应注意以下几个方面：

一是要体现哲学研究"反思"的特点。"反思，在其直接的意义上，就是思想以自身为对象反过来而思之，也就是黑格尔所说的'对思想的思想'。这表明，反思是思维对存在的一种特殊关系，即思维把'思维和存在'的'统一'所构成的'思想'作为'问题'而进行'反思'的关系。正是思维对存的这种反思关系，构成了人类思想的哲学维度，决定了哲学思维的根本特征"[①]。这里强调哲学研究的反思特点，是为了把从哲学方面进行的研究与以其他学科，如经济学、政治学、法学、民族学、文学等方式进行的研究区别开来，真正体现哲学研究的性质和特点，体现哲学应有的反思维度。

二是要注意在研究中将"形式"和"内容"统一起来。所谓"形式"和"内容"的统一，就是所运用的理论范式、概念框架、研究方法应当与研究对象相适合，克服用"形式"去裁剪"内容"，牵强附会、削足适履的简单化、外在化研究的倾向。更应当避免陷入"分析目的论"的窠臼，以某种先定本质或预设价值却对少数民族哲学作出"合乎逻辑"的判断。

三是要发挥哲学特有的"前提批判"功能。哲学所特有的"前提批判"，即"向假设质疑"、"向前提挑战"的功能是不可替代的，它可以通

[①] 孙正聿：《反思：哲学的思维方式》，《新华文摘》2001年第5期。

过对支撑人们信念和思想的根据、标准和尺度的"揭蔽"和审视,"逼迫"人们对现实生存状态和生存方式的合理性进行追问,使人们向未来敞开自我、超越自我创造的空间;而对少数民族文化的哲学探究,本质上就是少数民族文化的自我批判,只有这样,才能使少数民族文化在传统与现代、本土与外来等张力中实现动态的平衡与发展。

二十五　道德的人学基础

如果真能在解除文明的"武装"后，人类仍然能够像目前这样，甚至比目前还好地生存下去，我看没有什么不可以，而且恐怕也用不着谁来恩准，人们早已作出了这样的选择。

人的这一不同于一般自然物的起源和内在地交织在人生命之中的矛盾性，造成了人终身将在灵与肉的撕扯中挣扎，决定了人永远位于神和物的张力之间，存在着朝两个方向转变的可能性。

把生命活动作为意志的对象，亦即强制生命活动去实现某种意志指向的目的，去获得生命的意义和价值，是人这种生命活动得以存在和发展的终极根据和力量源泉。

道德最困难和困惑的问题莫过于如何使它能够真正被人们所践履。要让道德落到实处，必须弄清道德的性质及其发挥作用的方式，其中最重要的是要从人的存在方式或生命活动中找到其根据。道德，通常被界定为调整人们之间以及个人和社会之间关系的行为规范，同时作为行为规范的形式还有法律、伦理、礼仪等等。当我们习惯地把道德也看作一种类同于伦理和礼仪这样的"柔性"规范时，道德将面临双重的困境：作为行为规范，它对人的要求往往会超过一般人所能到达的高度，加之其固有的个体价值性，很难发挥作为调整人与人关系的规范的作用；而被作为规范来理解的道德，又常常因为其境界不高，仅是一种基于现实生活条件的应然要求，因而，很难成为人们的生活价值和信念。有鉴于此，将道德和伦理作必要的层次划分，不仅在理论上有进行概念辨析的必要，而且还有利于人们在实践中遵守伦理规范，追求道德价值。

实际上，在不少伦理学论著中也注意到了这两个概念的区别，尽管至今仍不是十分明确。一般认为，伦理是外在的，可以表现为明确行为规范的道德；道德是内在的，主要表现为人的内心信念和人生价值的伦理。在这个意义上，道德追求有如宗教信仰，它是纯个人的问题，与其说它是在发挥对人的内在约束的作用，毋宁说它是人的一种自觉的向往和追求，是人之为人、"我"之为"我"的生命意义和价值。在这个问题上，我十分认同赵汀阳先生的观点。伦理本质上是一种"具有技术含量"的合理规范，它存在于人们从事经济、政治、文化、社会活动的相互博弈之中，人们背离伦理规范不是因为道德水平低下，而是因为对某种社会活动本身的机理缺乏了解，往往与无知相关，而与德性无涉。苏格拉底认为，"德性就是知识"，"无人有意作恶"，大概就是在伦理意义上说的。而道德作为最高的"善"，就像亚里士多德所理解的那样，它与自成目的的人生终极价值——幸福——相关，"总而言之，只有那种因自身而被选择，而绝不为它物的目的，才是绝对最后的。看起来，只有幸福才有资格称作绝对最后的，我们永远只是为了它本身而选取它，而绝不是因其他别的什么。"①

因此，从实现方式和实际效果来看，伦理作为合理规范，可以通过社会力量来要求和倡导，但更主要的还是应当通过提升人们的素质和教养，以增强他们理解伦理规范的能力和践行这些规范的自觉性，从而达到促进人际和谐、社会有序、人类文明的目的。而道德作为人们生活的终极意义和价值，无须并且也不可能以要求和倡导的方式来促成，而只能诉诸个人对人生意义的领悟和觉解，进而形成坚定的人生信念和生活目标，让人在自由的人生追求中不断提升自己的人生价值和境界。这样，虽然道德也在发挥"规范"的作用，但是这样的"规范"就不再是对个人的任何强制和约束，它既不再成为人们"生命中不堪忍受之重"的精神负担，也不会变为人们"生命中不能承受之轻"的随遇而安，而是能够真正给生命注入激情、为生活带来快乐、使人生获得意义的内在根据和力量源泉。那么，这样的道德何以可能呢？

道德是属人的，只有人才会追问做人之"道"的问题，只有人会为自己的人生寻找值得一过的理由和根据。苏格拉底说，未经检审的生活是不值得过的。因为要讲求做人之"道"，的确给人带来了无穷无尽的苦恼

---

① 亚里士多德：《尼各马可伦理学》，中国社会科学出版社1992年版，第10—11页。

和压力。于是，人们完全有理由这样设想，我们为什么不能像动物那样无牵无挂、无羁无绊地率性生活？为什么不能剥去罩在我们身上的层层文明的面纱？清除我们内心中那些数不胜数的原则、规范和戒律，绝圣弃智，还人一个本真鲜活的生命？就像尼采那样直言不讳地宣布：上帝已经被杀死了，一切都是可能的。如果真能在解除文明的"武装"后，人类仍然能够像目前这样，甚至比目前还好地生存下去，我看没有什么不可以，而且恐怕也用不着谁来恩准，人们早已作出了这样的选择。

可是，当我们不再附着或承载文明的力量时，我们所剩余的就是大自然（造物主）赐予我们的这身肉体。我们立刻就会发现，原来我们竟如此这般的弱小与无能！眼睛不如猫、鼻子不如狗、力气不如牛，甚至连我们从来窃以自信的形体和外表，都成为与任何动物相比的缺点：没有丰满漂亮的毛发，我们失去了自我保暖的能力和吸引异性的符号；没有最合乎运动力学的生理结构，我们不能像猎豹那样飞快地捕食和逃逸危险；没有雄鹰一样的翅膀，我们永远无法奢望自由地飞翔……我们会发现，如果凭借我们天生的这点力量，首先被自然淘汰的物种或者被关进动物园的宠物，不可能是我们之外的任何其他物种。是的，事实并非这样！恰恰相反，人类不仅生存下来了，而且成为我们生活的这个星球上力量最强大的物种。现在的问题似乎是，不是担心人类的力量太小，而是恐惧我们的力量过大。众所周知，人类目前所拥有的各种力量如果使用不当，既可能指向人以外的世界，造成对生态环境、自然资源和其他物种的过度侵害；也可能指向人类自身，成为相互残杀、彼此伤害和自我毁灭的力量。不过，我们可喜地看到，直到目前为止，这种力量更多的还是被用在了维持我们这个物种的生存与发展，并不断提高其生命质量和水平的方面。

那么，我们为什么会获得如此巨大的力量？这与"道德"又有何关系？

哲学的思考不同于科学的探索。一旦我们将审视的目光聚焦于人类自身的时候，似乎只有"从后思索"，并且主要依赖"超验"方法或理性直观的哲学，更具有言说的合法性，因为它至少可以一定程度地防止对作为"整体的人"的"肢解"和"切割"，也可以避免用还原论的思维和发生学的方法去寻找第一个"原人"。马克思曾指证过以还原论的方式去理解人的弊端。他写道："既然你提出自然界和人的创造问题，你也就把人和自然界抽象掉了。你设定它们是不存在的，你却希望我向你证明它们是存在的。那我就对你说：放弃你的抽象，你也就会放弃你的问题，或者，你想坚持自己的抽象，你就要贯彻到底，如果你设想人和自然界是不存在的，那么你就设想你自己也是不存在的，因为你自己也是自然界和人。不要那样想，也不要那样向我提问，因为一旦你那样想，那样提问，你把自然界的和人的存在抽象掉，这就没有意义了。"①

人对自身的理解，实际上是对人的历史性文化创造活动的"从后思索"，这种思维有如黑格尔所比喻的米涅瓦的猫头鹰，往往在黄昏的时分翱翔。语言、神话、艺术、宗教、科学，都是人们实现自我理解、自我发现和自我解放的方式。"作为一个整体的人类文化，可以被称之为人不断自我解放的历程。语言、艺术、宗教、科学，是这一历程中的不同阶段。在所有这些阶段中，人都发现并证实了一种新的力量——建设一个人自己的世界、一个'理想'世界的力量"。② 按照卡西尔的观点，哲学的意义就在于，要去寻求和发现人类各种文化形式的"普遍功能的统一性"，"它必须努力获得一种更大的凝聚力和向心力。在神话想象、宗教信条、语言形式、艺术作品的无限复杂性和多样性之中，哲学思维揭示出所有这些创造物据以联结在一起的一种普遍功能的统一性。"③ 如果这样来看待人类文化，那么，神话就不再仅仅是人类童年的天真想象，而是人类自我意识和自由精神的最初觉醒；宗教也不再仅仅是训诫人类的僵死教条，而是人类试图获得神圣感和生命意义的精神期望；而矢志于人类自身解放的哲学，更是将人的自我理解作为自己的基本使命之一。大哲学家康德将哲学归结为四个问题：(1)我能知道什么；(2)我必须做什么；(3)我能够希望什么；(4)人是什么。在他看来，前几个问题都是为回答最后一个问题做准备。因此，我们可以从人类的各种文化形式中获得对自身的理解，进而为道德之于人的本质意义找到哲学人类学的根据。

在西方关于人类起源的神话中，有这样一个说法：人是造物主最后创造的物种。造物主先造了其他动物，在造好每一种动物之后都赋予了它们

---

① 马克思：《1844年经济学—哲学手稿》，人民出版社2000年版，第92页。
② 恩斯特·卡西尔：《人论》，上海译文出版社1985年版，第288页。
③ 同上书，第90页。

二十五　道德的人学基础

某种足以使它们能够在自然界生存下去的官能，如狗的鼻子、鹰的爪子等。当造物主把人造好之后，原也准备给人一种特殊的生存能力，可是，他发现东西都已经给完了，于是，只好将错就错把人造了一半就推人上了路。有趣的是，这与现代生物学对人的揭示存在本质上的一致。一项观察表明：人与动物相似，最突出的就体现在人与幼年类人猿的相似上。幼年类人猿比成年类人猿更像人。按照进化论的观点，类人猿幼体恰恰是未完成的物种类型。这个神话意味着什么？最直接的莫过于启示人们：按照大自然自身的尺度来说，人类在本能上的"装备"是不完善的。如果说其他动物在获得生命的时候，已经是一个完成了的个体，那么，人却是一个在自然机能方面存在一定欠缺的"未完成"。人既然是造物主（大自然）的一个"未完成"，就决定了人必须通过自己的方式去赢得自身的生存条件和环境，从而沿袭自己的种系。这项由大自然交给人类自己去做的工作，就是文化，即文明的创造活动。如果说远古的神话只是关于人的"本性"的隐喻，那么，人类学家则以明确的语言表达了同样的人类关于自身的自我理解。不少人类学家都看到，人类在天性上的不完善正是人类文化产生的契机和枢纽。马林诺夫斯基认为，"前文化人类像所有类人猿一样，没有天生的武器，无利齿，也无爪无角。他们也得不到厚实的皮肤、快速的运动保护。这样，猿人的躯体就很脆弱，并且由于幼儿成熟期长，从而暴露给众多的危险"。在他看来，正是这样的生物学背景促使了人类文化的产生。"人类就是从这样一个不尽如人意的处境开始，通过其文化的发展，现在已横行于地球，征服了各种环境和栖息地……由于把自由视为适应可能性的范围，我们看到他已经将人类的控制力扩及地球表面所允许到达的任何地方，并渗透到人类当初所不能渗入的各种环境之中。"[①]

德国生物人类学家格伦认为，人和动物的最大的区别在于人的"未特定化"（unspecializa-tion），而这种未特定化一方面决定了人在自然本能上的薄弱，另一方面又为人类文化的起源奠定了基础。正是由于人先天本能方面的缺憾，促使人必须用后天的创造来弥补，这种补偿人的生物性之

---

① 转引自庄锡昌等：《多维视野中的文化理论》，浙江人民出版社1987年版，第107—108页。

不足的活动,就构成了人的文化。格伦由此将文化称为人的"第二本性"。本尼迪克特则用更加生动的笔触作了这样的描述:"人失去了大自然的庇荫,而以更大的可塑性的长处得到了补偿。人这种动物并不像熊那样为了适应北极的寒冷气候,过了许多代以后,使自己长了一身皮毛,人却学会自己缝制外套,造起了防雪御寒的屋子。从我们关于前人类和人类社会的智力发展的知识来看,人的这种可塑性是人类得以发端和维持的土壤。"[1]

由此看来,自然的不完善性、"未特定化"或者人的"可塑性"、"补偿性"是人类区别于动物的重要特征之所在。人不是靠先天的本能和生理构造去适应生存环境,而是靠后天的"补偿性"活动——文化,去获得适宜自己的生存环境和条件。人不是直接生活在自然之中(包括外在的大自然和自身的小自然),而是生活在文化之中。因此,文化——人类的创造性活动及其成果——是人的存在方式。

我们再看基督教关于人类起源的解说。在《圣经》开篇的"创世纪"中,耶和华(神)先用了几天的时间,创造了天地昼夜、山川河流、飞禽走兽、花草树木,最后才按照自己的形象用泥土创造了第一个人——亚当,然后向他鼻中吹了一口气,使他获得了生命,并立伊甸园让他居住。神(上帝)准许亚当食用园中除分辨善恶之树以外的所有树上的果实,还为他创造了一个配偶——夏娃。后来由于受了蛇的引诱,夏娃和亚当先后吃了善恶树上的果实,从此有了智慧。神(上帝)发现后担心他们还会去动生命树上的果实,如果那样,人的生命就获得了永恒。于是,上帝把他们逐出了天庭,从此他们作为人类的祖先开始了在人间艰难而充满痛苦的赎罪生活。对于这个宗教传说,人们可以从诸多方面去进行诠释,从一定意义上讲,它几乎隐喻了人类全部的文化密码。这里,我们仅从这里的主题出发作简要分析:其一,人的肉体来源于泥土,表明人与自然万物存在天然的联系,人的肉体永远也摆脱不了自然,必须遵循自然的规律和法则;其二,人的形象和灵魂来源于神(上帝),意味着人天然与神具有相通性,他(她)禀赋着神的部分本性,因而具有超自然性和神圣性,是万物中最高等和最高贵的东西;其三,人是有死的存在物,他的肉体生

---

[1] 本尼迪克特:《文化模式》,浙江人民出版社1987年版,第13页。

命是有限性，但人的灵魂又有超越有限，追求无限的意向性和可能性。上述三方面决定了人将永远处于自我分裂和自我矛盾之中。因此，矛盾性——灵与肉、有限和无限、自然与超自然、因果性与自由性等——是人的基本存在方式。

人的这一不同于一般自然物的起源和内在地交织在人生命之中的矛盾性，造成了人终身将在灵与肉的撕扯中挣扎，决定了人永远位于神和物的张力之间，存在着朝两个方向转变的可能性。如果人听命于灵魂的召唤，以致不惜牺牲自己的肉体，那么，他就有希望重新获得崇高而神圣。柏拉图在相近的意义上表达了类似的思想，因而，他把学习哲学看作是在练习死亡。如果人接受了肉体的支配，服从于欲望的驱使，那么，他将堕入地狱无底的深渊而永远不能获得救赎。基督教实际上为道德的人生或人生的道德从人类起源说上预设了前提，同时，又暗喻了这条道路的困难和艰辛。如果说基督教是让人从神（上帝）那里去寻找自己（包括道德）存在的根据，那么，费尔巴哈的人本学则完成了一个根本性的颠倒。费尔巴哈认为："上帝不过是人通过想象赋予其意志自由而被外化的客观化了的人的形象。上帝的全能相当于人类精神的全能；上帝的正义相当于我们的道德感；上帝的仁慈相当于我们自己的性情。所以，我们用上帝概括了我们自己，对上帝的认识就是人对自己的认识。"[①] 作为近代西方理性主义哲学合乎逻辑发展的理论后果之一，费尔巴哈完成了上帝的人本化。

讨论人的自我消解是为了使人正视自己在自然机能上的软弱和无能；分析人的自我理解是为了引导人从自己的存在方式中去重构存在的根据。如果说神话、宗教以某种隐喻的方式，凸显了人和自然存在物的差异，从否定的方面预示了人必须以文化的方式存在的话，那么，人类学，尤其是哲学人类学则从肯定的方面论证了人既是文化的创造者，又是文化的创造物。文化是区别于自然的属人范畴，其外延几乎涵摄了人类活动的全部领域及其对象化成果。但是，无论神话、宗教，还是以往的人类学和哲学都没有揭示人类的文化之根，亦即人类的存在之根。马克思以其独到的眼光发现了道德——作为人的意志所指向的价值和意义——对于人的存在论意义。

---

① 兰德曼：《哲学人类学》，贵州人民出版社2006年版，第76页。

在谈到人和动物区别时，马克思说："动物和自己的生命活动是直接同一的。动物不把自己同自己的生命活动区别开来。它就是自己的生命活动。人则使自己的生命活动本身成为自己意志的和自己意识的对象。他具有有意识的生命活动。这不是人与之直接融为一体的那种规定性。有意识的生命活动把人同动物的生命活动直接区别开来。正是由于这一点，人才是类存在物。或者说，正因为人是类存在物，他才是有意识的存在物，就是说，他自己的生活对他来说是对象。仅仅由于这一点，他的活动才是自由的活动。"[①]

马克思的这段论述包含着极为丰富和深刻的内涵：第一，动物就是它的生命活动本身，而人则具有一种不同于生命活动本身的规定性，即他超越了自身的生命活动，获得了新的特性。第二，人是有意识的生命活动，人的存在不同于动物仅仅只是生存，而是一种具有意义的生活，有意识（思维、思想）是人区别于动物的根本标志。在这一点上，马克思与帕斯卡尔的观点是一致的，人是会思想的"苇草"，"因而我们全部的尊严就在于思想。"为此，帕斯卡尔把运用思想看作人的"道德原则"。第三，由于人是有意识的存在物，人的生活便成为人的认识和实践的对象，因此，人是自由的存在物，自由是人的"本性"。第四，也是对于本文主题来说最重要的一点，就是人的生命活动成为自己意志的和自己意识的对象。对这一点需要稍作展开分析。

人的生命活动成为自己意志的对象。按照黑格尔对精神所进行的分析："精神，作为感觉和直观，以感性事物为对象；作为想象，以形象为对象；作为意志，以目的为对象。"[②] 也就是说，意志作为精神的表现形式它是指向目的的。人把自己的生命活动作为自己意志的对象，也就意味着人将生命活动作为实现某种目的的手段，或者说它使生命活动趋向和服从于自己所认定的价值和目标。这样，生命活动本身便失去了独立存在的意义，而退居到了作为生命意义承载者的地位。在此，我们联想到了匈牙利诗人裴多菲的那首著名的诗："生命诚可贵，爱情价更高。若为自由故，两者皆可抛。"由此看来，这首诗远不仅仅是表达了一个追求自由解

---

① 马克思：《1844年经济学—哲学手稿》，人民出版社2000年版，第57页。
② 黑格尔：《小逻辑》，商务印书馆1980年版，第51页。

放的革命者的豪迈情怀，而是以文学的形式表达了人之为人的存在本性。生命之于人只有一次，无疑是十分宝贵的。但是，生命如果丧失了附着在它之上的意义和价值，缺失了纯洁的爱情和至高无上的自由，它就仅只是一个行尸走肉或酒囊饭袋般的躯体，这样的生命纵使放弃又何足为惜！可见，人的生命活动是为它之外的生活目的，尤其是对人而言最重要的自由而展开的。人正是因为可以自由地支配自己的生命，而不是单纯地屈从于生命本身的必然性，人才超越了动物，开始了属于人自己的"无中生有"的文化（人化）创造性活动。因此，把生命活动作为意志的对象，亦即强制生命活动去实现某种意志指向的目的，去获得生命的意义和价值，是人这种生命活动得以存在和发展的终极根据和力量源泉。

人的生命活动成为自己意识的对象。成为意识的对象，也就是成为人的思维和认识审视与把握的对象。由于人——用海德格尔的话说——是先在地"在世界之中"，它总是处在与周遭环境，包括自然界和他人的"共在"状态，因此，进入人意识的不仅仅是在进行意识活动的人本身，而是整个"在手之物"的世界及其相互关系。也如马克思所说："意识在任何时候都只能是被意识到了的存在"，① "观念的东西不外是移入人的大脑并在大脑中改造过的物质的东西而已。"② 这样，世界相对于人的实践活动的存在以及人和世界的关系，就进入到了人们的意识之中，并以不同的观念形态（包括神话、宗教、艺术、科学等）表现出来。这就是知识，这就是观念形态的文化。需要指出的是，马克思将"意志"放在"意识"之前，我认为绝不是随意的，而是有意凸显了"意志"之于人的首要意义。也就是说，人首先是让自己的生命活动服从于自己的意志，然后去追求和实现意志指向的目的——意义、价值、"善"，才促成生命活动成为意识的对象，使对象世界的本质和规律、过程和关系，结构和要素、美感和趣味等，成为认识和知识的对象。在这个意义上，我们可以毫不置疑地说，没有意志自由的生命，就不是人的生命；失去意义和价值的生命，就与动物无异。

这里的关键在于理解人的存在的双重特性，即时间先在性和逻辑先在

---

① 《马克思恩格斯选集》第1卷，人民出版社1995年版，第72页。
② 《马克思恩格斯选集》第2卷，人民出版社1995年版，第112页。

性。"'时间先在性'是易于理解的：它是对经验事实（包括科学事实）的陈述，即表述经验对象之间在时间序列中的先后顺序。"① 从时间先在性来看，人无疑首先是一个自然而然的存在，作为自然进化产物的生物有机体是人获得的第一重生命，它是生命活动得以展开的物质基础和前提。马克思恩格斯指出："全部人类历史的第一个前提无疑是有生命的个人的存在。因此，第一个需要确认的事实就是这些个人的肉体组织以及由此产生的个人对其他自然的关系。"② 他们还告诫我们，任何时候都不要忽视"外部自然界的优先地位"。因此，对人的自我理解，首先要以对人的自然生命的承认和肯定为前提。离开了这一点，就容易滑向宗教神秘主义和片面强调人的"能动的方面"的唯心主义。但是，又必须深刻地认识到，在理解人的问题上，仅仅看到人的肉体或自然的方面是远远不够的，像过去那样把人拿来进行一个抽象的物质本体论还原或者仅仅从直观方面去理解，不仅是庸俗的，片面的，而且是不科学的、非现实的。马克思同样批判了这样去理解人和世界的唯物主义。他认为，"从前的一切唯物主义——包括费尔巴哈的唯物主义——的主要缺点上是：对对象、现实、感性，只是从客体的或者直观的形式去理解，而不是把它们当作人的感性活动，当作实践去理解，不是从主体的方面去理解。"③ 正像我们无法在现实中发现没有肉体的灵魂一样，我们也不可能在现实中找到完全摆脱了灵魂的肉体。如果从"现实的人及其历史发展"出发，亦即不是把人理解为一个感性的存在，而是理解为感性的活动，那么，人的生命活动就呈现出了区别于一般动物活动的鲜明特征。"动物只生产它自己或它的幼仔所直接需要的东西；动物的生产是片面的，而人的生产是全面的；动物只是在直接的肉体需要支配下生产，而人甚至不受肉体需要的影响也进行生产，并且只有不受这种需要支配的影响才进行真正的生产。……动物只是按照它所属的那个种的尺度和需要来构造，而人懂得按照任何一个种的尺度来进行生产，并且懂得处处都把内在的尺度运用于对象；因此，人也按照美的规律来构造"④。因此，人无论如何是一个超越了单纯自然存在物

---

① 孙正聿：《简明哲学通论》，高等教育出版社2000年版，第155页。
② 《马克思恩格斯选集》第1卷，人民出版社1995年版，第67页。
③ 同上书，第58页。
④ 马克思：《1844年经济学—哲学手稿》，人民出版社2000年版，第57—58页。

的存在，是比一般动物多出一点什么东西的存在。那么，这个多余出来的东西是什么呢？我认为最根本的就是"道德"，也就是生命活动所指向的意义和价值。这构成了人之为人的逻辑先在性。

"'逻辑先在性'是相对于'时间先在性'而言的。它所陈述的并不是事物之间在时间序列中的先后顺序，而是事物之间在'逻辑'上的'优先地位'"①。从逻辑先在性来讲，人在获得自然生命的时候还并不是人，它不过是一个具有成为人的潜能和生理条件的动物。它要成为人，必须要完成把自己的生命活动作为自己的意志的对象的过程，也就是要强制自己的生命活动去服从和追求意志所指向的生命目标。只有在它的生命活动获得了某种意义和价值的时候，或者说，它可以自由地支配和驱使自己生命活动的时候，他才成为了真正意义上的人。

从这个意义上讲，人不是由自然生命所造成的，而是由附着在生命之上同时又高于生命活动本身的意义和价值所构成的。人由于在意志的驱使下不懈地追求着超越了肉体生命的目的，所以人总是要向往"更高、更快、更强"（这也是奥林匹克运动的永恒魅力之所在，因为它体现了人类生命的本性）；人由于是自由的存在物，他把自己的生活变成了不仅需要不断"解释"，而且需要不断"改变"的对象，所以人总是不满足于现存的一切，而是要"使现存世界革命化，实际地反对和改变现存的事物"，在"批判旧世界中发现新世界"；② 由于人是追求生命意义和价值的存在物，所以人总是要让生命活动呈现出合目的性和合规律性的逻辑，不断丰富和完善自己的理论理性和实践意志，创造愈益全面的价值系统和知识体系，从而为达到更高的人生境界提供有力的支撑。因此，作为人的生命意义和价值的道德是人作为人能够成为人的终极根据。

---

① 孙正聿：《简明哲学通论》，高等教育出版社2000年版，第155页。
② 《马克思恩格斯选集》第1卷，人民出版社1995年版，第416页。

二十六　少数民族哲学的意义及可能

离开了对一种文化传统的深层理解，缺乏对作为一个民族生存方式自我意识的哲学的破译，就难以科学地判定一种文化在人类发展史上的意义与价值。

哲学根植于生活世界中，它是一定人类共同体基于现实的生存方式和条件，对世界和人及其相互关系的理解和把握，它为人们的生活提供了基本的根据、前提和原则，即生活的"最高支撑点"，也是人们获得生活意义和人生价值的主要凭依。

任何知识或思想都是一种"合法的偏见"，都表现为"历史视域"和"个人视域"融合的"效果历史"，人既在历史中接受，也在历史中更新"理解"的方式。

在民族学和哲学研究领域，少数民族哲学研究一直是一个比较薄弱的环节，无论是从实施云南建设民族文化大省和旅游大省的战略需要上考虑，还是从完善民族学的学科体系，开辟民族问题研究的新的学术平台着眼，少数民族哲学研究都亟待引起学界的关注与重视。

加强云南少数民族哲学研究的意义，可以从实践和理论两个方面来认识。

从实践方面讲。云南实施建设民族文化大省、旅游大省的发展战略，急需少数民族哲学研究方面的理论支持。我省在建设民族文化大省和旅游大省的过程中，已经受到了来自理论支持，特别是其中作为民族文化内核的少数民族哲学研究不足方面的制约。云南是一个有着 26 个民族的省份，拥有任何一个省区都无法比拟的极其丰富的民族文化资源，这是我省确立建设民族文化大省和旅游大省的最重要的根据。然而，少数民族文化的价值离不开深度的挖掘和开发，否则，许多民族文化的精华和瑰宝就难以得到彰显。应当说，近年来我省在开发民族文化资源，促进我省旅游及相关产业发展方面已经取得了一些可喜的成绩。但不容忽视的问题是，对民族文化资源的开发，很大程度上还处于比较表浅的层面，而且大同小异、相互雷同的情况比较突出。从一定意义上讲，对少数民族文化的表层开发（如服饰、餐饮、歌舞和一般风俗习惯的介绍等）已基本接近了饱和点。如果没有进一步对民族文化底蕴的"揭蔽"作支撑，必将影响海内外公众对云南民族文化的持久兴趣，妨碍我省旅游业和其他文化产业的可持续发展。对民族文化，特别是对少数民族哲学的理论研究不足和滞后，是制约我省民族文化大省建设和文化、旅游产业发展的深层原因之一。哲学，作为"文明的活的灵魂"，作为民族精神的理论表征，它蕴含着一种文化的深层奥秘，是人们理解一个民族、读解一种文化的重要途径，也是一种文化获得自身意义和价值的基本依据。目前，从民族学、人类学、民俗学、文艺学等学科切入民族文化研究的已比较多，从政治学、经济学、法学等方面开展民族问题研究的也不鲜见，而从哲学方面展开对少数民族文化的研究却显得凤毛麟角。因此，很有必要加强少数民族哲学研究。

随着国家西部大开发战略的实施以及我省社会主义现代化建设步伐的加快，我省少数民族地区面临着社会转型和文化形态变革的紧迫任务，迫切需要从哲学的层面找到民族发展和文化变迁的理论依据。人是历史文化的产物。民族是民族文化的化身。社会的转型、文化形态的跃迁，深层地表现为人们的思维方式、价值观念、审美意识的变革。一方面，离开了对一种文化传统的深层理解，缺乏对作为一个民族生存方式自我意识的哲学的破译，就难以科学地判定一种文化在人类发展史上的意义与价值，也就不能处理好民族文化的继承和发展、保护与创新的关系。难免会在加快少数民族地区经济、社会发展的过程中，对一些极其宝贵的民族文化资源造成破坏，对我省经济、社会的可持续发展构成负面的影响；另一方面，现代化本质上是人的现代化，而人的现代化又在于文化观念的现代化。一个民族文化观念的内核凝结在作为这个民族"安身立命之本"的某种哲学理念中。加强对少数民族哲学的研究，有利于深化对少数民族文化传统的认识，发掘少数民族精神的精华，从而因势利导地启发和推进少数民族实现本土文化和外来文化、传统文化和现代文化、亚文化和主流文化的对接与融合；增强少数民族的自信心、自豪感和进取精神；培养少数民族自我发展、自我创新的能力，加快少数民族地区经济、社会的发展，缩小与汉族地区的差距，促进边疆少数民族地区的稳定。从这个意义上讲，加强云南少数民族哲学的研究，就成为我省民族地区社会主义现代建设工程中的一项必不可少的基础性工作。

从理论方面讲。加强云南少数民族哲学研究有利于确立少数民族哲学的学科地位，填补我国民族学研究中的一个空白。目前在民族学一级学科中尚无"少数民族哲学"这个二级学科，这无疑是民族学研究的一大缺憾。何以造成这样的问题，从学理上讲，就是还没有对少数民族哲学的存在作出充分的论证。尽管已有学者在这方面作过一些有益的探索，也取得过一些有价值的成果。然而，由于受传统知识论哲学观的制约，导致云南少数民族文化中许多有哲学价值的因素被无视和遮盖，而一些未必值得进行哲学读解的因素，却被不无牵强地整合进了"教科书"模式的逻辑框架中。这样，无论是认为少数民族有"哲学"，还是主张无"哲学"，最终的效果都差不多。所谓有"哲学"，不过是在他们的历史"文本"中，发现了一些具有"唯物主义"和"辩证法"色彩的观点或说法，或者是从他们的典籍、传说中指证出一些包含着类似于"人与自然和谐发展"这样的具有现实意义的观念或习俗。而仅有一些符合"哲学原理"的词句和例证，是不足以确立作为一个相对独立的学科的地位的。所谓无"哲学"，不过是因为少数民族文化中真正能够被整合进传统哲学话语系统的东西实在太少，难免使人在对少数民族哲学下了一番功夫之后，因事倍功半而作出少数民族无"哲学"的判断。我们认为，要确立少数民族哲学的学科地位，必须摈弃西方传统知识论的哲学观，顺应哲学的现代转向，运用当代哲学观念，对少数民族文化进行全新的读解。只有这样，才能为少数民族哲学存在找到"人类学"的根据和基础，从而构建起一个具有时代特征的少数民族哲学学术研究平台。

加强云南少数民族哲学研究有利于完善民族学的学科体系，提高我省民族学研究的学术影响和地位。我省科研单位和高等院校有从事民族学研究得天独厚的地域条件，同时，也可以以民族学研究为突破口，发挥我省学术资源和学术队伍的优势，突出我省学术研究特色，迅速提高我省学术研究的影响和地位。以云南大学为例，目前该校正在努力把已经取得一级学科博士学位授予权的民族学建设成为国内领先、国际知名的重点学科。这是在充分考虑了我省的优势,客观分析了我省学术研究和学科建设现状及其在国内所处地位的基础上做出的明智选择。从云南大学民族学学科建设总体情况看,除少数民族哲学外,其他二级学科建设都有了一定的基础,并取得了一些有一定影响的学术成果。有鉴于此,无论是为了完善民族学的学科体系,拓宽民族学的研究领域,还是为了突出我省哲学研究的学科特色,开辟人无我有的学术研究空间,加强少数民族哲学研究都是十分必要的。

开展少数民族哲学研究不仅要看到其重大的实践和理论意义,更重要的是要从学理上确立其研究的可能性。也许有人认为这根本不是一个问题。但由于没有找准少数民族哲学研究的立足点,没有实现哲学观的现代转型,正是造成少数民族哲学研究长期处于低迷状态的重要原因之一。因此,探索新的少数民族哲学研究理路,用具有时代特征的哲学观去读解少数民族的哲学"文本",是使少数民族哲学研究得以实质性展开,并获得应有学术地位和价值的关键。

哲学在经历了20世纪的洗礼后,呈现出了多元化的发展态势。诚如一些学者所指出的那样,"哲学术语的花样翻新和过度诠释,已经使任何一个职业哲学家都成了门外汉。"[①] 这种情况的出现,一方面,使哲学不再以知识王国的女王而傲视各种文化样式,不再以为人们提供"终极存在"、"绝对真理"和"永恒价值"而自期自许;另一方面,又为哲学开辟了前所未有的可能性空间,真正实现了在"无家可归"的时候"四海为家"。这是哲学的命运,更是以哲学为存在方式和理论表征的人类的命运。"人是哲学的奥秘"。研究哲学本质上是研究人,或者说是通过哲学来获得对人的理解。哲学从来没有像今天这样离人那么近,而马克思在哲学上实现的"形而上学颠倒"(海德格尔语),更是使传统的形而上学失去了存在的意义。哲学作为人类理解世界和把握世界的基本方式,它所关注的就是"现实的人及其历史发展"(恩格斯语)。因此,站在当代哲学的地平线上,"少数民族哲学"的意义和价值立刻就会以全新的面貌展现

[①] 高清海、孙利天:《马克思的哲学观变革及其当代意义》,《天津社会科学》2001年第5期。

出来。

哲学的"生存论转向"为少数民族哲学存在和研究的必要性提供了"人类学"根据。

所谓"生存论转向",也就是要让哲学回到"现实生活世界",不是把哲学理解为外在于人的某种绝对真理或规范,而是内在于人的生存状态和活动方式的自我意识。海德格尔认为,"认识是作为在世的存在的一种形式"、是"在世的一种存在方式",或者,"认识是存在的根植于在世的一种样式"。[①] 马克思指出,"对现实的描述会使独立的哲学失去生存环境,能够取而代之的充其量不过是从对人类历史发展的观察中抽象出来的最一般结果的综合。这类抽象本身离开了现实的历史就没有任何价值。"[②] 哲学根植于生活世界中,它是一定人类共同体基于现实的生存方式和条件,对世界和人及其相互关系的理解和把握,它为人们的生活提供了基本的根据、前提和原则,即生活的"最高支撑点",也是人们获得生活意义和人生价值的主要凭依。由此观之,少数民族哲学不仅如同少数民族本身的存在一样,是不言而喻和毋庸置疑的,而且,研究它的价值也至少从两个方面彰显出来:其一,可以从生存论的视域读解他们的世界图景、思维方式、价值观念和审美意识,从他们对"在"的追问和求索中,发掘出一些以民族性的形式表现出来的人类性问题,为人类理解和处理人与自然,人与社会、人与人的关系探寻新的思路和途径,获得关于宇宙、人生新的可能性的感悟和启示;其二,可以通过对少数民族文化生存论根据的揭示,使一些"生活前提"的历史性充分暴露出来,为少数民族生产方式、生活方式、思维方式以及整个文化形态的变革扫清深层的观念障碍。

哲学的"语言转向"为少数民族哲学存在和研究的必要性提供了"文本学"基础。

无论把哲学的思维方式理解为反思,还是把哲学的致思取向理解为读解,都离不开一定的"文本"基础。现代哲学的语言转向为少数民族哲学研究展示了极为丰富的"文本"资源,敞开了十分广阔的研究空间。按照现代哲学的理解"语言是人的存在方式",不是人占有语言,而是人

---

① 海德格尔:《存在与时间》,上海三联书店1987年版,第75—78页。
② 《马克思恩格斯选集》第1卷,人民出版社1995年版,第31页。

被语言所占有。人是历史文化的产物,而"语言是历史文化的水库"。"语言不仅仅是对事物和现实的表达,也不仅仅是对人的内心世界的表达,语言还可以直接做事,即所谓以言行事"。① 当代语言哲学家塞尔认为,语言即是社会的实在,社会的现实。马克思、恩格斯认为,"语言是一种实践的、既为别人存在并仅仅因此也为我存在的、现实的意识。"② 有哲学家对比近代哲学的"认识论转向",对现代哲学的"语言转向"作了这样的分析,"近代哲学的'认识论转向'使哲学关注对'观念'的反思,现代哲学的'语言转向'则使哲学集中于对'语言'的反思。对比'观念'与'语言',我们首先会发现对'语言'反思的广度、深度和力度。如果说'观念'具有内在性、主观性、私人性、自然性、非自主性和非批判性,那么,'语言'则具有外在性、客观性、公共性、超自然性、自主性和可批判性与可解释性。因此,对语言的反思,是对人的文化性、社会性和历史性的存在的反思,也就是从'语言'出发的对人的实践的存在方式和发展方式的反思。"③ 上述关于"语言"及其哲学"语言转向"的深刻洞见,为我们开辟了一条通往少数民族哲学的宽阔路径。少数民族的"语言"不仅是丰富的、多样的,而且,往往更具有前概念、前逻辑、前反思的生存论意义;少数民族的"语言"不仅具有独特性、异质性,而且,往往与他们的生存方式和发展方式更加密切地联系在一起。从少数民族的"语言"出发展开对他们哲学的追问,既超越了传统"文本"的局限,又避免用某种固定的模式去诠释少数民族的生存方式和精神世界,也能够更加真实地理解少数民族的历史文化和现实状态。

哲学的"解释学转向"和"后现代转向"使对少数民族哲学进行全新的理解和解释提供了理论上的支持。

当代哲学解释学大师伽达默尔认为,任何知识或思想都是一种"合法的偏见",都表现为"历史视域"和"个人视域"融合的"效果历史",人既在历史中接受,也在历史中更新"理解"的方式。哲学解释学所开辟的对人的理解道路,使我们既能够从少数民族的历史文化与他们现

---

① 高清海,孙利天:《马克思的哲学观变革及其当代意义》,《天津社会科学》2001年第5期。

② 《马克思恩格斯选集》第1卷,人民出版社1995年版,第31页。

③ 同上。

实生存境遇的融合中获知他们充满"张力"的观念世界，探索少数民族更新生存方式和发展方式的内在逻辑，也可以从他们的生活实践中挖掘其有价值的人生智慧。"后现代转向"所表现出来的以"多元"代替"基础"、以"断层"取消"根源"、以"边缘"颠覆"中心"的哲学理路，为长期处于"边缘"的少数民族哲学创造了进入学术殿堂的机会。无论是德里达通过"延异"，使"不在场"幽灵般地对"在场"的缠绕，还是福柯对各种作为权威话语的知识背后隐藏的权力、暴力、压制和统治力量的揭露，抑或罗蒂关于传统哲学包含着"隐喻"的指证……如此等等，不仅可以用来为少数民族哲学的存在进行学理上的辩护，而且，他们在哲学观和方法论上的创新，也为我们开展少数民族哲学研究提供了有益的借鉴和崭新的视野。

其实，无论是"生存论转向"、"语言转向"，还是"解释学转向"、"后现代转向"都能从马克思哲学的"实践转向"中获得理解，都可以视为"实践转向"的内在环节或题中应有之义。马克思哲学关注"现实的人及其历史发展"的哲学理论取向、"在批判旧世界中发现新世界"的哲学思维方式，以及不仅要"解释"世界，"而问题在于改变世界"的哲学功能定位，是我们开展少数民族哲学研究最重要的理论基础和方法论原则。一方面，对马克思哲学"实践转向"的深入理解，不仅使少数民族哲学研究的现代意义得以昭示，而且，也为我们借鉴和吸取现代哲学的观念和方法廓清了理论地平；另一方面，对少数民族哲学的认真研究，有利于深化对马克思所实现的哲学变革的认识，丰富马克思哲学的理论研究园地。

二十七　少数民族哲学的研究价值

无论是承认还是否认少数民族拥有本民族的传统哲学，都是基于传统教科书哲学知识论的哲学观所做出的判断，而这种哲学观是不适宜于关照少数民族哲学的。

少数民族哲学只能在"生存论"哲学的意义上才能得以"敞开"，少数民族哲学研究只有超越知识论的哲学观，才能够获得充分的学理根据和理论资源。

"只有在思维和概念的规定中，对象才是它本来的那样。""少数民族哲学"如果缺乏自身的概念规定，那么，它就只是作为一种"表象"或者"名称"存在，而不可能获得其应有的完整而深邃的意义。

少数民族哲学研究的问题不仅制约着整个民族学研究的深度和学理价值，而且，也关系到民族问题研究的现实作用和意义。民族学研究的价值取向是为了挖掘和整理蕴含在少数民族传统文化和现实生活中极为丰富的思想资源；保护、传承和发扬少数民族文化的精华；探寻实现少数民族地区和文化观念现代转型的有效途径，最终实现各民族事实上的平等和共同繁荣。然而，离开了对作为各少数民族"时代精神精华"和"文明的活的灵魂"的哲学思想的解读和理解，忽视了对各民族作为自己"安身立命之本"和精神的"最高支撑点"的哲学理念的领悟和把握，是难以做到对少数民族文化的深刻诠释和合理阐发的，因而，也不可能找到一条使少数民族文化"返本开新"的正确道路。因此，从理论上澄清少数民族哲学的一些基本问题，尤其是"何为"和"为何"的问题，就成为了少数民族哲学研究"清理地基"的基础性工作。

到现在为止,少数民族到底有没有自己相对独立的哲学这个问题一直在学理上并没有被认真地追问过。也许有人会反驳:不是已有为数不少的冠名为"少数民族哲学"的论著和论文见诸于世了吗?然而,"名称并不等于概念"。列宁在《黑格尔〈逻辑学〉一书摘要》中摘录了黑格尔这样一段论述"凡是没有思维和概念的对象,就是一种表象或者甚至只是一个名称;只有在思维和概念的规定中,对象才是它本来的那样。"列宁评论说:"这是对的!表象和思想,二者的发展,而不是什么别的。"[①] 在"言说"少数民族哲学的众多论著中,都自觉不自觉地将少数民族哲学的这一研究"对象"的存在当成了不证自明的前提,或者说是未加"批判地"对少数民族哲学的存在作出了"承诺",这本身是值得推敲的,而理解少数民族哲学所凭依的概念框架又是以传统哲学教科书为范式的。这里需要提出和深入思考的问题是:如果按照传统教科书在科学与哲学的"二元结构"中去理解哲学,那么,少数民族是否具有这种知识论意义上的哲学?如果按照传统教科书"两大板块、四个部分"的套路去梳理少数民族哲学,那么,除了从少数民族文化中发掘出一些"唯物主义"、"辩证法"和"唯物史观"的思想"萌芽"外,又能得到些什么?进而言之,这样的研究对于具有某种"异质性"的少数民族文化来说,到底有多少理论和现实意义?这就不难理解为什么少数民族哲学的"存在"一直受到一些人的质疑,少数民族哲学研究总是难以走出低迷的状态。

其实"无论是承认还是否认少数民族拥有本民族的传统哲学,都是基于传统教科书哲学知识论的哲学观所做出的判断,而这种哲学观是不适宜于关照少数民族哲学的"[②]。建立在主体和客体、主观和客观、现象和本质、思维和存在等二元分离基础上的知识论的哲学观,是西方自柏拉图、亚里士多德以来形成的哲学理路,在近代,随着自然科学的兴起和发展,得到了进一步的强化,并获得了自觉的形态。在这种哲学观的视阈中,且不说我国少数民族的哲学思想将被无视和"遮蔽",即使是在有几千年文字记载历史的汉文化中的哲学意蕴也被一些"西方中心主义"思

[①] 《列宁全集》第38卷,人民出版社1979年版,第242页。
[②] 李兵、吴友军:《少数民族哲学何以可能?》,《学术探索》2002年第3期,第14—16页。

想家视为"非存在",在黑格尔洋洋四卷本的《哲学史讲演录》中,谈论中国哲学的仅区区数页便是明证。由此看来,沿着这条路径去探寻少数民族哲学的内涵和意义是行不通的,即使牵强附会地解读出一些可以为知识论哲学所兼容的思想元素,对于理解少数民族文化以及由文化所表征的少数民族生存方式和状态来说,也是少有补益的,且由于预设了某种理论前提,还不能排除可能存在的对其各种"文本"的曲解或误读。任何哲学都是以民族性的形式、时代性的内容、个体性的风格,探索人类性的问题。我国的许多少数民族有着与汉民族几乎同样悠久的历史,一方面,他们同汉民族一起共同缔造了灿烂辉煌的中华文化,为中华文化的繁荣昌盛作出了不可或缺的贡献;另一方面,由于地缘、语系、历史、宗教、生产方式、生活方式等原因,少数民族文化又有着不同于汉文化的独特性或异质性,他们以各异其趣的民族形式,多样化的"话语"方式,表达着他们对灵魂与肉体、精神和物质、思维和存在、主体和客体、主观和客观、知和行、人和自然、人和历史、小我和大我、人和世界等等矛盾关系的思索和理解,构建了支撑和应对他们物质生活和精神生活的世界图景和思维方式,确立了引导和规范他们思想和行动的价值观念和行为准则,创造了使他们的生活获得现实根据和终极关怀的神圣形象和意义世界。这才是少数民族哲学的真正内涵之所"在"。少数民族哲学只能在"生存论"哲学的意义上才能得以"敞开",少数民族哲学研究只有超越知识论的哲学观,才能够获得充分的学理根据和理论资源。

何为少数民族哲学?对于这个问题,我们当然可以套用一般哲学的定义,将其表述为,体现在各种少数民族文化样式中的具有某种理论形态的世界观。我们还可以以本体论、认识论、辩证法、历史观的体系模式去直接整理少数民族的"哲学"思想,而无须给它一个明确的定义。然而,这样看待少数民族哲学所带来的问题是,少数民族或者多数少数民族是否形成了本民族具有"理论形态"的世界观?如果没有形成,是不是这些少数民族就没有哲学?

"只有在思维和概念的规定中,对象才是它本来的那样。""少数民族哲学"如果缺乏自身的概念规定,那么,它就只是作为一种"表象"或者"名称"存在,而不可能获得其应有的完整而深邃的意义。我们一般并不反对将哲学理解为"世界观"。将哲学理解为"世界观"是有深刻学理根据的。恩格斯为了将"改变世界"的马克思主义哲学和"解释世界"的旧哲学区别开来，曾明确指出：马克思主义哲学已经不再是"哲学"，而只是"世界观"。恩格斯这样解释马克思主义哲学是为了划清它与作为"科学的科学"的近代哲学的界限，其中蕴含了马克思所实现的哲学观的变革。因此，我们应当在恩格斯的意义上，而不是在"观世界"的意义上去理解作为某种"世界观"的少数民族哲学。我们认为，可以对少数民族哲学作这样的"自我理解"，它是存在于少数民族各种文化样式或"文本"形式之中，以少数民族理解和把握世界的各种独特方式（生产方式和生活方式、神话传说和民间故事、宗教典籍和信仰活动、器物文化和审美观念等）为中介，所反映出来的他们关于自身存在的自我意识，以及他们对"思维和存在关系问题"的思索和"觉解"。对少数民族哲学作这样的"界定"，具有以下重要意义：

要超越知识论的哲学观，跳出少数民族到底有"哲学"还是无"哲学"争论的怪圈。如此看待少数民族哲学，实际上是将其诉诸于一种"生存论"的理解，也就是诉诸于对少数民族生存方式和发展方式的理解。"人是哲学的奥秘"，而人的奥秘又在于人的对象性活动即实践的存在方式。人以自己"有意识的生命活动"将自己从自然界"提升"出来，并以对象世界和自身互为中介获得对"世界"和"人"以及相互关系的理解，从而获得关于自身存在的自我意识，进而通过各种方式（神话的、宗教的、伦理的、艺术的、科学的、实践的等）为自己创造了丰富多彩的意义世界。少数民族哲学就存在于他们关于自身存在的自我意识和"意义世界"之中。这种"哲学"不仅存在，而且由于他们生存方式、思维方式和话语方式的独特性和差异性，如果能深入挖掘，一定会给人们以某种"别样"的关于人类性问题的启迪。

要真正将少数民族哲学当作"哲学"来理解，克服少数民族哲学研究问题上过分经验化、实证化的倾向。哲学不是对经验的直接描述，也不是以某种方式直接实现思维和存在统一的知识，它是潜含在人们的常识和知识背后的"不自觉和无条件的前提"（恩格斯语），是人们生活的"最高支撑点"，是各种文化样式得以存在和发挥作用的根据、原则和标准。少数民族哲学同样是以这种"非直接"的方式存在的，它不同于少数民族文化的一般样式，因而，它不可能以经验化、实证化的方式来研究。目前，对少数民族哲学的研究不少停留在"知性"的层面，甚至有些只是在用哲学名词对少数民族文化作现象描述，导致以这种方式表现出来的"少数民族哲学"，既缺乏一般民族学通过田野调查等方法所揭示出来的少数民族文化的丰富性、生动性和经验性，又无哲学以"反思"方式对少数民族文化进行"解读"所应具有的深刻性、批判性和超越性，最后使得"少数民族的民族哲学"变成了冠以哲学名称的常识，或至多是以"哲学"的话语方式表述的一般少数民族文化。

要深化民族学研究的理论意义，发挥哲学应有的批判性功能。一种文化只有具有了某种自我反省、自我批判的精神，它才是具有生命力的文化。少数民族哲学应当合理地理解为内在于少数民族文化中的这样一种自我反省、自我批判的精神。少数民族哲学作为民族文化的"灵魂"，不仅隐含了一种文化的深层奥秘，是这种文化赖以存在和发挥作用的内在根据，而且，也是这种文化实现自我更新、自我发展、自我超越的思想源泉和"逻辑前提"。只有深入到少数民族文化的哲学维度，才能真正理解一种民族文化的意义和价值，才能透过这种文化得以表现的各种具体样式，去揭示隐匿在其中的该民族以自己独特的生存方式所展开的人与自然、人与社会、人与自我的矛盾关系，以及他们实现统一的时代性状况和历史性进程，也才能使该民族在各种"张力"中寻求"平衡"的生存智慧得以"揭蔽"和彰显的同时，发现该民族生存状态及其文化表现中蕴含的深层矛盾，从"前提批判"中去探寻该民族及其文化实现"返本开新"的合理途径。

讨论少数民族哲学"为何"的问题，实际是要澄清两方面的意义，一是少数民族哲学作为少数民族理解和把握世界的独特方式，它在整个少数民族文化中的地位和价值；二是进行少数民族哲学研究在民族学或民族问题研究中的意义和作用。这两方面的问题有着内在联系，前一个问题是少数民族哲学研究"何以可能"的根据，后一个问题是少数民族哲学研究何以必要的前提。

只要我们按照当代哲学的自我理解，把"哲学"理解为"关于人类存在的自我意识的理论"，那么，少数民族哲学作为一种人类共同体基于自身独特的生存方式所领悟到的关于人类存在的自我意识，其存在就像少数民族本身存在的事实一样，是毋庸置疑的。这种"自我意识"具体地表现为他们理解和把握世界的一种独特的方式。这种独特方式的地位和价值在于，如果说，少数民族通过神话、宗教、艺术、伦理道德、科学技术、风俗习惯等文化样式为自己构建了丰富多彩、各异其趣的"意义世界"，那么，少数民族哲学就是他们"意义世界"的"普照光"。正是这一"普照光"使他们的各种文化样式获得了深层的根据和意义的显现。具体说来，它既是贯穿于少数民族各种文化样式中的"活的灵魂"，表征着他们对"人"，对"世界"以及"人和世界"关系的"觉解"，又是他们对自身创造的文化获得自我理解和相互理解以及价值评判的根据、标准和尺度。

对于少数民族哲学研究何以必要的问题，我们可以从理论和实践两方面来认识。先从理论方面看。文化哲学家恩斯特·卡西尔在其名著《人论》中，对哲学在整个文化研究中的意义和作用作了深刻而富有启迪的阐释，他指出："我们全神贯注于对各种特殊现象的丰富性和多样性的研究，欣赏着人类本身的千姿百态。但是哲学的分析给自己提出的是一个不同的任务。它的出发点和它的工作前提体现在这种信念上：各种各样表面上四散开的射线都可以被聚拢来并且引向一个共同的焦点。"① 他还具体地指出："它能使我们洞见这些人类活动各自的基本结构，同时又能使我们把这些活动理解为一个有机的整体。语言、艺术、神话、宗教决不是互不相干的任意创造。它们是一个共同的纽带结合在一起的。"② "在神话想象、宗教信条、语言形式、艺术作品的无限复杂化和多样化现象之中，哲学思维揭示出所有这些创造物据以联结在一起的一种普遍功能的统一性。神话、宗教、艺术、语言，甚至科学，现在都被看成是同一主旋律的众多变奏，而哲学的任务正是要使这种主旋律成为听得出的和听得懂的。"③ 卡西尔的这段论述，不仅阐明了哲学研究在整个文化研究中的独特意义和作用，也为我们从哲学的视角解读少数民族文化提供了重要的学理支持和方法论启示。首先，少数民族哲学研究就是要揭示少数民族文化的"共同的焦点"。从这个"焦点"中，我们既可以在"共时态"上获得对一种

---

① 卡西尔：《人论》，上海译文出版社1985年版，第281页。
② 同上书，第87页。
③ 同上书，第91页。

民族文化的总体性理解和把握，也能在"历时态"上辨析一种民族文化历史性演变的逻辑和规律；在多样性中发现统一性，在统一性中展现多样性，使人们不至于沉醉于扑朔迷离的文化现象而止步不前，而是能够理性地捕捉到一种文化的内在逻辑；其次，少数民族哲学研究还要抓住将各种文化样式结合在一起的"纽带"。抓住这个"纽带"才能让五彩斑斓、神秘幽深的民族文化，联结成展示他们独特生存方式和活动结构的有机整体，使他们"生命活动"的意义得到全面地反映和充分地彰显；再次，少数民族哲学研究更要使少数民族文化这个"同一主旋律的众多变奏"真正成为"听得出"和"听得懂"的东西。黑格尔在谈论逻辑学（哲学）之于人的思维的意义时，曾指出，逻辑学不是教人思维的，而是使人自觉到思维的本性，"力求思想自觉其为思想"[1] 少数民族哲学研究的重要价值之一，也在于让少数民族自觉到其文化及其所表征的生存方式和状态的真实意蕴和价值，在弘扬光大本民族优秀文化传统的同时，自觉地使本民族文化与时俱进地实现"世界观"、"方法论"层面的跃迁。

　　再从实践方面看。少数民族和民族地区面临的最紧迫的任务是加快经济、社会的全面进步，实现跨越式发展。文化观念的落后是制约少数民族和民族地区发展的重要因素。从一定意义上讲，借助某种外力改变人们的物质生活状况还是一件相对容易的事，而要在文化观念上实现变革却要艰难得多。转变人们的文化观念不能仅仅依靠外在力量推动和刺激，它需要这种文化及其主体的自觉。开展少数民族哲学研究就是发挥哲学的"反思"功能，通过对少数民族文化中蕴含的"思想"加以揭示（使含混的思想得以澄明），加以辨析（使混杂的思想得以分类），加以鉴别（使混淆的思想得以阐释），加以选择（使有用的思想得以凸现），[2] 使少数民族认识到其文化观念中的积极因素和消极成分，主动自觉地实现其文化观念的现代转型。

　　发展民族地区的一个重要思路，就是要把这些地区蕴藏的丰富的民族文化资源作为产业来开发。少数民族哲学研究可以拨开笼罩在民族文化上的层层面纱，让汇集了少数民族"人民的最美好、最珍贵、最隐蔽的精

---

[1] 黑格尔：《小逻辑》，商务印书馆1980年版，第39页。
[2] 孙正聿：《简明哲学通论》，高等教育出版社2000年版，第52页。

髓"（马克思语）的哲学思想得以充分的显示，使民族文化的价值得以"增值"，从而深度开发民族文化资源，使其成为支撑当地经济、社会可持续发展的重要产业支柱。

只有在"听得出"、"听得懂"少数民族文化的前提下，才谈得上合理地保护和发展少数民族文化。少数民族文化哪些该保护，哪些该发展，这只能建立在对其充分理解和把握的基础上。离开了从"关于人类存在的自我意识的理论"——哲学方面的解读，很难说能够获得对一种文化的真正理解。其实，保护和发展少数民族文化的尺度或标准，应当诉诸于一种文化样式之于该民族生存和发展的意义。少数民族哲学研究可以为少数民族文化的保护和发展找到深层的根据。

二十八　少数民族道德生活研究的前提思考

　　澄清前提、划定界限，是哲学研究的本质要求，也是其作为一种独特的理解和把握世界方式的基本价值之所在。

　　既不能就道德谈道德，将其看作某种自足的、独立的、永恒"在场"的存在，也不能依据其表现形式简单地进行价值判断，更不要不加批判地去与某种现实的需要相附和。

　　没有必要的理论准备，不占有与研究对象大致相匹配的概念工具，即便事物或现象就在你的面前，除了得到一些感官接触到的"杂多"和"表象"，事物对你根本就不存在。

　　理论的价值在于揭示事物的本质，它并不承诺对一切现象负责。

　　为什么要从哲学的视域研究少数民族的道德生活？研究的意义何在？什么是少数民族的道德生活，其内涵究竟如何？应当怎样研究这种道德生活，也就是如何对其道德生活作出既符合其生活的本来面目，又具有某种现实价值的理解和诠释？澄清这些问题，当然不止这些问题，但至少需要首先弄清这些问题，是今天开展类似课题研究的重要理论前提。如果没有进行这样的前提思考，研究就可能是盲目的，除了制造一些看似热闹的学术幻象外，对相关理论发展和现实生活都少有裨益，甚至还会造成对少数民族传统文化的误读和他们自身文化自觉的误导，以及在应对现实生活挑战时的错觉和迷惘。道德生活作为在某种自觉的道德意识支配下的生活样态，总是与占支配地位的道德观念分不开。而任何道德观念，从本质上讲，不过是一定"人们共同体"（族群）的物质生产、生活条件和方式在观念上的表现，尽管其一经形成就具有历史继承性和稳定性，但却不是僵化的、一成不变的，它们会随着承载这种道德意识的人们生活的变迁，而或快或慢地发生变化。因此，既不能就道德谈道德，将其看作某种自足的、独立的、永恒"在场"的存在，也不能依据其表现形式简单地进行价值判断，更不要不加批判地去与某种现实的需要相附和。澄清前提、划定界限，是哲学研究的本质要求，也是其作为一种独特的理解和把握世界方式的基本价值之所在。

不妨从对摩梭人"走婚"现象的认识过程说起。

在川滇交界的泸沽湖畔，住着一个被分别识别为纳西族和蒙古族的同一个族群——摩梭人。由于在这里的大部分摩梭人，还保留着一种"男不婚女不嫁"，男女双方过着暮合晨离的"走婚"生活，以及与这种婚姻形式相适应的"母系大家庭"结构，而引起了人们普遍的好奇和关注，特别是随着被誉为"摩梭女杰"的杨二车娜姆的《走出女儿国》等作品的问世，更是激起了各方人士对这片神秘土地的无限遐思和想象，带着不同的主观意象褒扬者有之，从不同的思想背景出发贬抑者也不乏其人。我在几十年前初接触到这种婚俗，也是感到非常的惊异，不假思索地接受了将其视为母系氏族社会婚姻形态的遗迹。但随着了解的增多，一个深深的疑问开始萦绕，那就是，母系氏族社会作为原始人类的社会组织形式，从考古发现中显示，距今早则四五万年，晚则六七千年，为什么可能保留至今？即便"女儿国"的生产力水平再低下，生产方式再落后，也不至于在如此漫长的历史演进中停滞不前、原封不动。到底是一种什么"力量"或原因，导致那里的人们可以以不变应万变的执着，坚守着被同时代的其他人们视为原始、野蛮的婚姻习俗和家庭结构？据说，这个问题至今还是一个"世界级的未解之谜"。

伴随疑问产生的同时，我开始关注这种婚姻习俗和家庭结构的内涵，在现代主流婚姻家庭模式的参照下，无须更多的思考便会发现，摩梭人的"走婚"习俗的确有着其他婚姻形式无可比拟的优点：在两性关系上，它超越了一切非情感的因素，诸如一夫一妻制形成以来人们摆脱不了的经济、政治、文化、信仰、门第等因素的影响；在家庭关系上，避免了父系大家庭永远解决不了的诸如翁婿、婆媳、姑嫂、妯娌等错综复杂的家庭矛盾，以及核心家庭以"契约"为纽带的夫妻关系的脆弱性和家庭抗风险能力的微弱性。近日，民政部发布的《2014年社会服务发展统计公报》称，2014年全国共依法办理离婚登记363.7万对。数据显示，2003年以来，我国离婚率已连续12年呈递增状态。北京市离婚登记办理数量也连续12年递增，去年以五万五千余对"领跑"全国各大城市。"80后"成为离婚队伍的"主力"。有的离婚甚至仅仅是将其当作"合理避税"的便捷途径。可见，较之摩梭人的婚姻家庭关系，"文明社会"人们的婚姻家庭关系是多么的脆弱和"庸俗"。如此看来，摩梭人的"走婚"习俗及其家庭结构，不仅不是落后的、原始的，而且，若以"爱情"作为考量两性关系的最高标准和以和谐作为评价家庭关系的终极尺度，那么，摩梭人的婚俗和家庭关系或许还代表了人类两性关系和家庭结构的未来发展趋势。于是，我看到不少人开始为这种婚姻习俗和家庭结构唱赞歌，将家庭道德的许多美好的词汇，诸如"两情相悦"、"男女平等"、"婚姻自由"、"家庭和睦"、"尊老爱幼"等，贴在了摩梭人的走婚习俗和家庭关系上。果真如此么？这种婚姻习俗和家庭结构在其他人群中有借鉴和效仿价值吗？为什么这样好的婚姻家庭模式即便在当地也不是呈增长的势头，而是出现衰落的趋势？

　　带着这些问题，我进一步搜集了近年来研究摩梭人婚姻习俗和家庭结构的资料，并重新阅读了此类研究的马克思主义经典著作——恩格斯的《家庭、私有制和国家的起源》，逐渐意识到自己的思想走过了一个"否定之否定"的过程：摩梭人的婚姻家庭结构，并不是什么神秘莫测的现象，在本质上它是合乎人类家庭演进规律的一个特例，亦即人类曾经普遍存在的婚姻家庭结构在当代社会的遗存，正像必然性总是寓于偶然性，普遍性总是根植于个别性一样，在无限多样的人类生活样态中，在一个数十年前还几乎与世隔绝的偏僻之地，保留这样一种与其生产方式、生活方式、交往方式相适应的婚姻家庭形式，并不断在其文化（特别是婚姻家庭观念）的强化下得到巩固，不仅是可以理解的，而且不能理解反而是不可理喻的，因为任何理论的建构，都是以其不能涵摄大量的"例外"存在为条件的。理论的价值在于揭示事物的本质，它并不承诺对一切现象负责。

　　在经过这番心路历程之后，问题终于凸显了出来。我们为什么要研究少数民族的道德生活？研究的意义究竟何在？毫无疑问，作为严肃的学术研究，绝不仅仅只是为了猎奇，也不只是为了向人们呈现一种"别样"的生活样式，而是为了在深度理解某种道德生活的基础上，开掘其中蕴含的思想启示和实践价值。那么，这些启示和价值到底是什么呢？

　　首先，是实现少数民族的文化自觉和自信。我国是一个"多元一体"

的多民族的国家，由于不同民族所生活的自然环境不同，历史演进各异，各民族之间的发展很不平衡，有的因为某种历史机缘，民族文化发展水平比较高，形成了自己民族自成一体的文化系统，因而，具有较强的文化自觉和自信，如彝族、藏族、白族、蒙古族等；有的却因为种种原因，未能形成自己民族（族群）的理论形态的民族文化，文化更多的是以直接的生产方式、生活方式和交往方式呈现出来。相对于已经达成某种理论自觉的文化来说，这种文化比较弱势和无力，很容易受到外来文化的影响和侵蚀，以至于秉承这种文化的"人们共同体"，由于缺乏对自己文化的自觉和自信，在生活方式发生变化和外来文化的内外冲击下，会轻易放弃自己的文化，从而导致民族特性的淡漠与丧失。文化自觉是一个民族成其为一个民族的内在根据。费孝通先生认为，"文化自觉只是指生活在一定文化中的人对其文化有'自知之明'，明白它的来历、形成过程、所具有的特色和发展的趋向。"[1] 可见，它对于一个民族实现自我认同是必不可少的。婚姻家庭在人类发展的早期阶段，是最重要的社会制度。诚如恩格斯指出："父亲、子女、兄弟、姊妹等称呼，并不是单纯的荣誉称号，而是代表着完全确定的、异常郑重的相互义务，这些义务构成这些民族的社会制度的实质部分。"[2] 因此，婚姻家庭生活及其所形成的道德观念，就成为这些民族最重要的文化。开展少数民族道德生活研究，有利于少数民族实现他们对自己文化的"自知之明"，进而了解自己文化的来历、形成过程、自身特色和演变趋势，使他们的道德生活由自发变为自觉。

其次，是实现中华民族的文化自觉和自信。中华民族是一个有数千年文明史的民族。中华民族文化是56个民族在漫长的历史发展进程中共同创造的，犹如费孝通先生所说："中华民族正是在'分分合合'的历程中，形成了一个'你来我去、我来你去，我中有你、你中有我，而又各具个性的多元一体'。"[3] 当前，我国正面临树立文化自觉、培养文化自信，提升国家文化软实力的迫切任务。习近平总书记强调指出，要系统梳理传统文化资源，让收藏在禁宫里的文物、陈列在广阔大地上的遗产、书

---

[1] 费宗惠，张荣华：《费孝通论文化自觉》，内蒙古人民出版社2009年版，第37页。
[2] 《马克思恩格斯选集》第4卷，人民出版社2012年版，第37页。
[3] 费宗惠，张荣华：《费孝通论文化自觉》，内蒙古人民出版社2009年版，第268页。

写在古籍里的文字都活起来。这不仅是文化界的任务,也是全社会的任务。少数民族道德生活,是中华民族道德生活的有机组成部分。尽管它们或多或少带有某些传统社会和过去时代的特征,但唯其因为它们受到西方文化和市场经济的冲击相对较小,更能在本真的意义上显现中华民族的民族性格和精神特质。开展少数民族道德生活研究,无疑可以从一些独特的维度或层面帮助国人实现对自己文化来龙去脉的理解,从中发现不同于西方文化的特质和发展轨迹,让一些曾经被忽略或边缘化的文化鲜明地凸显出来,为实现中华民族的文化自觉和自信提供更加丰富的道德文化资源。

再次,是实现我国各民族文化的"各美其美"与"美人之美"。文化的互渗与融合是一个民族(国族)得以形成的重要条件。中国由于是一个幅员辽阔的大国,在这个"地理单元"中生活着个性鲜明、差异显著的56个民族。各民族在文化上实现"各美其美"、"美人之美"是国家文化发展战略的必然选择,也是弘扬中华优秀传统文化的题中应有之义。开展少数民族道德生活研究,深入解读和阐释少数民族丰富多彩的道德文化,开掘其中仍然具有时代性和人类性价值的思想内涵,在增强各民族文化自觉自信的同时,促进各民族之间的相互认同和理解,对于构建富有生命力和创造力、多元一体、和而不同的当代中华民族文化,具有不可替代的重要价值。

如何理解少数民族的道德生活,它到底具有怎样的内涵?这也是少数民族道德生活研究必须澄清的问题。让我们再回到摩梭人的婚姻家庭生活中。

大致而言,摩梭人的"走婚"可以分为三种形式,即"暗访"、"明访"和"共居",前两种为"走婚"的主要形式,后一种情况相对较少。与这种走婚习俗相适应,形成了摩梭人特有的婚姻家庭道德。如果我们撇开孕育这种婚姻家庭道德的社会经济基础和自然、历史原因不谈,单就这种道德生活直接的表现形式来说,的确有许多体现当代人类普遍认同的道德价值。如,两性交往主要取决于"两情相悦"、男女在交往关系中地位平等、分合自由不受情感之外的因素限制、两性关系没有独占和欺骗;建立在母系大家庭基础上的家庭关系十分和睦、尊老爱幼、相敬如宾,家庭成员同心同德、同舟共济、同甘共苦,因此,在这些地方见不到鳏寡孤独、离婚、财产分割等现象;由于每一个孩子都是在这样的家庭(社会)

环境中成长，从小被和谐的家庭氛围和人际关系所熏陶，养成了摩梭人敦厚善良、温和友好、循规蹈矩的民族性格，以至于10多年前有媒体报道，泸沽湖上下的自然村，从新中国成立到如今，只有1个人被劳动教养过3年，在这50年里，全行政村近千人中，犯轻罪的只有1人，没有犯重罪的。除了在两性关系的乱伦禁忌上，由于只是注重对母系血缘的限制，而对父系血缘两性交往缺乏严密的约束，是一个重大缺憾外，几乎就是一幅当代"世外桃源"的景象。

然而，从哲学的视域，应当如何看待这些道德现象呢？是不是像有的研究者那样，以当代主流社会一夫一妻制婚姻家庭关系存在诸多的问题和弊端为参照，而无限拔高这种婚姻家庭结构的伦理合理性，甚至将其标榜为某种道德典范和人类两性关系的未来趋势，希望其他人去学习和效仿；或者像另外一些研究者一样，将其贴上母系氏族社会"活化石"的标签，而无视其长期存在的客观现实和重要的文化价值。我以为，这两种研究方式都是不可取的。他们共同的错误就在于，没有把这种道德现象放在具体的历史环境和特定的生产、生活方式中加以认识，都存在把复杂的人类道德生活现象简单化的倾向。事实上这两种倾向，也是此类研究中普遍存在的现象。这里有必要对这两种研究取向作一个分析。

针对第一种倾向，我认为，首先，必须看到，摩梭人的婚姻家庭结构，确实具有母系氏族家庭的主要特征。恩格斯在《家庭、私有制和国家的起源》中论述道，"她们全体有一个共同的女始祖；由于世系出自同一个女始祖，后代的所有女性每一代都是姊妹。……一切兄弟和姊妹间，甚至母方最远的旁系亲属的性关系的禁规一经确立，上述的集团便转化为氏族了，换言之，即组成一个确定的、彼此不能结婚的女系血缘亲属集团；从这时起，这种集团就由于其他共同的社会的和宗教的设施而日益巩固起来。"[①] 他还认为，"在氏族制度可得到证实的一切民族中，即差不多在一切野蛮人和一切文明民族中，几乎毫无疑问地都曾经存在过这种家庭形式。"[②] 摩梭人的婚姻家庭结构在本质上与上述论述是高度一致的。正像这种婚姻家庭结构也曾在世界许多地方延续到至少19世纪中后叶一样，

---

① 《马克思恩格斯选集》第4卷，人民出版社2012年版，第50页。
② 同上书，第50—51页。

作为人类曾经普遍存在的家庭形式,在其消亡的条件尚不具备的时候继续存在,尤其是它一经形成之后,还要受到基于这种家庭形式的社会和宗教设施的巩固。因此,在一个东方大国的某一特殊地域,还保留着这样的婚俗,是完全可能的,并不是什么难解之谜。

其次,它一定是这一"人们共同体"根据他们的生产生活方式,在婚姻家庭形式上所作出的最合理的选择。人们无论选择哪种婚姻家庭形式,本质上都与他们的生产和再生产活动有关。在这里,恩格斯的经典论断,依然是我们理解各种历史现象,包括摩梭人"走婚"这一所谓"世界级之谜"的不二锁钥。恩格斯指出,"根据唯物主义观点,历史中的决定性因素,归根结底是直接的生产和再生产。但是,生产本身又有两种。一方面是生活资料即食物、衣服、住房以及为此所必须的工具的生产;另一方面是人自身的生产,即种的繁衍。一定历史时代和一定的地区内的人们生活于其下的社会制度,受着两种生产的制约:一方面受劳动发展阶段的制约,另一方面受家庭的发展阶段的制约。劳动越不发展,劳动产品的数量,从而社会的财富越受限制,社会制度就越在较大程度上受血族关系的支配。"[①] 这是对这种婚姻家庭形式何等合理清晰的解释!或许因为我们曾经教条主义地套用这些思想,并不加区别地付诸于现实的政治操作,导致了许多严重的政治和政策错误(在对待摩梭人婚姻习俗上就是如此),从而极大损害了这些重要思想的理论威信。但这不是理论本身的错误,因而,我们不能因噎废食,让本来已经得到合理解释的问题重新变得混沌和模糊。

再次,我们在充分肯定摩梭人的婚姻家庭道德之于他们的生活方式的合理性同时,切忌超时空地发表一些毫无根据和意义的空泛议论,更不要夸大这些道德观念和规范的适用范围。事实上,无论就摩梭人本身来说,还是就"走婚"对于其他人群的影响来讲,其值得珍视的程度远不及人们附加在其之上的想象。当年青一代摩梭人"走出女儿国",接触到外面的世界之后,往往会主动放弃"走婚"习俗,而更愿意选择主流社会的一夫一妻制婚姻形式。这说明体现在这种婚姻家庭关系中的道德,只有在纯粹或者严格的摩梭母系社会中才能充分发挥它们的功能,彰显其美

---

① 《马克思恩格斯选集》第4卷,人民出版社2012年版,第13页。

好。一旦脱离了那种"社会制度"和环境,这些道德的生命力将会完全丧失,或者变形为与一夫一妻制相伴而生的名曰"走婚"的嫖娼与卖淫。其实随着旅游业的开发,在泸沽湖地区已经出现了这样的现象。

还有人将这种婚姻形式看成是人类两性关系的未来发展趋势,甚至还引用国外的一些调查资料认为,在西方发达国家,离婚率不断增高,许多人愿意选择不受约束的两性关系,一些女性因为可以得到社会保障的支持,不在乎做单亲家庭母亲,自己抚养孩子,无须男性的帮助。由此得出摩梭人的"走婚"实际走在了时代的前列的结论。这无疑是荒唐的。西方的高离婚率和大量的单亲家庭,是现代财产关系和社会保障体系发展的必然结果,它与摩梭人"走婚"没有任何联系;而至于说到未来的两性关系,即恩格斯所说的"除了相互的爱慕以外,就再也不会有别的动机了",必须是在消灭资本主义生产和它所创造的财产关系后才可能出现。摩梭人选择"走婚"与其说与他们的财产关系无关,毋宁说就是他们财产关系的结果。只是经济的考量隐退在了基本的"社会制度"之中。

对于第二种倾向,我以为是一种轻率和无知的表现。一种古老的婚姻家庭形式的存在本身就具有极高的人类学和文化学价值,在高速现代化的当代中国,甚至可以视为稀世文化珍宝。它既是人类了解自己过去、理解自己文化、认知人性生成的重要途径,又是人类探索未来走向、预测文化前景、把握自身命运的重要依据。马克思恩格斯晚年高度重视人类学研究的成果,马克思曾留下包括《路易斯·亨·摩尔根〈古代社会〉一书摘要》在内的一系列人类学、历史学笔记,并试图在摩尔根等提供的第一手资料的基础上,重新阐发业已成型的历史唯物主义思想。恩格斯撰写《家庭、私有制和国家的起源》就是为了"补偿我亡友未能完成的工作",并在马克思写在摩尔根一书的详细摘要和批语的基础上,创造性地对摩尔根等重要人类学家和历史学家的思想进行了批判性阐释,以"实证"的方式检验和印证了历史唯物主义的基本原理,丰富和发展了马克思和他本人共同创立的历史唯物主义理论。列宁对此给予高度的评介,认为该书"是现代社会主义的基本著作之一,其中每一句话都是可以相信的,每一句话都不是凭空说的,而是根据大量的史料和政治材料写成的。"[①] 马克

[①] 《马克思恩格斯选集》第 4 卷,人民出版社 2012 年版,第 677 页。

思恩格斯为我们如何从哲学的视阈看待和研究历史文化现象树立了光辉的榜样,确立了直到今天为止无人可以超越的研究人类发展史的思想原则和方法。循着他们的理路,我们可以从包括少数民族道德生活在内的文化现象中,获得更多具有更高价值的研究成果,而不是仅仅停留在对其进行简单描述和轻率的价值判断水平上。

尽管像摩梭人"走婚"这样的婚姻家庭道德生活,没有直接的借鉴和实践价值,但不妨碍它能对当代人类生活形成了富有启迪和参考价值的参照。"在当代,功利主义的价值体系、工具理性的思维方式、'以物的依赖性为基础的人的独立性的存在方式',使人总是要借助某种'中介'才能与世界联结、照面,而'中介'后的世界已不再是人们真实生活于其中的世界,它往往表现为可以计量的'价值'(商品、货币、资本)、被定义了的概念和仿佛游离于世界之外的'原子式'的个人存在。……在这种情况下,关注一下依然具有某种异质性特征,带有更多原生态痕迹的少数民族文化,无疑会使我们在浮躁中感受一种沉稳,在喧嚣中获得一份宁静,在狂乱中领悟生命的孱弱,在荒诞中觉解人生的真谛。"[①] 少数民族道德文化,包括这里作为案例的摩梭人婚姻家庭道德,正如前文所论,它所能给予当代人类的当然不是摆脱"现代性"困境的现成答案,也不可能成为这些族群以外的人们可以直接效仿的生活样态,但是,它们对于今天人们的思想启迪和参考价值是毋庸置疑的,它告诉我们,今天的生活不过是从过去的生活嬗变而来的,同样,今天的生活也会向着未来的可能性开放,婚姻家庭关系也不例外。诚如摩尔根所说:"家庭是一个能动的要素;它从来不是静止不动的,而是随着社会从低级阶段向较高阶段的发展,从较低的形式进到较高的形式。反之,亲属关系制度却是被动的;它只是把家庭经过一个长久时期所发生的进步记录下来,并且只是在家庭已经根本变化了的时候,它才发生根本的变化。"马克思接着批注道:"同样,政治的、法律的、宗教的、哲学的体系,一般也是如此。"[②]

基于上述分析和我关于摩梭人"走婚"习俗的认识过程,最后想谈谈我对怎样研究少数民族道德生活的看法。

---

① 李兵:《作为生存意识和超越意识的少数民族文化》,《学术探索》2012 年第 12 期。
② 《马克思恩格斯选集》第 4 卷,人民出版社 2012 年版,第 37—38 页。

在伦理道德研究中，目前出现了一种所谓研究的方法论转向。这里所说的"转向"，就是认为应当将伦理学研究与人类学研究结合起来，把民族志研究方法引入到少数民族伦理道德研究中。总体上讲，我不反对将其他学科的方法引入到伦理学，包括少数民族伦理问题的研究中，尤其是在把伦理学定位为某种"科学"的情况下。一定意义上讲，少数民族伦理研究因缺少可供哲学"反思"的思想材料，其道德生活更多地表现为直接的生产和生活形式，的确不能缺少了田野调查这个环节，否则容易落入空洞的概念演绎的窠臼。但是，又必须看到，伦理学也好、道德哲学也罢，它终究是一门哲学学科，哲学是思想的事业，它自有自己的研究范式和理路，自有其他学科和研究方式不可取代的功能和价值，即便是借鉴和运用诸如"民族志"等方法，也应将哲学的存在论追问、认识论探究、价值论考察等，融入到实证研究或田野调查之中，否则，哲学注定将在学科林立的当代学术话语体系中扮演一个十分尴尬的角色，即既无实证研究的细致、深入与具体，又无哲学研究的高度、深刻与普适，既没有耕好别人的田，还荒了自己的地。在我国，且不要说从哲学切入少数民族伦理研究很难真正做到田野调查所要求的"融入"，即便纯粹的民族学、人类学研究也多是蜻蜓点水式的做点问卷调查，极少有像摩尔根那样，整整用40多年的时间追踪研究北美印第安人，最后凝结出《古代社会》这样的划时代作品。我在搜集摩梭人"走婚"资料的时候发现，多数研究者也就是到泸沽湖畔的某个村寨作了一个短期的调查，进行了简单的数据统计和个案访谈。可见，真正的"民族志"方法是很难做到的，况且它还不是哲学研究的正道。我作为一个客串研究少数民族道德生活的热心者，自然提不出什么具体的研究范式和方法，在此，不揣冒昧提两点建议，供相关研究者参考。

首先，要有充分的理论准备。黑格尔认为，"哲学的最高目的就在于确认思想与经验的一致，并达到自觉的理性与存在于事物中的理性的和解，亦即达到理性与现实的和解。"[1] 哲学研究决不满足于对现象的描述，也不是对事物作出某种似是而非的判断，或是"盲人摸象"般的片面议论，总之，它不停留于事物的"表象"，而是要达到对事物的概念把握，

---

[1] 黑格尔：《小逻辑》，商务印书馆1980年版，第43页。

也就是他所说的"自觉的理性"与"事物中的理性"的"和解"。为了达到这样的目的,从事哲学研究必须要有充分的理论准备,做到像孙正聿教授所说的那样,"一是必须'寻找理论资源','通晓理论思维的历史和成就',以概念作为专业性研究的'阶梯'和'支撑点';二是必须把握本学科关于对象世界的规定性以及本学科已有的对'全部生活'的理解。"也许,有人会认为,概念或理论不仅不是认识事物的"阶梯"和"支撑点",而且还可能成为遮蔽事物的观念障碍。这是对人的认识缺乏反思的表现。"人们对文本的阅读和对现实的观察,必须并且只能以已有的概念、范畴、知识和理论构成基本的主观条件。用现代科学和现代哲学的说法就是:观察渗透理论,观察负载理论,没有中性的观察,观察总是被理论'污染'的。借用黑格尔的说法就是:没有概念把握的对象,对象只能是'有之非有'、'存在着的无'——对象存在着,但对认识的主体来说并不存在。"总之,没有必要的理论准备,不占有与研究对象大致相匹配的概念工具,即便事物或现象就在你的面前,除了得到一些感官接触到的"杂多"和"表象",事物对你根本就不存在。实际的情形是,我们的许多研究者,不是不使用现成的概念,而是不加反思地将现成的概念套在其观察对象之上。由于理论准备不足,特别是没有"通晓理论思维的历史和成就",概念缺乏有机性、历史性和系统性,致使对现象的描述或解释,总是流于肤浅和随意,尤其是未达到"自觉的理性"与"事物中的理性"的统一。

其次,要保持一定的间距。这个观点可能容易引起反感。我们不是一贯强调要理论联系实际,要对事物作深入细致的调查研究吗?不错!问题是我们是在什么层面上研究事物,是以什么学科为背景研究事物。如果是从以反思为基本特征的哲学的视阈研究事物,就应当有这样的反思自觉,正所谓"不识庐山真面目,只缘身在此山中"。如果不以某种概念为中介,我们很难获得对事物的真正把握和理解,同样,如果不以某种已经"构成思想"的关于"对象世界的规定性"为研究对象,就很难谈得上是真正意义上的哲学研究。马克思之所以能够揭示资本主义社会发展的特殊规律和人类社会发展的一般规律,大家知道并不是建立在某种实证研究的基础上,但并不妨碍他在对人类历史的理解上,作出了不低于摩尔根实证研究的贡献,相反,摩尔根的研究不过是为历史唯物主义提供了关于早期人类生活的例证。马克思在总结其《资本论》研究方法时说道："对人类生活形式的思索，从而对它的科学分析，总是采取同实际发展相反的道路。这种思索是从事后开始的，就是说，是从发展过程的完成结果开始的。"① 这可以理解为时间上的"间距"，也就是马克思所说的"人体解剖是猴体解剖的钥匙"。在这个意义上，我们无须用还原论的思维去追溯事物的始源状态，当下存在的形态才是哲学研究的最佳对象。当代解释学的一个重要贡献，就是揭示了时间"间距"不仅不是理解事物的障碍，而且还是理解事物的条件。因此，从哲学上研究少数民族道德生活，无须去猎奇般地发现某些与现实具有巨大反差的道德现象，而是应当认认真真地读解少数民族"实际生活过程"这部打开了的"心理学"大书。此外，还要注意空间"间距"，没有与各种事物的必要"间距"，就没有真正的哲学。如果说科学研究要尽可能贴近事物的话，那么哲学研究恰恰要自觉地与事物保持一定距离，这是哲学反思的基础和条件。"正是由于这种'间距'，哲学才能使人超越感觉的杂多性、表象的流变性、情感的狭隘性和意愿的主观性，才能全面地反映现实，深层地透视现实，理性地解释现实，理想地引导现实，理智地反观现实，才能实现'思想中所把握到的时代'，才能成为'时代精神的精华'。"②

---

① 《马克思恩格斯全集》第23卷，人民出版社1972年版，第92页。
② 孙正聿：《简明哲学通论》，高等教育出版社2001年版，第226页。

二十九　传统道德在现实中为何难以践履

伦理作为人际关系事实如何的规律和应当如何的规范，必须以事实如何为前提，也就是必须建立在事实本身所遵循的"规律"之上。

道德作为人们生活之"应该如何"的价值追求，它必定要超越事实如何的限制，赋予生活以某种超越或升华的意义。

最高规范作为规范毕竟缺乏道德的感召力，不能使人获得实现崇高的"高峰体验"，因而很难成为人们的普遍选择；而最低规范因缺乏强制性的约束，依然像最高规范一样让人自觉地去遵循，从而造成规范本身的名存实亡，经常受到践踏和僭越。

中华文明源远流长，在漫长的历史发展中，积淀了深厚的道德文化资源。道德作为源于生活又高于生活的价值，作为具有社会效用的行为之应然规范，它在维系社会关系、塑造社会人格、推进社会发展、和谐社会生活、创造社会价值等方面发挥了重要而积极的作用，任何人都不应低估道德的作用。道德具有历史继承性，作为一个有着悠久文明史的民族，自然会从自己的传统文化，包括道德文化中开掘资源、摄取营养，使传统道德文化为今天的生活服务。这无疑是一个十分合理和良好的愿望。然而，问题是这种愿望如果缺失了对传统道德理论上的反思和自省，那些看似具有"普遍价值"、"永恒意义"的道德规范，事实上是很难在现实中落到实处的，至于一些具有鲜明时代性的具体规范，就更不用说了。这就迫使人们不得不深入思考，为什么看似良好的传统道德却不易在现实中得到践履？我们应该如何对待传统道德？在试图开掘传统道德的当代价值时，是否应该先探讨一些理论（逻辑）前提问题？

实际上，从理论上分析，中国主流传统道德是存在着一些内在痼疾的。

痼疾之一：作为行为之伦理规范，传统道德的要求过高。在讨论道德问题的时候，我们往往"伦理"、"道德"不分，把它们看作是同一个东西，这主要是受到了西方文化的影响。在西方文字中，"伦理"源于希腊文的"ethos"，含义为品行与气禀以及风俗与习惯。"道德"源于拉丁文"mos"，含义也是品性和风俗。二者的词源含义基本是相同的，都是指外在的风俗、习惯和内在的品性、品德。但是在汉语中，"伦理"和"道德"是有分别的。"伦"的本义为"辈"。《说文》中说："伦，辈也"，指的主要是一种人伦关系。"理"的本义是"治玉"。《说文》曰："理，治玉也……玉之未理者为璞。"引申义为整治和物的纹理；进一步引申为规律和规则。因此，"伦理"一词的基本含义就是人伦（际）关系事实如何的规律和应当如何的规范。"道"本义为道路。《说文》曰："道，所行道也。"引申意义为规律和规则。因此，在词源上，"道"和"理"基本是同义的。"德"本义为得。《说文》曰："德，外得于人，内得于己也"，"德即得也"。质言之，是从别人那里和自己这里所得到的东西。得到什么呢？从"德"字构形上看，从且（古"直"字）从心，即心得正直。这样，"德"便引申为"品德"、"道德品质"。而人只有长期按照应该如何的规范行事，才能得到正直的品德。于是，道德的"道"便因为与德相结合而受到"德"的限定：只是指行为应当如何的规范，而不是指事物事实如何的规律，道德强调的是应然性，或者说，道德追求的是生活的意义和价值。①

这里着重地强调"伦理"和"道德"的区别，首先是为了说明，伦理作为人际关系事实如何的规律和应当如何的规范，必须以事实如何为前提，也就是必须建立在事实本身所遵循的"规律"之上。换言之，如果脱离事实如何的"规律"这个基础或前提，那么，作为应当如何的伦理规范，是无法得到真正的尊重和践行的，即使表面上受到推崇和宣扬，实际上也难以对人发挥作用，更遑论对人际关系的有效调节和控制。多年前，在讨论义利关系的时候，我曾作过一个比较极端的论断：作为中国传统社会主流意识形态及道德学说的儒家思想在义利问题上，由于脱离了人的生活现实，把"义"和"利"尖锐地对立起来，所谓"君子喻于义，

---

① 王海明：《伦理学原理》，北京大学出版社 2001 年版，第 65—66 页。

小人喻于利"(《论语·里仁》),人被截然划分为两种,最后在每个时代都造就了一些伪君子,口头上"大义凛然"、"舍生取义",暗地里却见利忘义、唯利是图。在这一点上,它不及墨子的"兼相爱,交相利"所表达的思想来得深刻。这里,我想表达的基本观点是,以儒家思想为核心的传统道德作为一种伦理规范,对人的要求很大程度上超过了事实应当如何的限度,因而,它很难在现实中得到全面的贯彻和践履。如果说它在中国两千多年的历史进程中的确成为了控制社会生活、调节人际关系的重要手段,其功能与其说是作为一种伦理规范所发挥的作用,不如说是以中国传统社会德法部分为前提,发挥了以封建王朝国家强制力为保障的法律的作用。以"君君、臣臣、父父、子子"为例,封建社会之所以能够做到君像君,臣像臣,父像父,子像子,也就是人们能够一定程度地遵循君仁、臣忠、父慈、子孝的君臣之道和父子之道,归根到底是以"君叫臣死,臣不得不死;父叫子亡,子不得不亡"的封建法制为保障的。因此,它们在规范人的底线行为方面是十分有效的,而这正是法律所应承担的基本功能。法律就是用来维护一个社会基本正常秩序和人的底线行为的,即"必须如何"的规范。一旦超出了这个底线,法律就将让位于行为"应当如何"的非强制规范,即伦理规范了。

　　超出底线行为的伦理规范,虽然它也是建立在"事实如何"基础上的"应该如何",但"应该"毕竟不同于"必须",因此"应该如何"不是"必须如何",这样的行为是不能受到强制的。如果把"应该如何"也纳入强制性规范之中,那么,就几乎剥夺了人们生活的所有自由空间。只有在高度集权的专制体制下,才有可能把"应该如何"的规范变为"必须如何"的规范。这样的后果只能是,一方面,降低了强制性的"必须如何"的规范的效力,因为它无限地扩大了这类规范的适用范围,最后只能是形同虚设、徒有其名,甚至人们也无法去设计和制定这样的规范,唯一可行的操作方式是,把帝王的言论(圣旨)作为法律,而帝王作为天之下、人之上的最高独裁者,作为被封建意识形态不断神化的权力偶像(天子),除了不可避免的任性和专断之外,剩下的只能是复述被确立为主流正统思想的官方意识形态,在中国古代社会主要是以孔孟为圣人的儒家学说。另一方面,人为地拔高了"应该如何"的伦理规范的效力,使一些本来只能是取决于人们对社会的价值认同和自我的道德自觉的行为,被当成了"必须如何"的规范,致使中国古代社会,尤其在宋明以后出现了许多怪异的现象:一方面是对这些规范缺乏认识和理解的被愚弄的普通民众,他(她)们(尤其是妇女)为了践行社会倡导的伦理规范,不得不"存天理,灭人欲",以"饿死事小,失节事大"为圭臬;另一方面是一些熟读经书、金榜题名、深谙为官之道之人,由于事实上很难达到这么高的要求,于是,要么阳奉阴违,表里不一;要么彻底冲破底线,为所欲为,正所谓荒淫无度、骄奢淫逸。这就是中国古代社会实施德治所造成的消极后果之一。笔者无意否认,历朝历代都产生了一些堪称道德典范的理想人格,他们的言行被长期地宣传和颂扬,如在家庭伦理方面流传甚广的"二十四孝"(许多"孝"实际已不宜提倡);在政治伦理方面,有"先天下之忧而忧,后天下之乐而乐"的范仲淹,还有具有"人生自古谁无死,留取丹心照汗青"豪迈气概和爱国热情的文天祥等。但是,即使不说这样的理想人格在任何时代都是凤毛麟角,至少可以说,产生这样的理想人格在当时的社会条件下并没有历史和逻辑的必然性。

其实,规范不过就是"游戏规则",本质上是"一种维持社会稳定和发展的技术"[①]。规范总是与利益相纠缠,并用来迎合利益的。在这个意义上,作为法律之补充的伦理规范,不能脱离人们的生活现实,作为具有一定应然性的规范,其定位可以比作为必然性规范的法律高一些,但必须注意两点:其一,规范必须符合特定社会的需要;其二,不能与法律规范相混淆。"确切地说,规范是社会学、经济学、政治学方面的问题。一个社会需要什么样的规范取决于特定社会情况的需要,包括社会秩序、政治和经济操作的需要,所以说规范主要考虑的是一个社会的稳定和发展"[②]。中国封建社会在政治文化上的一个深刻教训,就是:一方面,向各级官员提出了过高的伦理要求,某种程度上是以"圣人"作为标准,其要求之高几乎到了要让为官之人不食人间烟火的地步,"为政以德,譬如北辰,居其所而众星共之"(《论语·为政》)。同样对政治本身也主要强调德治,"道之以政,齐之以刑,民免于无耻;道之以德,齐之以礼,有耻且格"(同上)。另一方面,却往往不注意守住底线,以伦理规范来代替法律规范,抹杀了两种规

[①] 赵汀阳:《人之常情》,辽宁人民出版社1998年版,第21页。

[②] 同上。

范的界限，致使一些注重个人修养、严格践履圣贤教诲的人最后差不多也就成了孔子意义上的"君子"，而另一些人（多数人）则因为没有内化圣贤的思想，体制中又缺乏具有强制性的约束机制，只能成为道德上比较平庸的人，有的甚至堕落成了孔子意义上的"小人"。总之，传统道德作为伦理规范，由于对人的要求过高，实际上并没有在现实生活中完全发挥其应有的作用，与此相伴随的现象是，法律规范（底线规范）因为受到伦理规范（合理规范）的干扰，也没有能够发挥应有的功能。

痼疾之二：作为生活之道德价值，传统道德的境界偏低。我们之所以要区分伦理和道德，还在于想表达这样的思想：道德作为人们生活之"应该如何"的价值追求，它必定要超越事实如何的限制，赋予生活以某种超越或升华的意义。然而，在这个意义上，某些传统道德（这里主要指作为主流意识形态的儒家道德，道家、佛家的思想不在此列）似乎又显得过于现实、过于老练、过于平淡，尤其是缺少一个超越的维度，总是让人感到平平淡淡、从从容容。但是，如果生活总是这么平平淡淡、从从容容，总是这么四平八稳、了无生气（事实上，中国传统社会多数时候正是处在这样一种变化十分缓慢的状态，人们的生活自然也就平淡无奇，有时甚至到了麻木不仁的地步），恐怕也就不值得一过了。

儒家的道德理想人格是"君子"，我们且看"君子"到底是怎样的人？近年来，有一位颇受社会追捧的学者，把《论语》阐释为"天地人之道"等七个"道"，如她在其书《〈论语〉心得》的扉页上所写的那样，确实在某种意义做到了"道不远人"。我们不妨借用该书对《论语》的阐发来看看孔子的"君子之道"，以观儒家先圣所倡导的道德境界。

"'君子'是孔夫子心目中的理想的人格，一部短短两万多字的《论语》，'君子'这个词就出现了一百多次"[1]。（好像统计有误）足可见"君子"在孔子心中的分量，以及他所推崇的理想道德人格。该书把孔子关于"君子"的论述归纳为"几个层次上的要求"，"《论语》中为我们描述的君子，除了要是一个善良的人，一个高尚的人，一个很好相处的人外，还有一个重要的标准，就是说话和做事的标准"[2]。从这个归纳中可

---

[1] 于丹：《〈论语〉心得》，中华书局2006年版，第53页。
[2] 同上书，第63页。

以看到，第一个要求和第二个要求相对是比较高的，而第三个标准和第四个标准，可以说几乎没有多少道德的意义，它们至多算得上是为人们的日常交往、待人接物设定了一些具有一定普适性的伦理规范。而这些规范在赵汀阳先生看来不过是一些"操作技术"，而且这种技术如果出自经济学、政治学或社会学的研究，要比出自伦理学所宣讲的"律令"来得可靠得多。好在孔子本身就既是伦理学（道德哲学）家、又是政治学家、社会活动家，所以，他老人家提出的要求还是很具有操作性的。但是，这些告诫和要求实在谈不上有多少道德价值，如果深究起来，按照赵汀阳的分析，它们都是一些"民间规范"，只不过被孔子把握到并用很文雅的话语把它们集中表述出来了。就"民间规范"来说，一方面它比经由伦理学家加工过的"标准规范"要强大有力得多，真正能够对人发挥作用的规范往往都来源于"民间规范"。"民间规范"和"标准规范"不过都是对人与人之间关系事实如何的规律或"分寸"的揭示，只是一个表达得直接一些，一个表达得隐晦一些；另一方面，"民间规范"在实行过程中要灵活得多、实在得多，而且往往还有正相冲突的规范作为补充。前者，例如"和为贵"。在"标准规范"中表述为不带任何功利色彩，似乎也是很空洞的"定言命令（判断）"——"和为贵"。"和"本身成为了价值。为什么？不知道。而在"民间规范"中，这个"道德命令"就来得实在亲切得多了，它被表述为"和气生财"、"和气修条路，惹人筑堵墙"。后者，例如，在一般情况下提倡"诚实守信"，换一种情况（如在政治或战争中）又主张"兵不厌诈"；一般情况下提倡"得饶人处且饶人"，一些情况下又主张"无毒不丈夫"。而这些相反的规范在"标准规范"中却被有意无意地遮蔽了。

按照《〈论语〉心得》梳理出来的孔子关于"君子"的思想，的确比上面说的那些在境界上要高一些。该书列举了孔子这样一些言论：君子"矜而不争，群而不党"；"君子和而不同，小人同而不和"；"君子周而不比，小人比而不周"；"君子坦荡荡，小人长戚戚"等。不难看出，这些言论严格说来都是一些"处世之道"，而且有的还是当时社会条件下的处世之道。因此，它们可以使人适宜于某种现实的生活，但却不能给人以对"可能生活"的憧憬和向往；它们可以使人变得老于世故，但却不能让人活得自在潇洒。在这个意义上，它们不能成为人们的生活之价值，因而，也就失去了作为道德目标的意义。换句话说，人们完全做到了这些，也既谈不上善，当然也不能说是恶，准确的评价应当是做得很得体。

第一、第二个要求的境界无疑要高一些，即要求人要做一个"善良的人"和"高尚的人"。我们仅以如何做一个善良的人为例。对于如何做一个善良的人，该书把孔子的思想梳理为这样几点：其一，"君子不忧不惧"，为什么这样就能够成为君子呢？又在于"内省不疚，夫何忧何惧"（《论语·颜渊》）。该书把这句话的意思解说为民间话语："不做亏心事，半夜敲门心不惊。"其二，"君子道者三，我无能焉：仁者不忧，知者不惑，勇者不惧"（《论语·宪问》）。很明显，依然还是对生活的低标准要求，即消极的"不忧"、"不惑"、"不惧"。其三，从学习来讲，"古之学者为己，今之学者为人"（《论语·宪问》）。该书的解释是："古人学习为了提高自己，今天学习是为了炫耀于人，取悦于人。"① 这实在看不出有多少"君子之道"。其四，"女为君子儒，无为小人儒"（《论语·雍也》）。该书的解释是："你要想着提高修养，不要老惦记眼前的一点点私利。"（这个解释似乎有些离谱）如果孔子本义如此，即使做到了这一点，那也谈不上有多高的道德境界。也许该书的解释有不够准确、不够严谨的地方，但中华书局敢出她的书，中央电视台敢请该书作者上"百家讲坛"，本身说明这些解说还是得到了相当的认可。我这里特意把这本书拿出来作为"佐证"，主要是为了论证我自己的观点：传统道德（主要指儒家思想）作为人生之价值的道德，其境界的确不太高。否则，该书怎么可能作出这样通俗、有的地方甚至还有些庸俗的解释呢？正是由于某些传统道德作为"道德"没有达到应有的境界和高度，因此，它对人精神上的吸引力和感召力是非常有限的，它的确能够"经世致用"，但不能带来人内心的震撼和激动；它的确可以教人向"善"（本质上是一种抽象的善，如果具体推敲起来，很多被它视为善的价值依然是应当质疑的），但却不能激励人去追求美好、快乐的生活；它的确可以帮助人平顺地"入世"，但却不能让人飘然若仙、超凡脱俗（在这方面，道家思想要比儒家思想高明得多）。

出路：让规范成为规范，让道德回归道德。

---

① 于丹：《〈论语〉心得》，中华书局2006年版，第53页。

如是观之，中国传统主流道德思想，既没有守住人们行为的底线规范，又堵塞了人们对生活意义和价值的高远追求，或者说给人们预设的"向下落"的空间太大，而给人们留下的"向上飞"的空间太小。这样造成的后果注定是，一方面，人在面临现实行为选择时具有太大的随意性和偶然性。由于伦理规范和法律规范混淆不清，人们在进行行为选择时，本能地就会趋利避害、避重就轻。凡对自己有利的事尽量寻求最低规范（必然规范），凡是对自己不利的事则选择最高规范（应然规范）。又由于最高规范作为规范毕竟缺乏道德的感召力，不能使人获得实现崇高的"高峰体验"，因而很难成为人们的普遍选择；而最低规范因缺乏强制性的约束，依然像最高规范一样让人自觉地去遵循，从而造成规范本身的名存实亡，经常受到践踏和僭越；另一方面，人们在追求理想生活和高尚价值的时候，面临的是各种应然规范，而作为服务于现实生活需要的应然规范，它不过是揭示了在特定历史条件下人际关系的合理形式，不仅不具有超越现实的理想维度，不能吸引人"高山仰止"、"心向往之"，而且往往还对人形成一种精神上的禁锢和限制，使人在面对这些多少有些令人扫兴的"道德目标"的时候，干脆退回到现实的生活态度和状态。

那么出路何在呢？首先，让规范成为规范。规范来源于现实生活，它是人际关系事实如何的规律和行为应该如何的规范。社会生活好比一种游戏，"游戏都有规则，有些规则相当于语法，它规定了一种游戏的合法玩法（例如士、象不能过河），另一些规则相当于规范，它们表现了好的玩法或者技术性玩法（例如当头炮、马后炮）"[①]。前者相当于法律规范（反映的是事实如何的规律），后者相当于伦理规范（反映的是行为应该如何的规范）。对于前一种规则，必须纳入强制性的范畴之中，因为如果这样的规则得不到尊重和执行，社会生活就难以为继，人与人的关系就会连动物世界都不如（动物实际上是有它们自己的游戏规则的，只不过是一种没有意识到的规则罢了），游戏就无法玩起来，甚至就不能构成游戏。在这个意义上，"八荣八耻"的"耻"的方面，都属于强制性规则，谁违反了这些规则，谁就应受到严厉的制裁（包括法律制裁和行政制裁），就要让他（她）付出惨重的代价，至少大于它所获得的利益。现在的问题是，由于仅仅把

---

① 赵汀阳：《人之常情》，辽宁人民出版社1998年版，第20页。

这些"耻"的行为当作伦理（应然）行为来看待，就好比他（她）只是没有按照好的玩法玩游戏，违法犯罪成本低、风险小，而收益大、获利丰。在这种情况下，谁会真正选择"荣"而拒斥"耻"呢？对于后一种规范，自然可以倡导和宣传，但如果前一种规则没有守住，后一种规范是很难真正被人重视的，因为学习一种游戏的好的玩法是要付出成本的，如果付出的成本能够得到应有的回报，至少是可预期得到应有的回报，人们才会自觉地学习，刻苦地修炼。否则，人们明知某一行为是一种不善的行为，也会基于自身利益最大化的考量而作出选择。须知，规则（范）就是用来实现利益的。同样，在这个意义上，"八荣八耻"的"荣"的方面的实现，要靠"耻"的方面受到应有的制裁来保障。再进一步分析，规则的有效性关键在于它是否真正反映了生活的现实，揭示了生活的规律。其实，一个明显背离生活事实和违反生活规律的规则（范）在某种强制下也能得到遵循，但只能出于被迫，一旦有了机会，违反规则就会成为普遍的现象。反之，如果规则（范）反映了生活现实和规律，它本身就会具有内在的强制性，因为只有这样生活才能正常进行，游戏才能继续玩下去。所以，伦理规范不是随便可以向人们宣告的，作为生活游戏的好的玩法，必须以守住游戏的基本规则为前提，同时，还应当体现生活的本质和规律。在这个意义上，它不是伦理学家、道德家的良好愿望，而应当是经济学家、政治学家、社会学家基于对社会的科学理解和认识所揭示的生活"技术规范"。

其次，让道德回归道德。道德作为生活之价值和意义，作为使生活值得一过的应然追求，它与规范（则）是完全不同的东西。如果说规范（包括法律规范和伦理规范）是让人去服从生活的话，那么，道德应当是让生活去服从人所追求的生命价值。"道之以德"的意思应当是要使规则、规范服从于人之为人的应然要求。毫无疑问，道德是高于伦理和法律的东西。任何规范只要背离了道德所指向的"善"，那么它就是恶，因而是应当受到唾弃和谴责的。人不同于动物，就在于动物只有一种"尺度"，而人却有两种"尺度"。"动物只是按照它所属的那个种的尺度和需要来构造，而人懂得按照任何一个种的尺度来进行生产，并且懂得处处都把内在的尺度运用于对象；因此，人也按照美的规律来构造。"[1] 这里的"内在尺度"就是人的价值尺度。它要求

---

[1] 马克思：《1844年经济学—哲学手稿》，人民出版社2000年版，第58页。

"把人的世界和人的关系还给人自己"①,也就是马克思所理解的人的自由和解放。因此,道德最终指向的"善",就是人的自由和解放,就是建立在人的全面发展基础上的自由个性,就是"每个人的自由发展是一切人自由发展的条件"②。如果这样来看待人所追求的价值,那么,伦理学(道德哲学)就不再是专注于去发现"道德律令"。其实找来找去也不过是找到了类似于被称为道德"黄金律"的"己所不欲,勿施于人",或者如康德所说的"普遍的立法原则"这样的带有显著形式主义色彩的东西。而是应当去探索和开启以实现人的自由解放为目标,以人们生活的历史条件为现实基础的幸福生活的方式和路径。在这个意义上,伦理学(道德哲学)不是去规范人们的生活,或者像有的伦理学家所希望的那样,把人们的全部社会生活都纳入到疏而不漏的规范之网中,相反,是对现有的规范进行反思和批判,把人们从习以为常的平淡生活中解放出来,不断解除套在人们身心上的各种物质和精神枷锁,使人们在理想和现实之间保持必要的张力,为人们预留尽可能多的自由选择的机会和空间,敞开面向未来,面向真善美的"可能生活"的世界。

研究传统道德的意义,不仅仅是去激活某一条或某几条传统道德规范的当代生命;也不仅仅是要根据当前的需要去重新阐发传统道德的现实价值。还应当从传统道德的"效果历史"中去总结经验教训,为当代人从自己的生活实际出发去探索和构建适应当代生活的行为规范,去开启面向未来的生活价值和意义,提供有益的参照和借鉴。

---

① 《马克思恩格斯全集》第 1 卷,人民出版社 1956 年版,第 443 页。
② 《马克思恩格斯选集》第 1 卷,人民出版社 1995 年版,第 294 页。

参考文献

著作：

马克思：《1844年经济学—哲学手稿》，人民出版社2000年版。
马克思：《博士论文》，人民出版社1961年版。
《马克思恩格斯全集》第46卷上，人民出版社1979年版。
《马克思恩格斯全集》第3卷，人民出版社1960年版。
《马克思恩格斯全集》第12卷，人民出版社1960年版。
《马克思恩格斯全集》第1卷，人民出版社1956年版。
《马克思恩格斯全集》第23卷，人民出版社1972年版。
《马克思恩格斯全集》第42卷，人民出版社1979年版。
《马克思恩格斯全集》第47卷，人民出版社1979年版。
《马克思恩格斯全集》第40卷，人民出版社1982年版。
《马克思恩格斯全集》第27卷，人民出版社1972年版。
《马克思恩格斯全集》第2卷，人民出版社1957年版。
《马克思恩格斯全集》第4卷，人民出版社1995年版。
《马克思恩格斯全集》第2卷，人民出版社1995年版。
《马克思恩格斯选集》第1卷，人民出版社1995年版。
《马克思恩格斯选集》第2卷，人民出版社1995年版。
《马克思恩格斯选集》第3卷，人民出版社1995年版。
《马克思恩格斯选集》第4卷，人民出版社1995年版。
《马克思恩格斯选集》第1卷，人民出版社1972年版。
《马克思恩格斯选集》第4卷，人民出版社1972年版。
马克思：《资本论》（节选本），人民出版社1998年版。
马克思：《剩余价值学说史》第1卷，人民出版社1975年版。
马克思，恩格斯：《德意志意识形态节选本》，人民出版社2003年版。

《列宁全集》第55卷，人民出版社1995年版。

《列宁全集》第38卷，人民出版社1972年版。

列宁：《哲学笔记》，人民出版社1993年版。

《毛泽东选集》第2卷，人民出版社1991年版。

《艾思奇全书》第1—8卷，人民出版社2006年版。

艾思奇：《大众哲学》，人民出版社2006年版。

《高清海哲学文存》第1卷，吉林人民出版社1997年版。

《高清海哲学文存》第2卷，吉林人民出版社1997年版。

高清海：《找回失去的"哲学自我"》，北京师范大学出版社2004年版。

孙正聿：《哲学通论》，辽宁人民出版社1998年版。

孙正聿：《简明哲学通论》，高等教育出版社2000年版。

孙正聿：《马克思辩证法理论的当代反思》，人民出版社2002年版。

孙正聿：《思想中的时代》，北京师范大学出版社2004年版。

黄颂杰等：《西方哲学多维透视》，上海人民出版社2002年版。

刘放桐等：《新编现代西方哲学》，人民出版社2000年版。

贺来：《辩证法的生存论基础》，人民大学出版社2004年版。

陈越：《哲学与政治——阿尔都塞读本》，吉林人民出版社2003年版。

王海明：《伦理学原理》，北京大学出版社2001年版。

赵汀阳：《论可能的生活》，人民大学出版社2004年版。

赵汀阳：《人之常情》，辽宁人民出版社1998年版。

吴晓明：《形而上学的没落——马克思与费尔巴哈关系的当代解读》，人民出版社2006年版。

冯友兰：《中国哲学简史》，新世界出版社2004年版。

梁启超：《梁启超哲学思想论文集》，北京大学出版社1984年版。

费宗惠，张荣华：《费孝通论文化自觉》，内蒙古人民出版社2009年版。

北京大学哲学系：《古希腊罗马哲学》，商务印书馆1961年版。

庄锡昌等：《多维视野中的文化理论》，浙江人民出版社1987年版。

海德格尔：《存在与时间》，上海三联书店1987年版。

《海德格尔选集》（上卷），上海三联书店1996年版。

《海德格尔选集》（下卷），上海三联书店1996年版。

伽达默尔：《真理与方法》上卷，洪汉鼎译，上海译文出版社1999年版。

伽达默尔：《哲学解释学》，夏镇平译，上海译文出版社1994年版。

伽达默尔：《哲学解释学·编者导言》，上海译文出版社1994年版。

伽达默尔：《赞美理论》，三联书店1988年版。

伽达默尔：《科学时代的理性》，国际文化出版公司1988年版。

宾克莱：《理想的冲突》，商务印书馆1983年版。

雅克·德里达：《马克思的幽灵》，中国人民大学出版社1999年版。

恩斯特·卡西尔：《人论》，甘阳译，上海译文出版社1985年版。

罗素：《西方的智慧》，文化美术出版社1997年版。

黑格尔：《小逻辑》，贺麟译，商务印书馆1980年版。

维特根斯坦：《哲学研究》，陈嘉映译，上海世纪出版集团、上海人民出版社2001年版。

亚里士多德：《尼各马可伦理学》，王旭风等译，中国社会科学出版社1992年版。

柯尔施：《马克思主义和哲学》，重庆出版社1989年版。

梅林：《马克思传》，上海三联书店1956年版。

本尼迪克特：《文化模式》，何锡章等译，浙江人民出版社1987年版。

兰德曼：《哲学人类学》，阎嘉译，贵州人民出版社2006年版。

黑格尔：《法哲学原理》，商务印书馆1961年版。

黑格尔：《法哲学原理》，范扬、张企泰译，商务印书馆1982年版。

威廉·巴雷特：《非理性的人》，杨照明译，商务印书馆1995年版。

《法兰克福学派论著选辑》（上卷），商务印书馆1998年版。

阿多诺：《否定的辩证法》，重庆出版社1993年版。

阿尔都塞：《保卫马克思》，商务印书馆2006年版。

瓦托夫斯基：《科学思想的概念基础》，求实出版社1982年版。

帕斯卡尔：《帕斯卡尔思想录》，何兆武译，陕西师范大学出版社2002年版。

贝尔纳：《历史上的科学》，科学出版社1981年版。

布莱恩·麦基编:《思想家》,上海三联书店2004年版。

论文:

孙正聿:《反思:哲学的思维方式》,《新华文摘》2001。

孙正聿:《关于哲学教育改革的几个问题》,《哲学研究》2000(6)。

孙正聿:《人的解放的旨趣、历程和尺度——关于马克思人的全面发展学说的思考》,《学术月刊》2002(1)。

孙正聿:《解放何以可能——马克思的本体论革命》,《学术月刊》2002(9)。

孙正聿:《〈哲学通论〉与世界观的前提批判》,《吉林大学学报》2009(1)。

孙正聿:《哲学如何面向现实》,《江苏社会科学》,2000(4)。

高清海,孙利天:《马克思的哲学观变革及其当代意义》,《天津社会科学》2001(5)。

欧阳康:《马克思主义哲学的本质规定及其形态建构》,《哲学动态》2001(3)。

俞吾金:《"人的全面发展"问题之我见》,《探索与争鸣》,2002(8)。

何中华:《人的全面发展与当代语境》,《学术月刊》2002(1)。

周国平:《哲学是永远的追问》,《云南大学学报》(社会科学版)2003(3)。

徐长福:《求解"柯尔施问题"》,《哲学研究》,2004(6)。

邓晓芒:《"柯尔施问题"的现象学解》,《哲学研究》,2005(2)。

石仲泉:《延安时期的艾思奇哲学与毛泽东哲学》,《理论视野》,2008(6)。

冯友兰:《儒家哲学之精神》第5卷,《中央周刊》,41。

张汝伦:《马克思的哲学观和"哲学终结"》,《中国社会科学》2003(4)。